租税手続の整備

Improvement of the Procedure of Tax Assessment,
Tax Inspection and Tax Appeal

日税研論集

Journal of Japan Tax Research Institute

VOL 71

研究にあたって

東京大学名誉教授　金子　宏

　公益財団法人日本税務研究センターの所得税部会では，平成 26 年度の「納税環境の整備」（その研究成果は日税研論集 67 号として公刊されている）に引き続き，平成 27 年度の研究プロジェクトとして，「租税手続の整備」をとりあげた。

　「租税手続の整備」といっても，その範囲は広く，またその課題は多いが，このプロジェクトでは，21 世紀の第 1 四半期において，国際租税法の重要性がますます増大しつつあることにかんがみ，国際租税手続をその範囲に含めることとした。

　国内租税手続については，すべての重要な問題をカバーすることはできないので，さしあたり，一般的否認規定，租税処分における理由付記，質問検査権（特に依頼人特権），および国税・地方税に関する不服申立制度を研究の対象としてとりあげた。

　また，わが国の制度の整備と改革を検討するにあたっては，外国の制度の研究ないし紹介が有益であると考えて，アメリカ，ドイツおよび EU 諸国の制度を研究対象に加えることとした。

　研究は，平成 27 年 11 月から平成 28 年 6 月まで，毎月 1 回の頻度で開催し，毎回 1 人の担当者から担当課題について報告を受け，それをめぐって質疑と討議を重ねるという形で行われた。

　その研究成果が，この論集である。いずれの論文も，わが国の制度や解釈のあり方を考えるにあたって，重要な示唆や問題提起の意味をもっており，有意義且つ有益な論文であると考える。多くの人々に読んでいただければ，編者として望外の喜びである。

　最後に，多忙の中をこの研究に参加し，論文を執筆して下さった研究員の諸氏に，厚くお礼を申し上げる。

目　　次

研究にあたって ……………………………………………… 金子　宏

第1章　国際課税における手続の整備と改革
……………………………………………… 増井　良啓・1

Ⅰ	はじめに …………………………………………………………	1
Ⅱ	執行管轄権の領域的な制約 ……………………………………	4
	1　主権と管轄権 …………………………………………………	4
	2　管轄権の調整 …………………………………………………	6
	3　執行管轄権における属地主義の優位 …………………………	9
Ⅲ	克服のための試み ………………………………………………	11
	1　対策の現状 ……………………………………………………	11
	2　国内法上の対処 ………………………………………………	12
	3　条約による対処 ………………………………………………	14
	4　多国間フォーラムによるイニシアティブ …………………	18
Ⅳ	課税情報の国際的情報交換の進展とその課題 ………………	19
	1　叙述の方針 ……………………………………………………	19
	2　国際的脱税の規模と手口 ……………………………………	20
	3　情報交換のネットワーク ……………………………………	23
	4　情報の保護 ……………………………………………………	28
Ⅴ	展望──国際課税レジームの形成？ …………………………	31

第2章　租税手続法の一環としての一般的否認規定？
——国税通則法制定に関する答申をめぐる議論を振り返る
……………………………………… 吉村　政穂・35

Ⅰ　問題の所在 ………………………………………………… 35

Ⅱ　国税通則法制定時の議論 ………………………………… 38

　　1　背　　　景 ………………………………………… 38

　　2　国税通則法の制定……………………………………… 40

　　3　小　　　括 ………………………………………… 48

Ⅲ　現在の焦点 ………………………………………………… 49

　　1　税務行政モデルの変化 ……………………………… 49

　　2　BEPS プロジェクトの進展……………………………… 50

Ⅳ　結　　　語 ………………………………………………… 53

第3章　行政手続法と租税手続
—理由附記を中心として ………………… 浅妻　章如・55

Ⅰ　序 …………………………………………………………… 55

Ⅱ　直感的な問題関心 ………………………………………… 56

Ⅲ　理由附記に関する判例・裁判例の概観…………………… 58

　　1　最判昭和 38 年 5 月 31 日：青色申告の理由附記（個人）…58

　　2　最判昭和 38 年 12 月 27 日：青色申告の理由附記（法人）…60

　　3　最判昭和 42 年 9 月 12 日：白色申告の理由附記 ……… 63

　　4　最判昭和 56 年 7 月 14 日：総額主義対争点主義 ……… 65

　　5　最判昭和 60 年 1 月 22 日：旅券申請拒否処分の理由附記…68

　　6　最判昭和 60 年 4 月 23 日（特別償却）：帳簿書類の記載
　　　　を否認しない更正処分の理由附記………………………… 71

7　東京地判平成 22 年 3 月 5 日（タイ有利発行）：
　　　　青色申告と課税要件事実に関する理由の変更 ……………74
　　8　最判平成 23 年 6 月 7 日（一級建築士免許取消）：
　　　　行政手続法 14 条 ………………………………………………76
　　9　大阪高判平成 25 年 1 月 18 日（財団法人の収益事業）：
　　　　青色申告における法的評価の当否…………………………79
　Ⅳ　理由附記に関する考察 …………………………………………82
　　1　理由附記の行政手続法 14 条制定前と後 …………………82
　　2　理由附記に関する判例・裁判例の考慮要素を抽出…………83
　　3　本稿Ⅱの直感的な問題関心は棄却された …………………86
　　4　社会更正の観点からの直感的な問題関心の修正 …………88
　　5　デジタルからアナログへ ……………………………………90
　　6　青色申告と白色申告との違い ………………………………91

第 4 章　質問・検査手続の整備：依頼人特権を中心に

………………………………………………… 神山　弘行・93

　Ⅰ　は じ め に ……………………………………………………93
　　1　本稿の検討対象 ………………………………………………93
　　2　本稿の構成 ……………………………………………………94
　Ⅱ　質問・検査手続の整備と課題………………………………94
　　1　平成 23 年 12 月改正の概要 …………………………………94
　　2　残された課題〜質問検査権と依頼人特権の緊張関係〜 ……95
　Ⅲ　イギリス法の動向 ……………………………………………96
　　1　法律専門職特権の概要 ………………………………………96
　　2　質問検査権の変遷と専門職特権 ……………………………100
　　3　歳入関税庁の立場 ……………………………………………105
　　4　関連裁判例 ……………………………………………………109

Ⅳ　アメリカ法の動向 ……………………………………………… 112

　　1　伝統的な特権の姿 ……………………………………… 112

　　2　近年の動向：拡張と制限 ……………………………… 116

Ⅴ　日本法への示唆 ………………………………………………… 120

　　1　本節の目的 ……………………………………………… 120

　　2　日本における質問検査権の運用 …………………… 120

　　3　専門職の守秘義務と質問検査権の緊張関係 ……… 123

Ⅵ　若干の考察 ……………………………………………………… 128

　　1　イギリス型展開とアメリカ型展開 ………………… 128

　　2　質問検査権の機能的分析の必要性 ………………… 129

Ⅶ　結　　　び ……………………………………………………… 130

第5章　租税不服申立制度の課題
－国税不服審判所の組織と運営のあり方を中心に－
……………………………………………… 玉國　文敏・133

は じ め に ……………………………………………………………… 133

　　1　戦後における国税不服審査制度の沿革と展開 …… 135

　　2　新制度における国税不服審判所の機能と役割 …… 142

　　3　将来的課題と展望－終わりに代えて－ ………… 154

第6章　行政不服審査法改正と地方税に関する不服審査
……………………………………………… 碓井　光明・159

Ⅰ　は じ め に ……………………………………………………… 159

Ⅱ　行政不服審査制度改正と地方税の不服審査 ……………… 161

　　1　「審査請求」への一本化と法19条の2の存在する意味 …161

　　2　審査請求前置主義存置の評価 ……………………… 163

目　　次　7

　　　3　地方税の賦課徴収に関する処分の位置づけ ……………… 164

Ⅲ　審理員・諮問機関 ……………………………………………… 167

　　　1　審　理　員 …………………………………………………… 167

　　　2　地方団体における諮問機関 ………………………………… 170

Ⅳ　地方税に関する諮問事案への対応 …………………………… 172

　　　1　問題の所在 …………………………………………………… 172

　　　2　独任制諮問機関の許容性 …………………………………… 175

　　　3　諮問機関に関する地方団体間の協力 ……………………… 176

Ⅴ　固定資産・不動産の価格に関する不服の審査 ……………… 179

　　　1　固定資産の価格に関する不服の審査 ……………………… 179

　　　2　不動産取得税の不動産の価格についての不服審査 ……… 182

Ⅵ　地方税に関する不服審査機関の設置方式の検討 …………… 183

　　　1　不服審査機関等の共同設置の法的可能性 ………………… 183

　　　2　不服審査事務の委託 ………………………………………… 184

　　　3　条例による合議制不服審査機関の設置 …………………… 187

　　　4　都道府県単位の地方税不服審査機関設置等の検討 ……… 189

Ⅶ　その他の論点 …………………………………………………… 190

第7章　アメリカの租税裁判所の組織と手続

…………………………………………… 西本　靖宏・197

Ⅰ　は じ め に ……………………………………………………… 197

Ⅱ　確定手続と不服申立て ………………………………………… 198

Ⅲ　租税裁判所の沿革 ……………………………………………… 201

Ⅳ　租税裁判所の組織と管轄 ……………………………………… 203

　　　1　組　　　織 …………………………………………………… 203

　　　2　管　　　轄 …………………………………………………… 205

Ⅴ　租税裁判所における訴訟手続 ………………………………… 206

1　訴訟手続規則 ……………………………………… 206
　　　2　審理前手続 ………………………………………… 206
　　　3　少額訴訟事件手続 ………………………………… 212
　　　4　審　理　手　続 …………………………………… 213
　　　5　判　決　手　続 …………………………………… 215
　　　6　上　訴　手　続 …………………………………… 216
　Ⅵ　還　付　訴　訟 ……………………………………… 217
　Ⅶ　租税裁判所の役割 …………………………………… 219
　Ⅷ　お　わ　り　に ……………………………………… 222

第8章　欧州諸国における租税争訟制度 … 松原　有里・225

　Ⅰ　はじめに　－研究対象および方法について－ ……………… 225
　Ⅱ　各国の制度比較 ……………………………………… 226
　　　1　英　　　　　国 …………………………………… 226
　　　2　ド　イ　ツ ………………………………………… 231
　　　3　ス　イ　ス ………………………………………… 237
　　　4　オーストリア ……………………………………… 242
　　　5　イ　タ　リ　ア …………………………………… 245
　　　6　フ　ラ　ン　ス …………………………………… 251
　　　7　スウェーデン ……………………………………… 254
　　　8　欧州レベルでの司法的救済 ……………………… 257
　　　9　総括　－日本への含意－ ………………………… 258

第9章　ドイツにおける租税確定手続 …… 田中　啓之・261

　Ⅰ　租税債務関係に基づく請求権の成立（§38 AO） ……… 263
　Ⅱ　租税確定（Steuerfestsetzung）(§§ 155 bis 178a AO) …… 265

1	総則（Allgemeine Vorschriften）	265
2	確定消滅時効（Festsetzungsverjährung）	275
3	存続力（Bestandskraft）	276
4	費用（Kosten）	282

Ⅲ 課税基礎の区分確定（gesonderte Feststellung
von Besteuerungsgrundlagen）・基準税額の確定
（Festsetzung von Steuermessbeträgen）
（§§ 179 bis 184 AO） ……282

   1 区分確定（179 条ないし 183 条） ……282

   2 基準税額の確定（184 条） ……284

Ⅳ 分割・配賦（Zerlegung und Zuteilung）
（§§ 185 bis 190 AO） ……286

Ⅴ 責任（Haftung）（§§ 191 und 192 AO） ……288

Ⅵ 給与所得に係る源泉徴収税（§§ 38 bis 42g EStG） ……290

租税手続の整備

第1章　国際課税における手続の整備と改革

東京大学教授　増井　良啓

I　はじめに

　経済活動はグローバルに展開しているが，税制はローカルな国家単位で立法され執行される。このギャップが国際課税における問題の核心である。とりわけ国家の執行管轄権には国際法の上で領域的な制約があり，ある国の税務職員が相手国の同意なしに自国の領域外で公権力を行使することは禁止されてきた。この制約は，税務調査にはじまり，文書の送達や租税債権の徴収など，租税手続法の全域に及ぶ。こうして，企業人が外国に出張したり，外国の相手とインターネット上で商談したりすることが日常茶飯事になっているにもかかわらず，国税庁の税務職員は外国に出張して質問検査権を行使することができない，という状態が続いている。

　このような状態を克服するために，従来から，二国間租税条約を中心に対応が進められてきた。そして近年，課税当局間の国際協力が急速に進展している。二国間のみならず多国間の国際的行政共助の法的枠組みが整備され，その運用が実効化しつつある。象徴的であるのが，2011年に日本国が「租税に関する相互行政支援に関する条約」に署名し，情報交換・徴収支援・文書送達につき多国間条約に参加したことである。この枠組みの下で，オフシ

ョア銀行口座を用いた国際的脱税に対抗すべく，銀行口座情報の自動的情報交換の仕組みが形成された。また，多国籍企業による「税源浸食と利益移転（BEPS）」に対抗して，国別報告書（Country-by-Country Reporting，CbCR）の提出や，ルーリングの自発的交換が勧告され，実施されつつある。その法的インフラとなっているのが，条約の枠組みに基づく各国課税当局間の情報交換にほかならない。このような国際協力は，経済のグローバル化が進む中で国家が課税能力を維持するために，不可欠の対応であるといえよう。

　もっとも，これまでの対応において，いくつかの限界ないし問題点があらわになってきている。第1の限界ないし問題点が，国際協力の実効性である。2016年4月にパナマ文書が公開され，世界中のメディアで広く報道された。パナマ文書が世に知らしめたのは，世界各地の富裕層がオフショアの秘密法域に幽霊会社を設立することで資金のありかを隠すことがいかに容易であるか，という不都合な事実であった。この例が示すように，国境を越える経済活動について租税行政共助をどの程度実効的にできるかについては，冷静な検証が必要である。

　第2の限界ないし問題点が，手続保障の希薄化である。行政共助の相手国は外国である。法・政治・経済・言語・文化といった枢要な点で自国とは状況が異なる。そのため，国際共助によって自国の手続保障の水準よりも権利保護の水準が「切り下げ」られてしまうおそれがある。手続の整備というとき，課税の実効性を確保する方向の整備のみならず，関係者の権利保護のためのルールの充実が課題となっている。

　以上のような限界にかんがみ，本稿では，国際課税における手続が近年どのように整備されてきたかを整理し，日本法の眼からみていかなる改革が必要かを論ずることにしたい[1]。

---

(1)　本稿と同時期に執筆した姉妹編として，増井良啓「租税手続法の国際的側面」宇賀克也・交告尚史編『現代行政法の構造と展開　小早川光郎先生古希記念』（有斐閣2016年）199頁，増井良啓「課税情報の交換と欧州人権条約」法学新報123巻11・12号（王国文敏教授古希記念論文集）掲載予定がある。あわせてご覧いただきたい。本稿は科研費課題番号16K03281の成果の一部である。

第1章　国際課税における手続の整備と改革　3

以下，次の順序で論を進める。

- Ⅱで，国家の執行管轄権に領域的制約があることを確認する。
- Ⅲで，執行管轄権の領域的制約を克服するために，国内法・租税条約・多国間フォーラムでいかなる試みがなされてきたかを概観する。
- Ⅳで，とりわけ重要性が高く，動きの激しい情報交換について，手続整備の現状を示し，改革のための論点をやや幅広に指摘する。
- Ⅴで，国際課税における手続の整備の進展が，BEPS プロジェクトの実施と相まって，国際課税に関する見方をどのように変容させていくかを展望する。

　本稿において，国際課税における紛争処理手続のあり方については[2]，Ⅴの展望で触れるにとどまる。納税者と課税当局の間で紛争が生じた場合，それを裁断するための超国家的な紛争処理機関は現在のところほとんど存在しない。課税処分に不服のある納税者は，各国の国内法上の不服申立手続や訴訟手続に訴えるか，二国間租税条約上の権限のある当局間の相互協議（Mutual Agreement Procedure, MAP）を求めて申立てをするしかない。これらの手続については，BEPS 行動 14 の 2015 年最終報告書でいくつかのミニマム・スタンダードが勧告されており，今後，各国におけるその実施の状況を注視していく必要がある。仲裁については，OECD 諸国と G20 経済新興国との間の意見の対立を反映して，同最終報告書では合意に至らなかった。

　本稿は，2015 年 11 月 13 日の日本税務研究センターにおける報告を基礎とし，その後の展開を織り込んだものである。本稿における法令や条約，判例などの基準時は，2016 年 10 月 10 日である。具体的には，2016 年 9 月 5日の杭州における G20 首脳会合や，2016 年 10 月 6 日のワシントン DC における G20 財務大臣・中央銀行総裁会議までの展開をカバーする。この分野

---

(2)　この点については，谷口勢津夫「国際的租税救済論序説－国際的租税救済手続の体系的整備に向けた試論－」租税法研究 42 号（2014 年）1 頁，赤松晃「移転価格課税に係る紛争の処理－租税条約に基づく相互協議における仲裁手続を中心に－」日税研論集 64 号（2013 年）235 頁。

4

の展開はきわめて急速であり，基準時以降において新しい改正や事件が予想されることに留意されたい[2a]。

II　執行管轄権の領域的な制約

1　主権と管轄権

(1)　主権の概念

　国家の執行管轄権には，領域的な制約がある。このことは，国際法の成り立ちにかかわる。そこで，やや迂遠なように感じられるかもしれないが，まず議論の順序として，管轄権と密接な関係にある「主権」の概念からみていこう。

　現代の国際課税の議論においても，「主権」の概念が援用されることがある。米国の Ring 教授によると，たとえば，租税競争に対する米国の態度，EU における税制の相互調整，WTO における米国国家補助金事件（FSC/ETI）などで，主権概念が援用されている[3]。他方において，グローバル化が進む中では，むしろ各国が主権を実質的に行使できるようにするためにこそ，租税競争に対抗するための国家間協調が必要であるという見方も成り立つ[4]。

(2)　国際法学説

　それでは，このような「主権」の概念はどのような淵源をもつか。大沼教

[2a]　校正時に若干の新情報を脚注内に追記した。たとえば，税制調査会「『BEPSプロジェクト』の勧告を踏まえた国際課税のあり方に関する論点整理」（2016年 11 月 14 日）は，タックス・プランニングの義務的開示制度（MDR）に言及する。さらに参照，川田剛「義務的開示及び自発的開示と専門家責任について－パナマ文書公表を契機として－」租税研究 805 号（2016 年）139 頁。

[3]　Diane M. Ring, What's at Stake in the Sovereignty Debate?: International Tax and the Nation-State, 49 Virginia Journal of International Law 155 (2008).

[4]　Diane M. Ring, Democracy, Sovereignty and Tax Competition: The Role of Tax Sovereignty in Shaping Tax Cooperation, 9 Florida Tax Review 555 (2009).

第 1 章 国際課税における手続の整備と改革 5

授の説明は次の通りである[5]。

19 世紀から 20 世紀初頭の国際法理論では，国家主権を包括的で一元的な最高権力と観念し，国境と国籍を基準として国内と国外，国民と外国人を峻別した（絶対的な主権概念）。しかし，実際の国家慣行では，主権には常に他国との関係で制約があった。また，包括的で一元的な観念とされた主権も，さまざまな基準により分類され，問題領域ごとの問題解決の枠組みとして機能した。そのような分類として，

- 領域主権と，対人主権
- 事物と人事の観念的規律（法の定立と適用）と，規律の強制的実現（法の執行）

があった。

ここで，対立し衝突する主権の調整を「対人主権に対する領域主権の優越性」という基準におくのが，主権国家体制のメカニズムである。近現代の国家理論（とくに社会契約論）においては，国家は自国民の生命・安全・財産を守る人的共同体であるから，対人主権によって自国民保護を行う。しかし，自国民が他国の領域内にいる場合には，その国の意思に反して自国民を逮捕し，あるいは裁判判決を執行することは許されない。

こうした「主権の相互尊重」が主権国家体制の基本原理である。国家が他国領域内で主権を行使してはならないという原則は，規範論理的には国家平等原則に直接由来する。

これに対し，20 世紀後半の国際法学では，主権（sovereignty）でなく管轄権（jurisdiction）の概念によって国家作用を説明する傾向が強まった。ここに国際法上の「管轄権」とは，領域的・対人的・事項的な基準に従って限定的に観念された主権を指す。

以上が大沼教授の説明である。

---

(5) 大沼保昭『国際法』（東信堂 2005 年）149−156 頁による。

6

2 管轄権の調整

⑴ 管轄権の分類

これをふまえ，次に，「管轄権」に関する国際法の整理をみてみよう。立法管轄権と執行管轄権の国際法上の分類が，国際課税においても意味をもつからである。小寺教授によると，管轄権については次のように説明される[6]。

管轄権は，国内法を定立し執行する権限を指し，国家の統治権のひとつである。次のように分類される。

- 「法の定立」の側面として，立法管轄権（規律管轄権）
- 「法の執行」の側面として，裁判所による具体的な紛争への法の適用（裁判管轄権）と，容疑者の逮捕や判決の強制執行など国内法の現実の執行（執行管轄権）

この分類は，立法・行政・司法という三権分立に完全に対応するものではない。行政立法（政令の制定など）は立法管轄権の行使に含まれるし，裁判所による財産差押えや家屋の明渡しは執行管轄権に含まれる。また，裁判管轄権を独立のカテゴリーとせず，立法管轄権と執行管轄権に吸収させる分類もある。

ここで，裁判管轄権と執行管轄権は，立法管轄権が行使されている事項について行使される。立法管轄権があっても，裁判管轄権や執行管轄権が常に行使できるものではない。

国家管轄権の域外適用は，第二次大戦前は主に刑事法分野で議論された。第二次大戦後は，競争法・輸出管理法・金融法・租税法・環境法など経済に関連する分野に焦点が移った。

こうして，立法管轄権の規制枠組は以下のように整理される。

- 刑事法→属地主義と属人主義，さらに事項ごとに保護主義（通貨偽造罪や内乱罪）と普遍主義（海賊行為やハイジャック，人道に対する罪）。
- 民事法→各国の国内法である国際私法の問題と考えられてきており，国

⑹　小寺彰『パラダイム国際法』（有斐閣 2004 年）94－107 頁による。

際法の制約はほとんど意識されない。

次に，執行管轄権の行使は，立法管轄権と比べて権力行使が直接的であるために，厳格に自国領土内に限定されると解されてきた。この点を判示したのが，ローチュス号事件に対する国際司法裁判所の判決である[7]。

執行管轄権の場合，そもそも外国領土内で行使することが，被行使国の同意がある場合を除けば，一切許されない。そこで，国家がどのような行為をすれば執行管轄権の行使に該当するかが争点となる。たとえば，警察職員が外国に出向いて捜査をすることが許されないことは明らかだとしても，競争当局の職員が外国で関係者から聞き取り調査をすることも許されないのか，外国から電話またはEメールによって事情聴取を行うことが許されないか等の問題が出てきている。

以上が，小寺教授の説明である。

(2) コメントその1・立法管轄権に関する税目ごとの基準

この説明をふまえ，2点コメントする。

第1に，立法管轄権に関する属人主義と属地主義という刑事法の基準は，歴史的に先行して発達した基準である。その意味で，いわば原型である[8]。他の法分野については，さらにそれぞれの基準が展開した[9]。租税法についていえば，税目ごとに次のような基準がある[10]。

- 所得税法や法人税法については，源泉地管轄（所得税法5条2項，法人税

---

(7) The Case of the S. S. Lotus (France v. Turkey), Permanent Court of International Justice, P. C. I. J. (ser. A) No. 10 (1927) Para. 45.

(8) ただし，近年の国際経済犯罪規制が「領域性原理を基盤とした国際刑事法体系に修正を迫りつつある」ことにつき，山内由梨佳「行政化する国際経済犯罪規制について－マネーロンダリング犯罪研究を手がかりとして－」社会科学研究60巻2号（2009年）5頁。

(9) 個人情報保護法における立法管轄権については，宇賀克也「グローバル化と個人情報保護－立法管轄権を中心として－」宇賀克也・交告尚史『現代行政法の構造と展開　小早川光郎先生古希記念』（有斐閣2016年）127頁。

(10) この点については，増井良啓「制度設計の理論」『現代租税法講座4巻』（日本評論社）掲載予定で論じた。先行研究として，渕圭吾『所得課税の国際的側面』（有斐閣2016年）14頁注14の文献および同注に対応する本文を参照。

法 4 条 3 項）と居住地管轄（所得税法 5 条 1 項，法人税法 4 条 1 項）が併用される。刑事法に関する古典的な枠組との間であえてアナロジーをたてれば，源泉地管轄の行使は属地主義の系譜に，居住地管轄の行使は属人主義の系譜に連なる，といえるかもしれない。ただし，1923 年の Seligman 教授らの整理で政治的帰属（political allegiance）ではなく経済的帰属（economic allegiance）を根拠としたように[11]，居住地管轄は国籍よりも住所を基準にするのが通例である。米国の市民権課税のように国籍を基準とする場合には属人主義とのアナロジーが働くが[12]，住所を基準とする場合には必ずしもそうであるとはいえない。

- 消費税法については，立法政策のあり方として仕向地原則と原産地原則が二者択一の形で問題となり，両者を併用するわけではない。この点，日本法は仕向地原則を採用し（消費税法 4 条 2 項，7 条），消費地国として管轄権を行使する。このように消費地に着目する発想は，消費がなされた場所をみるという観点からすれば，どちらかといえば属地主義の考え方に近い。電気通信利用役務の提供にかかる B2C 取引で，海外の登録事業者に納税を求める局面でも（消費税法附則平成 27 年 39 条），日本国内に消費地が存在するとみている。

- 相続税法については，そもそも各国の税制にかなりのばらつきがある。日本法についてみても，財産取得者というヒトに着目する面（相続税法 1 条の 3 第 1 項 1 号）と，相続財産というモノに着目する面（相続税法 1 条の 3 第 1 項 3 号）のふたつが併用されている。また，日本の相続税法の改正による立法管轄権の拡張に伴い（相続税法 1 条の 3 第 1 項 2 号），管轄権に限界がないかという点が問題として指摘されている[13]。

---

(11) Bruins, Einaudi, Seligman and Stamp, Report on Double Taxation submitted to the Financial Committee of the League of Nations Economic and Financial Commission: Document E. F. S. 73. F. 19; April 5, 1923.

(12) Ruth Mason, Citizenship Taxation, 89 Southern California Law Review 169 (2016).

(13) 渋谷雅弘「高野報告に対するコメント」租税法研究 42 号（2014 年）98 頁。

(3) コメントその2・執行管轄権の限界

第2に，執行管轄権の限界について。ある国の税務職員が私人と同じ立場で情報収集することは，国際法上，外国の領域内においても禁じられていないと考えられる。もちろん，表立って諜報活動を行っているということになると外交上の問題を生むであろうが，私人として現地法令の枠内で情報を収集している限り，法的な問題は原則として生じないであろう。

これと異なるのが，公権力の行使にわたる場合である。たとえば，日本の税務職員による情報収集が国税通則法74条の2以下の質問検査権の行使としてなされる場合は，執行管轄権の行使にあたるから，相手国の同意なしには許されない。

以上の両極の間にあっていずれに属するかが不明な場合，どう考えるべきかが問題となる。これは具体的な事実関係をみて検討すべき問題である。一般論としていえば，現地国との間で軋轢を生むやり方では，良質の情報を継続的に取得することは事実上不可能である。それゆえ，執行管轄権の領域的しばりは，厳格にとらえておいたほうが賢明であろう。

なお，税務調査や滞納処分といった実力行使の局面において，執行管轄権の地理的限界を考える上では，どの税目についても問題状況が共通である。これは，立法管轄権について税目ごとに調整基準が異なっていたのとは，やや状況が異なる。

3 執行管轄権における属地主義の優位

(1) 国際法学説

さて，執行管轄権の行使が自国の領域内に限られるのは，執行管轄権について属地主義を採用しているからである。この点について，中川教授は次のように説明している[14]。

すなわち，執行管轄権に基づく強制措置は原則としてそれぞれの国家の領

---

(14)　小寺彰ほか編『講義国際法』（有斐閣2004年）162頁〔中川淳司執筆〕。

域内に限り認められる（属地主義の優位）。執行管轄権が競合する場合には，国際法上の基準に基づいていずれの国の執行管轄権が優位するかを決定しなければならない。

たとえば，外交官の場合，公務遂行の有無にかかわりなく無条件に接受国の刑事裁判権が免除され（ウィーン外交関係条約31条1項1文），これに対応して接受国の属地主義に基づく執行管轄権の行使は排除される。

より一般的には，「実質的かつ真正の連関」という基準が用いられる。領域国が外国人との間に実質的かつ真正の連関を欠く場合，属人主義に基づく外国人の本国の執行管轄権が優先し，属地主義に基づく領域国の執行管轄権が排除される。何が「実質的かつ真正の連関」を構成するかについては，常居所または営業所の設定，不動産その他の恒久設備の保有，長期の在留などが判断要素として挙げられる。

以上が中川教授の説明である。

(2) 国内租税法との対応

ここで，国際法にいう「実質的かつ真正の連関」という基準を，日本の国内租税法に対応させてみよう。

- 所得税法・法人税法については，恒久的施設（所得税法2条1項8号の4，法人税法2条12号の18）の有無がおおむねこれに対応する。非居住者や外国法人が日本の領域内に恒久的施設を有していれば，「実質的かつ真正の連関」が認められるから，恒久的施設に帰属する所得について申告納税を行うことを非居住者や外国法人に対して強制することができる（所得税法166条，238条1項，法人税法144条の6第1項，159条1項）。このことは租税条約とも平仄が合う。租税条約上の事業所得に関する「恒久的施設なければ課税なし」という原則は，「実質的かつ真正の連関」がなければ源泉地国で課税できないということである。恒久的施設が自国領域内に存在しない場合，源泉地国としてできることは，原則として，国内の支払者を名宛人として源泉徴収を行わせるということにとどまる。
- 消費税法についてはどうか。日本法では，外国事業者が日本に拠点を置

く場合に関する規律が比較的に未発達である。欧州各国の付加価値税では，固定的施設（fixed establishment）を置く場合に特別の規律を設けている[15]。この中で，国際法との関係で日本国の執行管轄権の行使の限界を考える場合には，消費税法においても所得税法・法人税法の恒久的施設に類した基準で「実質的かつ真正の連関」の有無を判断すべきではないかと思われる。かかる「実質的かつ真正の連関」を欠く場合，日本国は外国事業者に対して実力行使ができないと解される。実際，平成27年度税制改正でB2Cの電気通信利用役務の提供について外国事業者の登録制度を設けたが，国内に拠点がないがゆえに任意の登録とせざるを得なかった。なお，平成28年度税制改正で，リバース・チャージの扱いにつき，国外事業者の恒久的施設と事業者の国外事業所等に対して，特定仕入が国内で行われたか否かの判定基準が定められた（消費税法4条4項但書）。今後日本でも，外国事業者が日本に事業拠点を置く場合に関する法形成がすすむことが予想される。

こうして，執行管轄権の行使にあたっては原則として属地主義が妥当し，領域外での強制措置は認められない。

Ⅲ　克服のための試み

1　対策の現状

上でみたような執行管轄権の領域的制約を克服するために，国内法，租税条約，多国間フォーラムといった異なるレベルで，いくつかの試みがなされてきた。

この点につき，金子教授は次のように，包括的な整理を行っている。

まず，「国際取引と所得課税」の項目で，国際的脱税・国際的租税回避へ

---

(15)　Madeleine Merkx, Establishments in European VAT（2013）．さらに参照，小川廣明「OECD VAT ガイドラインの課題等－本支店間取引を中心に－」税大論叢 87 号（2016 年）481 頁。

の対処として，次の点をあげる[16]。

- 国外財産調書制度
- 自動的情報交換体制の構築
- 二国間租税条約上の情報交換条項，および，租税条約実施特例法の改正の経緯と同 8 条の 2 の解釈
- タックス・ヘイブンとの情報交換協定（TIEA）
- 二国間租税条約上の徴収共助条項
- 多国間税務行政執行共助条約，および，租税条約実施特例法の改正
- 国際的電子商取引から生ずる所得の把握，およびそれに対する課税方法

また，「納税環境の整備」で，青色申告をはじめとする各種の制度，電子データによる帳簿保存，電子申告，租税手続における電子化の推進，に続いて，次の点をあげる[17]。

- 国際的資金移動にかかる所得の把握に関して，1997 年外為法改正（金融ビッグバン）に対応した国外送金調書，民間国外債の利子非課税にかかる非居住者確認制度，さらに，平成 27 年度税制改正による金融口座情報の自動的交換のための報告制度の整備
- 納税者番号制度（マイナンバー制度）に関して，国際納税者番号制度の提案

以下では，この整理を基礎にして，最近の動きを整理する。順序としては，国内法上の対処，条約による対処，多国間フォーラムによるイニシアティブ，に分けてみていこう。

2　国内法上の対処

(1)　立法的対処

国内法上の対処は，執行管轄権の領域的制約を前提にせざるをえない。その制約の下で，近年，国際取引に関する資料情報を収集するための立法措置

---

(16)　金子宏『租税法（第 21 版）』（弘文堂 2016 年）495-501 頁。
(17)　金子・前掲注 16・822-825 頁。

を拡充している。

　平成24年度税制改正で，国外財産調書制度を創設した[18]。調書提出の根拠規定は，「内国税の適正な課税の確保を図るための国外送金等に係る調書の提出等に係る法律（以下「国外送金等調書法」という。）」の5条である。制度の骨子は，5,000万円超の国外財産がある居住者に国外財産の種類・数量・価額などを申告させるというものである。加算税の賦課にあたり加減算のインセンティブ措置が講ぜられている（国外送金等調書法6条）。1年遅れで罰則を施行したため，2回目の提出件数が注目されていた。これにつき，2015年10月20日，国税庁が，2回目の提出にあたる2014年分の提出件数が8,184件あったと発表した[19]。

　平成26年度税制改正で，国外証券移管等調書を導入し，2015年1月1日から施行した。国内証券口座から国外証券口座へ株式や債券などを移管した顧客は，金融商品取引業者の営業所の長に告知書を提出しなければならない（国外送金等調書法4条の3）。金融商品取引業者は，国外証券移管等調書を所轄税務署長に提出する（国外送金等調書法4条の4）。国外証券口座から国内証券口座へと株式や債券等を受け入れる場合も同じである。税務職員がこの調書を見て，必要であれば顧客本人に対して「お尋ね」を出す。回答しないと税務調査に切り替わる。

　平成27年度税制改正では，国外転出時課税（所得税法60条の2）や非居住者へのみなし譲渡課税（所得税法60条の3）といった実体法上の制度新設とともに，手続面において財産債務調書の制度を設けた（国外送金等調書法6条の2）。従来の財産債務明細書（旧所得税法232条）を見直して，次のように整備するものである。

• 　提出基準につき，現行の所得基準に，資産基準（総資産3億円以上または

---

(18)　増井良啓「国外財産調書制度の適用」税務事例研究132号（2013年）37頁。
(19)　日経新聞2015年11月11日「国外財産，税務署が包囲網」。この記事は，「これだけか。1桁少ないんじゃないか」との声があったと記している。なお，2015年分の提出件数は8893件である。

有価証券等 1 億円以上) を追加して, 対象者を限定する

- 記載内容を充実し, 国内外財産の種類・数量・価額などを申告させる
- 加算税の加減算によるインセンティブ措置を加える (国外送金等調書法 6 条の 3)

(2) 執行面の対処

国税庁の税務執行でも, 国際取引は重点的な取り組みの対象になっている。公表資料によると, 平成 26 事務年度における法人税等の調査については, 消費税還付申告法人事案と無申告法人事案とならんで, 海外取引法人事案がターゲットとされた[20]。すなわち, 海外取引法人等に対する実地調査が 1 万 2,957 件, 非違件数が 3,430 件, 申告漏れ所得金額が 2,206 億円あった。また, 海外取引にかかる源泉徴収税について, 課税漏れが 1,493 件, 追徴金額が 41 億円あった。

(3) コメント

以上の措置は, 日本国の領域内で執行管轄権を行使できる範囲内のことを立法化し, 執行する, という性格をもつ。担保措置としては, 質問検査権の対象とし (国外送金等調書法 7 条), 罰則を設ける (国外送金等調書法 9 条および 10 条) という具合に, 従来からの国内法上の仕組みをそのまま転用している。

これらの担保措置の名宛人は, 基本的に, 日本の居住者や, 金融機関の日本国内の営業所である。それゆえ, 外国に所在する者に対して執行管轄権を行使する場面は, 想定しにくい。逆にいえば, 執行管轄権が及ぶ領域内でできることがかなりある, ということでもある。

3 条約による対処

(1) 3 つのツール

日本国政府は, 各種の条約を締結することにより, 執行管轄権の領域的制約を取り払おうとしてきた。主なツールは次の 3 つである。

---

(20) 国税庁「平成 26 事務年度法人税等の調査事績の概要」(2015 年 11 月)。さらに参照, 国税庁「国際戦略トータルプラン」(2016 年 10 月)。

- 二国間租税条約
- 情報交換協定（TIEA）
- 租税に関する相互行政支援に関する条約（MAC）

(2) 二国間租税条約

最も伝統的なツールが，二国間租税条約である。

2016年9月1日現在，二重課税の回避と脱税の防止を主たる内容とする二国間租税条約が54本あり，65か国・地域との間で適用されている。その多くが，OECDモデル租税条約に準拠しており，相互協議条項・情報交換条項・徴収共助条項の「手続関係3点セット」を装備している。

ただし，情報交換条項は，Ⅳで後述するOECDモデル租税条約の改正を反映していない古い型のものが若干残っている。

また，徴収共助条項をもたない条約例が35ある。さらに，徴収共助条項がある場合であっても，その適用対象を条約の特典を利用する場合にのみ限定するものが現在のところほとんどである。この点については，かねてより，学説上，外国租税債権の私債権に対する優先権をなくした上で，包括的な徴収共助条項に転換すべきであると主張されていた[21]。2011年にMACに署名する時点で，日本国は租税条約ポリシーを転換した。その後に署名された最近の条約例では，包括的な徴収共助条項が散見される（2012年日NZ租税条約28条，2013年日英租税条約26条のAなど）。今後は，二国間租税条約においても包括的な徴収共助条項の増加が予想される。

(3) TIEA

より新しいのが，租税に関する情報交換を主目的とする情報交換協定（TIEA）である。オフショア法域を相手方とする。

2016年9月1日現在，10条約が10か国・地域との間で適用されている。2010年2月の対バミューダ協定がその最初の例である。その後，すぐあとで述べるグローバル・フォーラムのイニシアティブの下で，締約数が増加し

---

(21) 赤松晃「徴収法の国際的側面－徴収共助に係るOECDモデル租税条約の進展とわが国の方向－」租税法研究33号（2005年）47頁。

た。

TIEA の骨子は，次の通りである。

- 要請に基づく個別的情報交換を中心とする。
- 相互協議条項がある。
- 場合により，見返りを求める相手法域の要求に応じて入れた課税権分配条項（退職年金・政府職員・学生など）がある。

(4) MAC

租税に関する相互行政支援に関する条約（MAC）は，多国間条約である。

MAC は 1988 年に署名のために開放されていた。しかし日本国の参加は遅れた。ようやく 2011 年 11 月 3 日に署名し，国会の承認を経て，2013 年 10 月 1 日から発効した。2016 年 9 月 1 日現在，締約国は日本国を除いて 61 か国・地域であり，このうち日本国と二国間条約を締結していない国が 22 か国ある。

日本国にとって，MAC は次の点が新しい。

第 1 に，MAC はマルチ条約である。その結果，執行共助が可能になる相手国の範囲が大きく拡大した。

第 2 に，MAC は文書送達・徴収共助・情報交換につき包括的な規定を置いている。その結果，二国間条約でカバーしていないことがらについて，MAC の規定を適用して執行共助ができるようになった。具体的には以下の通りである。

- 文書送達の根拠規定を提供する。従来の二国間租税条約や TIEA には文書送達の根拠規定が置かれていなかったところ，今後は MAC を用いることが可能になる。
- 徴収共助の範囲が包括的である。二国間租税条約に徴収共助条項がなくても，MAC の徴収共助条項が適用できる。また，二国間租税条約の徴収共助条項が制限的な規定振りであっても，より包括的な MAC の徴収共助条項を適用できる。なお，米国は MAC の徴収における支援の規定に留保を付しているので，2013 年議定書において別途，日米租税条約

新 27 条において，半ば包括的な徴収共助条項をおいている[22]。

- 情報交換について一歩を進める。OECD モデル租税条約 26 条の下で規定の解釈としてコメンタリーが示していることがらを，MAC は条文化している。すなわち，要請に基づく情報の交換（5 条）・自動的な情報の交換（6 条）・自発的な情報の交換（7 条）に加えて，同時税務調査（8 条）や海外における租税に関する調査（9 条）に関する規定を置く。このうち自動的な情報の交換に関する規定が，金融口座情報の共通報告基準に基づく国家間共有の根拠規定である。

　こうして，日本国が MAC に参加した現在においては，日本の課税当局にとってみると，他の条約上のツールよりも MAC のほうが使いやすいということになる。つまり，MAC が国際的執行共助のプラットフォームになったのである。しかもこれがマルチ条約であるため，少数の留保事項を除いては，多数の加盟国に対して共通に適用される。起草者である欧州司法協力委員会の下の専門家委員会による注釈があり[23]，解釈適用の足並みを揃える上で役立つ。

　もっとも，MAC においては，WTO の紛争処理機関のような仕組みは設けられていない。MAC の実施は，あくまで締約国の権限のある当局が合意することによって行うものとされており，紛争処理についても権限のある当局間の相互協議による（24 条）。MAC の実施を監督する調整機関（co-ordinating body）の役割は，条約の一般的目的を推進する措置を勧告することや，締約国の求めに応じて条約の解釈について意見を提供することにとどまる。その意味では，多国間条約であるとはいえ，従来の伝統的な二国間租税条約の延長という性格が強い。

---

(22)　増井良啓「国際課税関係の法令と条約の改正」ジュリスト 1455 号（2013 年）67 頁，70 頁。ただし 2016 年 10 月 10 日現在，未発効である。
(23)　増井良啓「マルチ税務行政執行共助条約の注釈を読む」租税研究 775 号（2014 年）253 頁。さらに参照，飯守一文「欧州等における徴収共助の動向と課題」租税研究 801 号（2016 年）437 頁。

(5) コメント

徴収共助の拡大については，懸念を表明する学説もある[24]。この点について，米国のレベニュー・ルール（外国租税債権不執行の原則）については，裁判所を拘束する法原理であり，政治部門の判断を制約するものではないから，条約によって徴収共助の途を開くことは妨げられないとする研究がある[25]。

日本法の課題は，日本国憲法の観点から適正手続の保障（憲法31条）の要請をどう実現するか，ということである。解釈論としては，租税条約等実施特例法11条の規定につき，実例にそくした検討が必要である。課題として記しておきたい。

4 多国間フォーラムによるイニシアティブ

以上のような日本の国内法・条約の整備は，「税の透明性と情報交換に関するグローバル・フォーラム（The Global Forum on Transparency and Exchange of Information for Tax Purposes，以下これを「GF」という。）」によるイニシアティブに呼応するものであった。

沿革をたどると，GFの前身は，1998年「有害な税の競争」プロジェクトがいったん頓挫する中で生まれた。2000年からOECD加盟国と非加盟国によって進められてきた多国間のフォーラムがその原型である。2001年9月11日同時多発テロ以降，透明性の確保に重点がシフトする中で存在感を増していき，2009年9月以降に本格的に活動を拡充した。2016年9月現在で135の法域が平等の立場で参加しており，15の国際機関がオブザーバーになっている[26]。

GFの事務局はOECDのCentre for Tax Policy and Administrationにあ

---

(24) 石黒一憲『国際倒産 vs. 国際課税－牴触法的考察－』（信山社2010年）1頁，原田大樹『行政法学と主要参照領域』（東京大学出版会2015年）88頁。

(25) 吉村政穂「徴収共助の許容性に関する法的視点－レベニュールールの分析を素材として－」フィナンシャル・レビュー94号（2009年）57頁。

(26) GFについては，www.oecd.org/tax/transparency を参照。

り，モニタリングと相互審査（peer review）によって税の透明性に関する国際基準の実施を担っている。また，途上国に対する技術的支援を行っている。そしてIVでみるように，GF は，自動的情報交換のための多国間の枠組作りの実務的作業を主導した。

　日本政府は GF の活動に積極的に関与している。日本国に対する個別的情報交換のピア・レビューはすでに完了している。国税庁は，個々の相互審査対象報告書を分析して，その知見を実務に供用する段階になっている[27]。

　なお，脱税摘発との関係で重要性を増しているのが，金融活動作業部会（Financial Action Task Force，以下これを「FATF」という。）である。FATF は，資金洗浄とテロ資金供与対策を目的とする国際組織であり，近年，GF との連携が図られてきている。

IV　課税情報の国際的情報交換の進展とその課題

1　叙述の方針

　ここでは，とりわけ重要性が高く，動きの激しい情報交換について，手続整備の現状を示し，改革のための論点をやや幅広に指摘する。

　なお，情報交換に際して通知手続を設けるべきこと，および，盗まれたデータの証拠能力については，別の機会に論じた[28]。本稿ではもうすこし視野を広くとって，なぜ情報交換が重要になってきたかを概観した上で，その実効性に関する懸念と対処のための方策をみることにしよう。

---

(27)　渡邉勲「租税条約等に基づく情報交換に係る情報提供対応に関する考察―税務当局が条約相手国に対し効果的に情報提供要請を行うために―」税大論叢 79 号（2014 年）485 頁。
(28)　増井・前掲注 1 の文献参照。

2 国際的脱税の規模と手口

(1) 積み重なる研究

執行管轄権の領域的しばりのせいで国際的脱税が横行しているのではないかということは，かなり前から指摘されてきたことである。これを実証するために，多くの研究がなされてきた。たとえば，国際関係論の Sharman 教授の研究は，公開文書の調査と匿名のインタビューによっていた[29]。また，経済学者の Zucman 教授らの推計で，国際的脱税の規模が推計されていた[30]。他にも，政治経済学（political economy）による研究[31]や，よりジャーナリスティックなベスト・セラー[32]，幽霊会社（shell company）の設立に関する調査[33]など，実態を解明するための多くの努力がなされてきた[34]。

これらの仕事によって，国際的脱税が重要な問題であることは，専門家の間ではすでに常識化していたといってよい。問題意識は政治過程においても共有されつつあった。一例として，米国の下院歳入委員会に提出された2009 年 3 月 31 日付けの報告書をあげれば十分であろう[35]。この報告書は，

---

(29) 増井良啓「Havens in a storm を読む―『有害な税の競争』をめぐる言説の競争」租税研究 720 号（2009 年）264 頁。

(30) ガブリエル・ズックマン（林昌宏訳）『失われた国家の富』（NTT 出版 2015年）。

(31) Ronen Palan, Richard Murphy and Christian Chavagneux, Tax Havens: How Globalization Really Works (2010, Cornell University Press).

(32) Nicholas Shaxson, Treasure Islands (2011, Random House). 日本語訳として，ニコラス・シャクソン（藤井清美訳）『タックスヘイブンの闇　世界の富は盗まれている！』（朝日新聞出版 2012 年）。

(33) Michael G. Findley, Daniel L. Nielson, and J. C. Sharman, Global Shell Games: Experiments in Transnational Relations, Crime, and Terrorism (2014, Cambridge University Press).

(34) 本庄資『オフショア・タックス・ヘイブンをめぐる国際課税』（日本租税研究協会 2013 年）は文献を広くサーベイしている。なお，Richard Phillips, Matt Gardner, Kayla Kitson, Alexandria Robins, and Michelle Surka, Offshore Shell Games 2016: The Use of Offshore Tax Havens by Fortune 500 Companies (2016) は，NGO による米国企業の実態解明の試みである。会社の実名をあげてオフショア・タックス・ヘイブンに子会社を置いている事実を数字で示すが，必ずしも脱税の事実を示しているわけではない。

第1章　国際課税における手続の整備と改革　21

オフショア口座と事業体について納税協力と税務執行の問題を具体的に指摘し，米国国内法と条約ネットワークをどう活用できるかを論じていた。このような地道な検討が，上述の条約網の拡大強化や GF の活動を支えていたのである。

⑵　パナマ文書の公開など

しかし，オフショア法域を利用した脱税が世界中の人々の意識に鮮明に焼き付けられるに至ったのは，2013 年 4 月 4 日（日本時間，英国標準時では 4 月 3 日夜）の ICIJ（International Consortium of Investigative Journalists）によるいわゆるパナマ文書の公開によるものであった。これは，従来のリークをはるかに凌駕する量の生データをウェブサイト上に公開し，オフショア法域における会社や信託の組成に世界各国の政治家や著名人がかかわっていることを示した。公開した情報には多くの実名が含まれており，すぐさまセンセーショナルな反応を呼び起こしただけでなく，各国の課税当局・捜査当局の動きにつながった。この経緯については，リークを準備した南ドイツ新聞の 2 名の記者による書物がある[36]。

それ以前に報道されてきた例としては，次のものがあった。

- 2007 年に Liechtenstein の LGT 銀行隠し口座がリークされた。
- 2008 年にスイスの UBS 事件が発覚した[37]。
- 2009 年に HSBC の Falciani list が流出した[38]。

その後も，ICIJ は，2016 年 9 月 21 日に，バハマ文書を公開している[39]。

---

(35) Staff of the Joint Committee on Taxation, Tax Compliance and Enforcement Issues with Respect to Offshore Accounts and Entities, JCX-23-09 (2009).

(36) Bastian Obermeyer and Frederik Obermeier, The Panama Papers (2016, Oneworld Publications). 日本語訳として，バスティアン・オーバーマイヤー他（姫田多佳子訳）『パナマ文書』（角川書店 2016 年）。さらに参照，本庄資「パナマ文書リークスに関して考えるべき問題」租税研究 801 号（2016 年）485 頁，渕圭吾「『パナマ文書』に基づく課税処分及び脱税犯の訴追の可能性」ジュリスト 1496 号（2016 年）24 頁。

(37) この事件をスイス側の目線から構造化する研究として，石黒一憲『スイス銀行秘密と国際課税－国境でメルトダウンする人権保障－』（信山社 2014 年）。

(3) Cockfield 論文による指摘

ICIJ に協力してデータを検討したカナダの Cockfield 教授は，ロシアと中国の支配層・富裕層が資金を海外逃避させていることを示し，国際的脱税の手口を紹介していた[40]。この研究をパナマ文書の公表以降に改訂し，改めて公表した 2016 年 8 月の論文がある[41]。

この Cockfield 論文は，結論部分において，次の点を指摘している[42]。ここにいう「オフショアのサービス提供者」とは，具体的には，シンガポールに拠点を置く Portcullis TrustNet と，ブリティッシュ・バージン・アイランドに本拠を置く Commonwealth Trust Ltd からのデータをもとにして述べているものである。より知られた名前に引きつけていえば，パナマ文書の流出源とされる Mossack Fonseca のことをイメージすればよい。

- オフショアのサービス提供者は，投資家の資金源を特定するためのデュー・デリジェンスをしばしば行っていない。
- 刑事罰を科すためには違法活動から資金が生じたことを立証する必要があるところ，一般的にオフショアのサービス提供者の帳簿にはその証拠がない。
- オフショアのサービス提供者は補償合意を結ぶことにより，関係する国際法や国内法に反するサービスを提供できる。
- 法人や信託，その他の事業体を何層にも重ねる複雑なオフショア構造によって，グローバルな金融犯罪が行われているか否かの追跡が，法執行

---

(38) Hervé Falciani and Angelo Mincuzzi, La Cassaforte Degli Evasori (Chiarelettere editore srl, 2015)。日本語訳として，エルヴェ・ファルチャーニ（芝田高太郎訳）『世界の権力者が寵愛した銀行』（講談社 2015 年）。

(39) これについては，https//www.icij.org のサイトを参照。

(40) Arthur J. Cockfield, Big Data and Tax Haven Secrecy, 18 Florida Tax Review 483 (2016).

(41) Arthur J. Cockfield, Breaking Bad: What Does the First Major Tax Haven Leak Tell Us?, Tax Notes International (22 August 2016) 691.

(42) Cockfield, supra note 41, 696. さらに参照，Joseph E. Stiglitz and Mark Pieth, Overcoming the shadow Economy (2016).

当局にとって困難になっている。

- 口頭で収益支払いの指示をする旨の信託合意を結ぶことで，書類追跡の
  リスクを軽減している。
- オフショアのサービス提供者は迅速に閉鎖できる小規模事業であること
  があり，そのことが捜査を妨げる。
- 弁護士と顧客の間の秘匿特権を潜在的に濫用して，グローバル金融犯罪
  を促進する秘密のコミュニケーションをとっていた。

このように，国際的脱税の手口は，要するに，課税情報が当局に知られな
いようにするということに尽きる。

3 情報交換のネットワーク

(1) 情報交換の拡充強化

国際的脱税に対処するためにまず必要なステップは，それを発見すること
である。しかるに，国際的局面では，先述のように課税当局の調査権限には
領域的制約があるため，脱税の発見が容易でない。これを克服しようとする
のが情報交換であり，その拡充強化は次の経緯をたどった。

(2) 課税目的の情報交換に関する「国際的に合意された租税基準」の形成

情報交換の拡充強化は，まず，要請に基づく個別的情報交換からはじまっ
た。新しい国際基準を形成し，それを各国が共有する動きである[43]。

2005 年に，OECD モデル租税条約 26 条を次のように改訂した。

- 1 項で，従来の「必要な」という基準から，「関連すると予見される
  (foreseeably relevant)」というよりゆるやかな基準へと転換した。
- 4 項で，「自国の課税利益 (domestic tax interest)」の要件を撤廃した。
  純粋に他国に協力するだけのためであっても，情報を収集して相手国に
  提供しなければならなくなった。
- 5 項で，金融機関保有情報（「銀行その他の金融機関，名義人若しくは代理人

---

(43) 増井良啓「租税条約に基づく情報交換：オフショア銀行口座の課税情報を中心
  として」金融研究 30 巻 4 号（2011 年）253 頁。

若しくは受託者が有する情報又はある者の所有に関する情報」）であることの
みを理由として，締約国が情報の提供を拒否することを認めるものでは
ないことを明記した。つまり，銀行秘密であることを理由に情報提供を
拒否することは，許されなくなった。

　これを受けて，2008 年には国連モデル租税条約 26 条を改訂し，2005 年
OECD モデル租税条約 26 条と平仄を合わせた。こうして，情報交換に関す
る新基準は，OECD 加盟国だけでなく，新興国や途上国を包摂するグロー
バルな基準になった。これが，課税目的の情報交換に関する「国際的に合意
された租税基準」の形成である。

　2009 年 9 月以降，GF による相互審査（peer review）を開始した。法制上
各国が新基準を実際に採用しているかどうか，また，それを運用できる態勢
になっているかを国別に審査するものである[44]。日本国もこの審査を受け
ており，2013 年 11 月にフェーズ 2 審査を完了し，「適合（compliant）」との
判定を得ている[45]。この過程で，日本国は租税条約を相次いで改訂し，新
しい国際基準に合致する形に変更した。

　さらに，MAC も，2010 年議定書で，情報交換に関する新基準を取り込ん
だ。そして，その署名資格をすべての国に開放した。日本が MAC に参加し
たのは，この後のことであった。

(3)　自動的情報交換への道筋

　要請に基づく個別的情報交換について新基準が各国に受容されると，一歩
進んで，自動的情報交換への道筋をつけることが次の課題となった。これは，
大量の定型的情報を自動的に交換するための，国際的な枠組みを構築する動
きである。この自動的情報交換は，要請に基づく個別的情報交換と補完的で
あり，相互にバックアップしあう関係にある。

---

(44)　ピア・レビューの状況については，https://www.oecd.org/tax/transparen-
　　cy を参照。
(45)　OECD, Global Forum on Transparency and Exchange of Information for
　　Tax Purposes Peer Reviews: Japan 2013, Combined: Phase 1 + Phase 2, in-
　　corporating Phase 2 ratings (2013).

第1章　国際課税における手続の整備と改革　25

　自動的情報交換の枠組み作りの動因となったのが，2010年に米国が国内法で立法化したFATCAである[46]。FATCAは，米国市民の金融口座情報を外国金融機関から米国課税当局が取得するための一方的措置であり，それに対応するために各国が米国との間で政府間合意（IGA）を締結しはじめた。この中で，各国ごとに異なる基準を用いると混乱が生じ，多国籍に展開する金融機関にとって多大な負担となってしまう。これを避けるため，共通報告基準（CRS）の導入を求める声が強まり，OECDでCRSが策定され，2014年2月23日にG20財務大臣・中央銀行総裁会議で承認された[47]。

　この動きをうけて，日本国も平成27年度税制改正でCRSを国内法化した（租税条約等実施特例法10条の5から10条の8）[48]。2015年10月29日から30日にかけてバルバドスでGFの会合が開かれ，日本国は，MACの下での権限のある当局合意（Multilateral Competent Authority Agreement）に署名し，自動的情報交換の枠組を具体化した。2016年9月1日現在，同合意はすでに84か国が署名している。

⑷　実質的支配者をつきとめる

　情報交換ネットワークの拡充によって，課税当局が外国当局から課税情報の提供を受ける機会は格段に増えた。GFによるピア・レビューが進むとともに，無記名株式が禁止されるなど，会社の法律上の所有者を透明にすることが各国で進行した。

　これとともにわかってきたのは，情報の精密度と有用性に関してかなりの

---

(46)　田中良「全世界所得課税確保のための海外金融資産・所得の把握手法：米国の適格仲介人（QI）レジーム・FATCAレジームの展開」金融研究30巻4号（2011年）313頁，田中良「租税執行における情報交換―FATCAを契機とした新たな構想」法律時報86巻2号（2014年）20頁，吉村政穂「国際課税における金融口座情報の共有体制の確立」金子宏ほか編『租税法と市場』（有斐閣2014年）532頁。

(47)　増井良啓「非居住者に係る金融口座情報の自動的交換―CRSが意味するもの―」論究ジュリスト14号（2015年）218頁。

(48)　一高龍司「税制改正大綱と納税環境整備」税研181号（2015年）58頁，知原信良「国際課税と再分配」租税法研究44号（2016年）63頁，75-76頁。

ばらつきがあるという事実である。たとえば，銀行口座の名義人がある会社であるところまではつきとめられるが，その会社を実質的に支配している者が誰であるかまではわからない。これが，実質的支配者（beneficial owner）の判定というやっかいな問題である。

実質的支配者という用語は，資金洗浄対策のための「犯罪による収益の移転防止に関する法律」（以下「犯収法」という。）で用いられている言葉である。租税条約の領域では，実質的所有者とか受益者とかという日本語訳を用いることが多いのであるが，ここでは犯収法の言葉づかいを用いておく。

実質的支配者を秘匿するために幽霊会社を安価に設立する商売が放置されると，国際的脱税を摘発するためのハードルがきわめて高くなる。パナマ文書の公開によって明らかになったのは，まさに，このような商売が繁茂しており，世界中の富裕な顧客がそのサービスを利用しているという事実であった。

この点につき，2016 年 10 月 6 日の G20 財務大臣・中央銀行総裁会議に対して，OECD 事務局長から報告書が提出された[49]。この報告書は，実質的支配者に焦点をすえて，GF の活動計画として 3 つの柱をたてている[50]。

- 実質的支配者に関する基準の効果的実施に焦点をあてたピア・レビュー。
- FATF と GF の活動に整合性を保ち相互協力を行う。
- 効果的実施例を収集し，技術協力を行う。

この報告書は，さらに，2017 年に次の点につき進捗状況を報告することとした[51]。

- ギャップ分析。FATF の資金洗浄対策基準と，納税協力上の必要との間にギャップがあるかどうかを分析し，ギャップがある場合には費用便益を考慮したうえで解決策を提示する。

---

(49)　OECD, OECD Secretary-General Report to G20 Finance Ministers, Washington D.C. October 2016 (2016).

(50)　OECD, supra note 49, 7.

(51)　OECD, supra note 49, 19-20.

- 所有者情報のデータ・セットを体系的かつ電子検索可能なものとして設計する。自動的情報交換のCRSと米国FATCAのために用いる既存のデータ形式とフォーマットを見直して，レジストリや特定非金融業者・専門家など，所有者情報の受託者に広く適用することの得失を検討する。
- 実質的支配者情報に対する国内のアクセスの現状分析。
- 実質的支配者情報に対する国際的アクセスの改善。

これと平仄を合わせて，FATFも，実質的支配者の特定につき，GFと連携して活動を強化する旨の報告書を出した[52]。この報告書について注目されるのは，2012年の基準強化以後9か国の審査を行った結果，法人・事業体の濫用防止につき十分に効果的であるのが2か国でしかなかったという結果である。次の点がネックになっているという。なお，ここにいう基本情報とは，会社や信託の法律上の所有者に関する基本的な情報のことである。

- 会社登記に関する基本情報の正確性とアクセスが不十分
- 会社設立代理業者や法律家などのゲートキーパーによる顧客デュー・デリジェンスの実施が不十分
- 会社登記情報や株主情報を最新のものにしない会社に対する制裁の欠如
- 適切・正確・最新の基本情報および実質的支配者情報に対するアクセスを権限のある当局ができなくなるようにする障碍，たとえば情報保護法やプライバシー法

このように，情報交換の進展は，幽霊会社が名義人である場合に，その会社を実質的に支配する個人が誰であるかをつきとめる方向に向かっている。この方向がどこまで進むかが，いま最も重要な論点であるといえよう。金融機関をはじめとする民間の関係者の事務負担と，FATF報告書が上記引用部分の最後に指摘する情報保護法制などとの調整が，考慮すべきポイントである。

---

(52)　FATF, FATF Report to the G20: Beneficial Ownership (2016).

⑸ コメント

念のために付言しておけば，国際的脱税へのこのような対抗措置は，多国籍企業の移転価格に関する国別報告書の扱いと混同すべきではない。現実の取引において両者の適用対象が重なることがあるかもしれないが，両者は区別して論ずべきである。一方で，幽霊会社を用いた国際的脱税は，テロ資金や組織犯罪収益の洗浄や隠匿を伴うことが多く，端的に犯罪である。他方で，多国籍企業の移転価格は，ほとんどの場合正常な事業活動に関するものであり，事業上の微妙な判断を伴うことが多い。

後者による税源浸食に対抗する手段として，国別報告書の提出が各国で義務づけられた。その目的は，移転価格による税源浸食リスクの判定のためのツールとして用いることにある。独立企業間価格に関する見解の相違は巨額の係争を生むものではあるが，だからといって，これをただちに組織犯罪と同視してしまっては認識の精確さを欠く。あくまで概念上は別物であることを強調しておきたい[52a]。

4 情報の保護

⑴ 情報保護の重要性

課税当局間で情報交換を能率的に行うためには，相手国に提供する情報が確実に守秘される必要がある。そうでないと，情報を提供する側の課税当局としては，提供した情報がどう用いられるか，疑心暗鬼の状態におちいってしまう。そのこともあって，かねてより OECD モデル租税条約 26 条には秘密に関する規定が設けられている[53]。また，情報保護の重要性は OECD でも認識されており，2012 年にはそのためのガイドラインが公表された[54]。

[52a] なお，この点は，国別報告の一般開示の評価にもかかわる。EU の動きにつき，参照，山川博樹「欧州委員会における税情報の一般開示提案の概要と日本企業の対応」租税研究 801 号（2016 年）525 頁。

[53] 増井・前掲注 43・291 頁。

[54] OECD, Keeping it Safe: The OECD Guide on the Protection of Confidentiality of Information Exchanged for Tax Purposes (24 July 2012).

第1章 国際課税における手続の整備と改革 29

ことがらは課税当局の利害に関係するだけではない。提供される課税情報
に名前のでてくる納税者などの関係者にとって，自己に関する情報がいつど
のような形で当局間でやりとりされたのかは，大きな関心事である。ずさん
なデータ管理により情報が流出すると，租税行政に対する信頼が損なわれる。
流失した情報が思いもよらぬ主体や想定外の目的に流用されたり，情報の正
確性を欠く状態で公的判断の基礎とされたりすると，具体的な害悪が生ずる。
このように，情報保護の要請は，納税者をはじめとする関係者の権利利益の
保護のためにきわめて重要である。

(2) 手続保障を求める意見

国際的な情報共有体制が拡充されるとともに，個人の手続保障に関する保
護水準の向上を期待する意見が日本でも述べられている[55]。

すこし過去にさかのぼると，情報交換について手続保障の整備を求める意
見は，以前から存在した。アメリカ法律協会の 1992 年の報告書は，米加条
約の情報交換条項の適用に関する Burbank 事件（1975 年）と Stuart 事件
（1989 年）を紹介したのち[56]，次の 2 つの勧告を行った[57]。

- 要請国の情報収集権限発動は裁量に委ねるべきこと。（この点については，
  のちに OECD モデル租税条約 26 条の改訂によって締約国の義務とされた。）

- 要請に基づく個別的情報交換に応じて相手国に情報を提供する場合にお
  いて，内国歳入庁は，納税者に通知し，異議申立てを受け付けるように
  すべきであること。（この通知の勧告は現時点からみても意義深いものである
  が，現実には日米をはじめ多くの国で採用されていない。）

これに対し，情報交換が拡充されてからは，手続保障の重要性を説く見解
がふえている[58]。

国際租税協会（IFA）の 2013 年コペンハーゲン大会では，情報交換に関す

---

(55) 吉村・前掲注 46・548 頁。

(56) American Law Institute, Federal Income Tax Project, International Aspects of United States Income Taxation II, Proposals of the American Law Institute on United States Income Tax Treaties (1992) 115.

(57) ALI, supra note 56, 120.

る総括報告において，スイスの Oberson 教授が手続の不十分さを指摘した[59]。また，Oberson 教授は，別のモノグラフで改革のあり方について論じている[60]。

　さらに，国際租税協会の 2015 年バーゼル大会で，納税者の権利保護に関する総括報告が，情報交換について次のように論じた[61]。

- 個別的情報交換と自動的情報交換とで役割が異なる。後者で広く網をかけ，前者で深度ある分析を行う。個別的情報交換については，通知義務の有無が争点である。自動的情報交換については，データのセキュリティーがより重要になる。

- 情報要請国における手続保障と，情報受領国における手続保障とで，区別する。さらに，課税情報がすでに課税当局にある場合，納税者から取得する必要のある場合，第三者から取得する必要のある場合，で区別する。

- 個別的情報交換について，通知を必要とすべきであると論ずる。

- 自動的情報交換については，「金融口座情報が FATCA／CRS の新基準に服している」旨を，金融機関が納税者に対して事前に明示することで，十分である。むしろ問題は，データ保護の体制づくりである。

(3) コメント

　別の機会に論じたように[62]，日本法においても，情報交換に際して関係者への通知を行うことが必要であると考える。知らされないままでは，潜在

---

(58) Klaus Vogel on Model Tax Conventions Vol. 2 (4th edition, 2015) 1922 [Dourado].

(59) Xavier Oberson, General Report, in IFA Cahier de droit fiscal international Vol. 98b（2013）53.

(60) Xavier Oberson, International Exchange of Information in Tax Matters (Edward Elgar, 2015) 235.

(61) Philip Baker and Pasquale Pistone, General Report, in IFA Cahier de droit fiscal international Vol. 98b（2015）48-52. この総括報告については，大野雅人「納税者の基本的権利の実際上の保護（IFA 2015 年総会の議題 2）」租税研究 795 号（2016 年）224 頁。

(62) 増井・前掲注 1 の文献参照。

的に不服があったとしても，それを申し立てる機会がないからである。この点について，日本では基本権の観点からの考察が欠ける傾向にある。個人情報保護の角度からの研究[63]を国際的情報交換の局面に応用していくことが，今後の課題である。

V 展望——国際課税レジームの形成？

国際課税における手続の整備の進展は，国際課税に関する見方をどのように変容させていくのだろうか。BEPS プロジェクトの進展と相まって，国際課税レジームが形成されつつあるという展望は，はたして可能であるのか。これはそれ自体として教授資格論文級の考察を必要とする大きな問いであるが，本稿を結ぶにあたり簡単に一言しておこう。

このような問いがでてくる背景には，「国際租税法」という研究領域の性格付けをめぐる問題意識がある。国際課税に関する伝統的な見方は，「各主権国家がばらばらに課税権を行使し，それを相互調整する」というものである。これに対し，国際レジームとしての見方は，「国際社会の共通利益のために，国際課税に関する法を定立し執行する」というものである。そして，かねてより，後者の見方を「国際法としての国際課税」として定式化する試みがあった[64]。2009 年夏の段階で，筆者は，この野心的な定式化がなお時期尚早であることを指摘した[65]。

本稿でみてきたように，現実の世界では，その後，情報交換などの手続面で多国間行政共助が進展した。そして 2012 年以降の BEPS プロジェクトは，法人所得税の税源浸食に対抗して，各国の対抗措置の足並みをそろえようとする試みである。これは，OECD 加盟国の枠を超えて，G20 をはじめとす

---

(63) 高橋祐介「納税者番号制度と納税者の秘密の保護」日税研論集 67 号（2016年）183 頁。

(64) Reuven S. Avi-Yonah, International Tax as International Law, An Analysis of the International Tax Regime（2007, Cambridge University Press）.

(65) 増井良啓「日本における国際租税法」ジュリスト 1387 号（2009 年）95 頁。

る参加国を包摂するものであり，その意味で画期的である。もっとも，途上国の視点からは，透明性と情報交換の向上のための多国間条約は正統性を欠くという議論もなされている[66]。

ここでは，米国の Grinberg 教授の議論をみておこう。Grinberg 教授は，課税目的の情報交換[67]や，FATCA に対する各国の対応[68]の検討で知られる。BEPS の 2015 年最終成果物については，モデル租税条約に関する部分は実施されていくがそうでない部分は必ずしもそうではないという見通しをたてている[69]。

Grinberg 教授は，2015 年の共著論文において，「新しい国際課税レジームの生成」について論じている[70]。その骨子は次の通りである。

- BEPS プロジェクトが成果に至ったのは，①政治的に目立ったこと，②インフォーマルなプロセス，③成果物の規範性が多様であること，による。
- BEPS パッケージがどこまで効果的であるかは未解決の問題であるが，OECD モデル租税条約とそのコメンタリーの変更は自己執行的でありほぼ確実に実施される。
- もっとも，OECD 移転価格ガイドラインをはじめとして不明確な部分が多く，各国課税当局の間で解釈が分かれ紛争が生ずる可能性が高い。そこで，途上国の反対にかかわらず，租税条約上の仲裁を導入すること

---

(66) Irma Johanna Mosquera Valderrama, Legitimacy and the Making of International Tax Law: The Challenges of Multilateralism, 7 World Tax Journal 343 (2015).

(67) Itai Grinberg, The Battle over Taxing Offshore Accounts, 60 UCLA Law Review 304 (2012).

(68) Itai Grinberg, Beyond FATCA: An Evolutionary Moment for the International Tax System (27 January 2012) SSRN=1996752.

(69) Itai Grinberg, The New International Tax Diplomacy, 104 Georgetown Law Journal 1137 (2016).

(70) Itai Grinberg and Joost Pauwelyn, The Emergence of a New International Tax Regime: The OECD's Package on Base Erosion and Profit Shifting (BEPS), ASIL Insights Vol. 19, Issue 24 (28 October 2015).

がBEPS最終報告書の実施にあたっては不可欠である。そうしないと，紛争処理が貿易協定や投資協定に流れていく。たとえばYukos事件はエネルギー憲章の仲裁手続にかけられた。パナマとアルゼンチンのタックス・ヘイブンの紛争がWTOのパネルで裁かれた。

　この議論からすると，国際課税レジームの形成にとってリトマス紙となるのは，紛争処理機関を整備できるかどうかということになる。しかし，本稿の冒頭で述べたように，現行の租税条約にはWTOのパネルのような紛争処理機構は設けられていない。こうしてみると，国際課税の現状は，いまだレジームの形成を確認できるところに至っていない，ということになる[71]。

　以上でみたように，国際課税における手続の整備と改革は，それ自身として大きく展開する課題であるばかりか，国際課税に関するものの見方を修正する可能性を有する。知的関心をひきつけるゆえんである。

---

(71)　米国の単独主義的対応については，Mindy Herzfield, Will Information Exchange Lead to Information Misuse? Tax Notes International, Nov. 7, 2016, 537. さらに参照, Diane Ring, When International Tax Agreements Fail at Home: A U.S. Example, 41 BROOK. J. INT'L L. 1183 (2016). なお，2016年11月24日，BEPS行動15の多国間協定（MLI）のテクストが公表された。米国はこれに署名しない見込みである。2017年6月の調印式までに新トランプ政権がいかなる対応をみせるかが注目される。

租税手続の整備

第2章　租税手続法の一環としての
一般的否認規定？

―― 国税通則法制定に関する答申をめぐる議論を振り返る

一橋大学准教授　吉村　政穂

I　問題の所在

　日本には，制定法上の規定を含め，一般的な否認法理は存在しないと考えられている。かつて昭和36年7月に公表された国税通則法制に関する答申[1]（以下，「国税通則法答申」という）は，国税通則法の制定にあたって租税回避行為に対する否認規定の創設を提言していたが，その後の（租税回避行為の否認以外の項目を含めた）反対運動の高まりに応え，租税回避の禁止に関する規定の創設を含むいくつかの項目を「将来における慎重な検討に委ねること」として，国税通則法の内容からは除くことになった。広範に適用される可能性を持ったものとして同族会社の行為・計算否認規定が存在し，またその規定ぶりを転用する形で局面を限定した否認規定が導入されているものの，それ以降，制定法上の（適用範囲が限定されない）一般的否認規定は導入されていない。

　一般的な否認規定を含む否認法理が「存在しなかった」ことは，日本における租税法の発展に影響を与えたと考えられてきた[2]。その意味で，日本の

---

(1)　税制調査会「国税通則法の制定に関する答申（税制調査会第二次答申）及びその説明」（昭和36年7月）4頁。

租税法に関する議論を規定する 1 つの前提になってきたと評価できるだろう。この前提について，その当時の議論を振り返ってみようというのが本稿の目的である。それは，次のような国際環境の変化を迎え，一般的否認規定が「存在しない」意味を考える必要性が高まっている現在，過去の議論の積み重ね（あるいは齟齬）を明らかにすることに一定の意義があると考えたからである。

OECD および G20 によって進められている BEPS プロジェクトは，国際課税の枠組を改めて見直すものであると同時に，他のタックス・コンプライアンス確保に向けた取組とあわせて，各国の租税行政のあり方にも影響を及ぼす契機となっている[3]。それは，私がかつて述べたように，濫用的租税回避（aggressive tax planning）への対抗策として，適時，かつ的確な情報の包括的な取得を追求する仕組みを構築する方向を目指していると評価できる。具体的には，事前情報取得制度の強化に向けた体制整備が各国に求められている。

そのことを示すように，例えば BEPS 行動 12 として，義務的開示制度（Mandatory Disclosure Rules）についてベスト・プラクティス（Best practices）に基づくガイダンスが提示されている。さらに，その意義として，個別のタックス・プランニング利用者（納税者）に対する牽制として，開示制度それ自体によってタックス・プランニング市場に圧力をかけることを期待しているのに加え，租税政策および税収リスクへの対処にあたって「タックス・プ

---

(2) 「おそらくあとから考えてみますと，ああいう規定があると，よほど注意して適用しようとしても，広い範囲にわたって適用されやすいということで，税務行政の近代化が遅れることがあり得たと思います。私は日本の税務行政の水準は非常に高いと思っていますが，それは一般的な解釈規定や否認規定がなくても，いろいろと苦心してやってきたことも一因ではないでしょうか。」金子宏・中里実・佐藤英明ほか「金子宏先生に聞く・1―税法の解釈・適用，租税法と私法」法律時報 84 巻 4 号 66 頁（2012 年）〔金子宏発言〕。

(3) 例えば，吉村政穂「コンプライアンス確保に向けた租税行政手法の共通化」ソフトロー研究 18 号 29 頁（2011 年），増井良啓「租税手続法の新たな潮流」日本租税研究協会第 64 回租税研究大会記録 108 頁（2012 年）。

ランニングの仕組を早期に探知（early detection）」することもその意義として掲げられている[4]。つまり，現行制度の欠陥（抜け穴）を知るための情報取得という観点が盛り込まれているのが興味深い点である。

その上で，義務的開示制度と一般的否認規定（General Anti-Avoidance rules, GAAR）の補完関係に関する言及がある点に注目したい。

「義務的開示制度の運用及び効果と GAAR との間にはいくつかの避けがたい（かつ望ましい）重複がある。GAAR は，課税庁に対して，義務的開示制度によって開示された租税回避の事例に直接対応する能力を付与するものである。同時に，抑止の観点からは，当該課税上の取扱いを開示する必要があり，かつその後に課税庁によってチャレンジされるかもしれないと知っていれば，タックス・プランニングの仕組みに関わろうとしなくなるであろう。そのため義務的開示及び GAAR は，コンプライアンスという観点からは，相互に補完的である。」[5]

義務的開示制度の意義が二重に記述されていたのと同様，租税政策および税収リスクに対して，立法（税制改正）によって対応するほかに課税庁に「直接」対応する能力を付与する点に加えて，抑止効果という観点から一般的否認規定が機能すること，そしてそれがゆえに義務的開示制度と「補完的」な関係にあると説明している。後述の通り，他の BEPS 行動においても，実質主義の考えに基づく，いわゆる否認の役割を果たす措置への言及は多く存在しているが，上記の観点から否認規定を基礎付ける見方は，具体的な適用局面を念頭に租税法律主義と租税公平主義の対抗問題として捉え，対立軸を設定してきた日本のこれまでの議論にとって新奇なものであるように思われる。

政府税制調査会においても，「義務的開示制度は，事前照会制度や自発的情報開示制度等の情報開示制度及び一般的租税回避否認規定と相互補完関係にあるところ，義務的開示制度の導入を検討する際には，それらの制度・規

---

(4) BEPS Action 12 final report, par. 5.
(5) *Id.* par. 35.

定との関係性についても精査する必要」があるという整理が示され[6]，義務的開示制度導入にあたっては，一般的租税回避否認規定との「関係性」を精査するとされているところである。

以上の問題意識を踏まえ，本稿は次のように構成される。まず，国税通則法答申において，租税回避行為の否認規定にはどのような意義が付与され，またいかなる反応を招いたのかを振り返っていく（Ⅱ）。その上で，国際的な議論において，課税当局による情報取得がなぜ求められているか，またどういった仕組みが期待されているかを紹介する。その中で，一般的租税回避否認規定に期待される役割が変化しつつあることも指摘する（Ⅲ）。こうした検討を経て，過去の議論が現在の議論にどういった示唆を与えるのかを検証する（Ⅳ）。やや先取りになるが，一般的租税回避否認規定の抽象的な抑止効果に注目することによって，かつて否認規定導入の前提として構想されていた条件（例えば，具体的規定の整備，税務当局に対する信頼の確保など）が後景に退いてしまう可能性を危惧するものである。

Ⅱ　国税通則法制定時の議論

1　背　　景

国税通則法制定の必要性は，租税徴収制度調査会での検討を経て，関係者の間で認識が共有されてきたといえる。例えば，時効の前提として，租税債権の成立・確定時期を明らかにする必要性が認識されるなど，各税法における基本的な仕組みを明確化することの意義が浮かび上がってきたことが窺える[7]。租税徴収制度調査会の答申は，以下のように租税通則法の必要性を説くとともに，国税徴収法改正に「中間的な租税通則法」という評価を与え，次のステップとして租税通則法の検討を視野に入れていたことがわかる。

---

(6)　税制調査会・第6回国際課税DG資料（平成27年10月23日）。
(7)　佐藤英明「国税徴収法改正の経緯と審議過程」青山善光＝碓井光明編集代表
　　『日本立法資料全集　国税徴収法（昭和改正編）(1)』（信山社，2002年）3頁。

第 2 章　租税手続法の一環としての一般的否認規定？　39

「改正の法形式については，納税者の税法に対する理解を容易にするという観点からは，各税法に分散する租税の共通規定を整理統合し，かつ，租税債権の発生，消滅，時効等の総則的規定を整備した租税通則法を制定することが最も望ましいといわなければならない。しかし，現行の租税の賦課形態についても根本的に検討すべきものが含まれているから，将来できるだけ早い機会において租税通則法を制定することとし，今回は，租税の優先権，滞納処分手続等すみやかに改正を要する点を中心として，現在の国税徴収法と同様の法形式により改正し，改正法にいわば中間的な租税通則法としての性格をもたせることが適当であると考えたのである。[8]」

　また，こうした直接的なきっかけとあわせて，シャウプ税制後の変化に対応して，「わが国の実情なり，実態に即した改正という意味」が期待されていたという背景も見落とすことはできない。申告納税制度を体系的に整備したシャウプ税制から 10 年近い歳月が経ち，租税通則法の検討は，「申告納税制度と賦課課税制度との問題，あるいは所得税，法人税における青色申告制度の問題，こういうふうな租税法の仕組み的な，あるいは法律論的な観点からする各税を通ずる共通事項」について，再検証する機会という意義も兼ね備えていた[9]。

　この通り，国税通則法の制定は，国税徴収法の改正問題からより一般的な通則法の必要性が認識されたという側面とともに，財政学を基にした包括的な税制改革（シャウプ勧告）実施後の執行・運用の実績を踏まえ，法律的な観点から日本の租税法体系を検証するプロジェクトという性格を持っていた。後者の観点からは，租税徴収制度の検討も含めて，戦後の租税「法」体系の構築を試みる 1 つのプロジェクトであったと見ることができる。そう考える

---

(8)　租税徴収制度調査会「租税徴収制度調査会答申」（昭和 33 年 12 月）3-4 頁参照。

(9)　雄川一郎ほか「国税通則法をめぐって」ジュリスト 251 号 12 頁（1962 年）〔志場喜徳郎発言〕。

と，一部の項目の立案が見合わされた（立法化されなかった）点を含めて，戦後の租税法の議論を規定する面があったことも当然である。

2　国税通則法の制定

(1)　国税通則法の趣旨

　国税通則法の検討は，内閣総理大臣から「国税及び地方税を通じ，わが国の社会経済事情に即応して税制を体系的に改善整備するための方策」について諮問（昭和34年5月19日）を受けたことで始まった。この諮問に応じる形で税制調査会が組織されていた（税制調査会令（昭和34年5月4日政令第161号））が，国税通則法を制定する問題について専門的な審議・検討を行うため，国税通則法小委員会が設置された。

　国税通則法の制定については，税制の「体系的」な改善整備に向けた，税制調査会の主要題目の1つとされ，審議が進められた[10]。答申では，「国税通則法を制定するに際しては，単に現行の不備不統一を是正したり，解釈上疑義のある点を明らかにするにとどまらず，従来から内容について問題のあった諸点について，……この際充分検討を加えて，所要の改正を行なうことが適当である」（国税通則法答申2頁）との趣旨が説かれ，広い問題領域をカバーすることを志していたことがわかる。本稿の目的との関係では，例えば，「税法と私法との関係その他税法の解釈・適用に関する基本的なあり方について規定が不充分なため，解釈上疑義を生じているものがある」（国税通則法答申1頁）といった問題意識が重要であろう。

　もっとも，後述のような反対運動の盛り上がりもあって，答申で提言された内容の一部は，その制度化について将来の検討に委ねることを適当とするとの判断に到っている。つまり，「改正の方向として極めて示唆に富んではいるが，その制度化については，今後における納税者の記帳慣習の成熟や判例学説の一層の展開をまつ方がより適当であると認めざるを得なかったもの

---

(10)　志場喜徳郎ほか『国税通則法精解』（大蔵財務協会，1963年）32頁。

第 2 章　租税手続法の一環としての一般的否認規定？　41

もあった」とされ[11]，次に掲げる項目については，国税通則法の創設時には制度化が見送られた。

1　実質課税の原則に関する規定，租税回避の禁止に関する規定および行為計算の否認に関する宣言規定

2　一般的な記帳義務に関する規定

3　質問検査に関する統合的規定および特定職業人の守秘義務と質問検査権との関係規定

4　資料提出義務違反についての過怠税の規定

5　無申告脱税犯に関する改正規定

このうちには，その後の改正によって実現した項目もあるものの[12]，当初構想された租税法体系の整備という意義は，大きく後退することになった。その上で，国税通則法制定の趣旨については，最終的には次のように説明されている[13]。

第 1 に，税法の簡易平明化である。共通する事項が各税法に独立して規定されていたり，各税に共通するものでありながら相互に不統一の存する規定の整理を図ることを通じて，各税法の簡素化を図り，納税者の理解を促すことが目的とされた。

第 2 に，租税に関する基本的な法律関係の明確化である。これは，先述の「租税法の仕組み的な，あるいは法律論的な観点からする各税を通ずる共通事項」の再検討という意義を有している。そのため，従来の各税法に欠く，または分散して規定されていたルールの整合性を高めることが目指されていた[14]。

第 3 に，税制の改善合理化として，各税法に分散することによって規定の整備が等閑視されていた制度・手続について，納税者の便益を中心として見

---

(11)　大蔵省主税局「国税通則法の制定について」（昭和 36 年 11 月 28 日）。

(12)　例えば，平成 23 年の国税通則法改正によって，それまで個別税法に規定されていた質問検査権の横断的整備が行われた（通法 74 の 2～74 の 6）。

(13)　志場ほか・前掲注（10）45～49 頁。

直すことが挙げられている。

本稿の問題意識からは，こうした趣旨の下に制定された国税通則法そのものではなく，制度化されなかった項目をめぐる議論について紹介することに意義を見出すことになる。当初，税法内部の整合性のみならず，私法との関係も含めて整理することを目指した項目は，なぜ制度化に結び付かなかったのか。その原因を探るために，否認規定に関係する項目（実質課税の原則および租税回避行為）について当時の議論を紹介していく。

(2) 実質課税の原則および租税回避行為

国税通則法答申では，実質課税の原則および租税回避行為について次のような方向性が示された（4頁）。以下，引用する。

　　一　実質課税の原則

　　　　税法の解釈及び課税要件事実の判断については，各税法の目的に従い，租税負担の公平を図るよう，それらの経済的意義及び実質に即して行なうものとするという趣旨の原則規定を設けるものとする。

　　二　租税回避行為

　　　　税法においては，私法上許された形式を濫用することにより租税負担を不当に回避し又は軽減することは許されるべきではないと考えられている。このような租税回避行為を防止するためには，各税法に於いて，できるだけ個別的に明確な規定を設けるよう努めるものとするが，諸般の事情の発達変遷を考慮するときは，このような措置だけでは不充分であると認められるので，上記の実質課税の原則の一環として，租税回避行為は課税上これを否認することができる旨の規定を国

---

(14)　具体的に，租税に関する基本的な法律関係で，従来の各税法に規定を欠いていた事項として，(1) 租税債権の成立および確定に関する通則的規定がないこと，(2) 賦課および徴収に関する期間制限の制度について，これら両者の性質上の区分が明らかにされていないこと。また，直接税と間接税との間において，賦課権の期間制限に不統一があること，(3) 各課税方式の意義が明らかでないこと。また，これに関し，直接税と間接税との間に不統一があること，(4) 申告，修正申告および更正決定の相互間における法律効果の関係が明らかでないこと，が挙げられている。志場ほか・前掲注（10）47〜49頁。

第2章　租税手続法の一環としての一般的否認規定？　43

税通則法に設けるものとする。

　　なお，立法に際しては，税法上容認されるべき行為まで否認する虞れのないよう配慮するものとし，たとえば，その行為をするについて他の経済上の理由が主な理由として合理的に認められる場合等には，税法上あえて否認しない旨を明らかにするものとする。

　このそれぞれについて，さらに次のような説明が付加されている。まず，実質課税の原則については，その内容の曖昧さ，多様性を認識しながら，「それにもかかわらず，この原則が，租税法の解釈適用にあたって基本的な原則となるものであることを否定するわけにはいかないと認められる」と述べている（国税通則法答申別冊9頁）。これは，「租税負担の公平の原則が租税における基本原則のうちで最も重要なものである」という認識に裏打ちされたものであった。例えば，私法関係の尊重について，その必要性を認めつつ(15)，さらに私法上の関係においても「真実実現された実質」に注目する可能性があることを指摘した上で，「課税にあたっては，画一的，普遍的にこのことが要請されるところから，実質課税の原則ということが特にとりあげられるのである」として，租税法分野における特殊性が強調されている（同別冊10頁）。

　そのため，期待される機能としては，各税法における個別法規の整備をした上で，「そこにはおのずから限度があることはやむを得ないと考えられる。よって，国税通則法において，各税法におけるそれらの規定の淵源となり，また時に応じて具体的事例についての最後の担保としての機能を果たすべきものとして，実質課税の原則を宣明する規定を設け」ることが考えられていた（国税通則法答申別冊11頁）。租税負担の公平を実現する「最後の担保」となる，根拠規範の創設が企図された。

---

(15)　「租税法のもろもろの規定は，法規として当然のことながら，私法において用いられる用語や概念と同じ用語等を用いることが多い。このような場合に租税法が，任意に私法の法律関係を否定することとなるならば，全体としての法体系に混乱を招き，法律生活の安定もまたそこなわれる結果となるであろう。」（国税通則法答申別冊10頁）

次いで，租税回避行為については，「取引行為をう回させることによって租税を回避軽減することはできない。」または「一個の取引行為は，租税を回避するため数個の行為に分解することは許されない。」という法諺を引いた上で，「う回行為又は多段階行為により租税負担を軽減回避することを租税回避行為と呼ぶこととする」として，広い定義を採用している（国税通則法答申別冊 11 頁）。そして，これに対処する規定を立法する必要性については，「租税回避行為が無制限に許されるならば，租税負担の公平は著しく害される結果となろう。そのような租税行政がとうてい納税者の高い支持を得ることができないことは当然である」と説明している（同別冊 12 頁）。実質課税の原則との関連で租税回避行為が論じられているように，ここでも，租税負担の公平という理念が強調されている。

なお，租税回避行為に関する議論にあたり，具体的な事例を素材とした帰納的なアプローチが採用された点が注目に値する（国税通則法答申別冊 11 頁）。この点は，実質課税の原則を論じるにあたっても共通して見られる傾向である。小委員会における村山達雄主税局長（当時）の発言でも，個別ケースにおける判断の積み重ねを通じて共通理解の形成を目指す旨が示されていた。

　「いきなり抽象的な規定を入れようということは，夢にも思っていないので，できればそれらの一つ一つの案件について実質主義と形式主義というものを，ほんとうの意味における実質主義というものを適用した場合どうするかということを御審議いただいて，むしろ個々のケースを御審議いただく一つの類型としてですね。そしてそこから一体どういうものが導き出されるか。そこから共通の原理が出てくるか，こないか。その辺で出てきた範囲内において規定せざるを得ないだろう，こう思っているわけでありまして，これはほんとうにわれわれの行為計算否認それ自体の問題も，あるいは所得の帰属の問題についても，個個のケースをあげて御審議願った上でないと自信を持ってとても規定には入れられない筋合いの問題ではないかと思います。」[16]

興味深いのは，これらの事例の多くについてはすでに立法的対応がなされ

ていた点であろう。つまり，立法者による判断を代置する形で，租税回避行為の否認が想定されていたことが窺われる。この点については，次のように，立法の限界を補い，法改正と納税者による濫用とのイタチごっこを抑止する[17]という説明が与えられていた。また，「最後の担保的規定」（例えば国税通則法答申別冊14頁）という位置付けが与えられている点にも，個別規定の整備を前提とした上での規定創設を理念としていたことが示されている[18]。

> 「あらゆる事例を予見し，いかなる経済発展の形態をも想定して，すべての場合につき，しかも個別的，具体的に明文規定を設けよということは無理というべきであろう。もっともこれに対しては，そのような事態が現実に発生したつど，所要の立法をすればよいという議論もあろう。もちろん，このようにして，漸次具体的な規定が整備補完されてゆくことは，それ自体必要なことであり，望ましいことである。しかし，立法における上記のような限界を考えるときは，税法において規定が欠けていることに乗じて，ためにする納税者が私法上許された形式を濫用することにより不当に租税を回避し又は軽減することがいかなる場合にもありうるわけで，このような場合に，これを黙過してよいとすることは負担の公平を生命とする税法のとるべき態度とはいえないであろう。」（国税通則法答申別冊13頁）

こうした守備範囲の広さは，想定された規定の文言にも反映されている。国税通則法答申は，現行の同族会社等の行為計算否認規定の「不当に」という文言について，「いささか簡潔にすぎて，解釈に疑義を生ずる余地はない

---

(16)　国税通則法小委員会第6回総会議事速記録68頁。

(17)　例えば，個別事例に対応した立法との関係について，志場喜徳郎は，「やはり立法，後手々々に回るんですね。そうすると先に考えたのは智恵を出したのだからいいということになるかどうか，それもどうだろうか。追っかけてはいきますけれども，何か基本的なものを持っていないと，きりがないということかもしれませんね。」と説明していた（国税通則法小委員会総会第7回議事速記録51頁）。

(18)　志場喜徳郎「国税通則法の制定に関する答申について」租税研究136号7頁（1961年）参照。

か，できればこの表現をもっと具体化すべきではないかという意見があった」ことを明らかにする一方で，「にわかに適当な表現を見出し得ないし，画一的な線を引くことも適当でないから，やはり具体的事案ごとに判断すべきものであって，それについて異議があれば最終的には裁判所において審判されるところに委ねるという性質のものである」という考えを示している（国税通則法答申別冊 18 頁）。

　結果として，否認すべきか否かについての判断にあたっては，むしろ容認される場合，すなわち前述の通り「その行為をするについて他の経済上の理由が主な理由として合理的に認められる場合等には，税法上あえて否認しない旨を明らかにする」点が重大な機能を果たすことが予定されていたと思われる。この点で，国税通則法答申は，アメリカ法における「事業目的の検定」を有益なものとして参照していた。そして，「租税を軽減することがその取引行為の主たる目的でないことが証明された場合には，当該取引行為は否認されないこととされている。換言すれば，通常の事業目的がその取引行為の主たる目的と認められるときは，その取引行為は税法上容認されるが，そうでないときには，税法上その取引行為は否認されることになる」（国税通則法答申別冊 14 頁）という理解が示されていた。事業目的による切り分けが構想されていたことがわかる。

⑶　反対運動の盛り上がり

　国税通則法答申に対しては，徴税強化につながるという声が上がり，いくつかの方面から反対意見が寄せられることになった。ここでは，実質課税の原則および租税回避行為について主張された反対論の 1 つとして，日本税法学会による意見書[19]を取り上げる[20]。

　まず実質課税の原則の宣明について，次のような批判を加えている。第 1 に，ドイツ法を参照している点を捉え，その創設の経緯から，権力主義的条

---

(19)　日本税法学会「国税通則法制定に関する意見書」税法学 131 号 1 頁（1961 年）。
(20)　税法学誌上に掲載された一連の論考も興味深い点を多く含んでいるが，ここでは割愛する。

第2章　租税手続法の一環としての一般的否認規定？　47

文の継受に当たるという指摘を行っている。ドイツ法に対する評価の当否は
さておき[21]，実質的な目的としては，「恣意的課税」への懸念を表明するも
のであったといえよう。第2に，租税負担の公平を図ることは，租税立法の
問題であって，税法の解釈・適用の問題ではないと批判した。「一旦立法さ
れたならば，その立法がたとえ実際には租税負担の不公平を招来せしめるも
のであっても，これをその税法の解釈にあたり租税負担の公平を図るように
補正して解釈することは許されない」と説き，租税法律主義との緊張関係を
指摘する[22]。第3には，一般的な条項を根拠として課税要件事実の解釈・
適用を行うことが，解釈上の疑義の明確化という国税通則法制定の趣旨に反
すると主張していた。

　次に，租税回避について，「租税回避に関する規定はこれを必要とするが，
税務官庁が租税回避を理由として否認権を濫用しないように立法上防止策を
講ずる必要がある」との意見を表明していた[23]。租税回避規定そのものに
対する反対ではなく，その濫用の虞を指摘し，「租税回避の成立要件を明確
かつ制限的に規定する必要がある」という主張であったことは注目に値する。

　こうした反対論は，端的にいえば，一般的・抽象的な規定が設けられるこ
とによって高まる税務当局による濫用の可能性をどう抑制するかという問題
意識に尽きるように思われる。また，税務当局に対する不信感が反対運動の
核心であったことは，立案担当者によっても認識されていたところであ
る[24]。例えば，民法の権利濫用または信義則の法理が，「裁判官が，いざと

────────────

(21)　例えば，1919 年租税基本法における規定がナチス政権下の 1934 年租税調整法
　　　に取り込まれ，戦後になって改正（1934 年改正時に追加された世界観規定の
　　　廃止）を経た点をどう評価するかといった点である。雄川ほか・前掲注（9）
　　　15 頁〔平尾照夫発言〕参照。また，その後租税基本法の 1977 年改正によって
　　　解釈適用規定が廃止されたドイツとの比較という観点からは，谷口勢津夫「租
　　　税回避と税法の解釈適用方法論──税法の目的論的解釈の「過形成」を中心に
　　　──」岡村忠生編著・清永敬次先生謝恩論文集『租税回避研究の展開と課題』
　　　（ミネルヴァ書房，2015 年）1 頁が興味深い。
(22)　日本税法学会・前掲注（19）4 頁。
(23)　日本税法学会・前掲注（19）4 頁。
(24)　雄川ほか・前掲注（9）25 頁〔志場発言〕参照。

48

いう場合の判断の基準になって」いるのに対して，「税法のほうは，裁判所に行く前に，まず税務署によって運営される面がありますから，その点に対する不安というか，疑問というか，これはどういうふうに将来考えていくべきものなんですかね」(25)といった問題提起がなされている。なお，個別規定の整備が十分でない当時の状況下で，国税通則法答申で提言された個別規定の整備方針と切り離して，実質課税の原則の宣明を評価すべきでないという再反論もなされている(26)。

3　小　　括

　国税通則法制定にあたっては，シャウプ勧告に基づく税制改正から一定の時間が経ち，改めて租税法体系の見直しが必要であるとの認識が強く打ち出されていた。各税法に規定された制度間の整合性を図る，極めて実践的な問題意識に裏付けられたものであったといえる。

　実質課税の原則および租税回避をめぐる議論がなされた際にも，具体的ケースを前提に，税負担の公平という観点から共通理解を形成していくというアプローチが採用されていた。これは，実質課税の原則という多義的な内容を含む原則について，議論に参加した専門家の間でも理解が異なり得ることを想定したものだったと考えられる。例えば，小委員会における議論の終盤においても，「実質課税原則的なものを含めた意味で税法解釈の宣明をするというのですと，何かこの原則の宣明が抽象的に過ぎるような感じがするのです。……ごく抽象的な宣明に続いて，もう少し具体的な解釈，原則というようなものをうたうことはできないかという感じもします」といった発言が委員からなされていること(27)は，その証左といえるかもしれない。

　もっとも，否認規定の「不当に」要件を洗練する可能性を放棄するなど，具体的事案に係る判断の積み重ねによって形成された一般原則に対しては，

---

(25)　雄川ほか・前掲注（9）19頁〔志場発言〕。
(26)　雄川ほか・前掲注（9）29頁〔志場発言〕。
(27)　国税通則法小委員会第22回総会議事速記録14頁〔田中二郎発言〕。

議論の過程に参加していない外部からの分かりにくさが伴うのは確かである。加えて，先に紹介した通り，具体的事案に適用することを想定した結果として要件の明確化を後退させた点は，（判断の蓄積が十分でない状況では）裁判所による審理を通じて初めて事案の結論が明らかになる領域を拡大させることを意味した。そして，裁判費用の大きさや納税者のリスク選好によっては，納税者が裁判所における判断を回避し，課税庁の第一次的な判断を受け入れる可能性を高めることを意味しよう[28]。日本税法学会の意見書に見られたような税務行政への不信感は，民主主義税法観といったイデオロギー的観点のみならず，こうした不確実性下での納税者の行動の問題としても理解される。

Ⅲ　現在の焦点

1　税務行政モデルの変化

こうした国税通則法答申をめぐる議論を振り返った上で，本章では，現在導入が検討されている一般的否認規定にはどのような機能が期待されているのかを紹介する。そして，そのためにはタックス・コンプライアンス確保に向けた OECD 税務長官会議が促す一連の取組み[29]と，その背後にある税務行政モデルの変化を理解することが必要である。

近年の OECD が目指す方向をまとめると，濫用的租税回避（aggressive tax planning）への対抗策として，適時に，かつ的確な情報を包括的に取得する枠組作りと整理することができよう[30]。これは次のような税務行政モデルの転換を背景としたものである。すなわち，従来の税務行政モデル（50 頁図・上段）が，納税者と課税庁の間に情報の非対称性が存することを前提と

---

(28)　この点に関する分析の試みとして，藤谷武史「租税法における『不確実性』と『法の支配』の制度的意味」論究ジュリスト 10 号 74 頁（2014 年）がある。

(29)　中村信行・荒木知「効果的な税務コンプライアンスの確保に関する国際的な議論の動向」租税研究 789 号 401 頁（2015 年）参照。

(30)　さしあたり吉村・前掲注（3）29 頁。

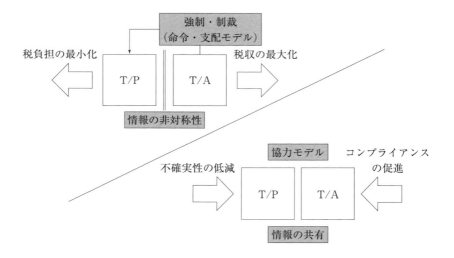

した上で，税務調査および事後的制裁による情報取得および税収の最大化を目指している姿を想定していた（命令・支配モデル）のに対して，事前情報取得制度の強化を通じ，納税者との間の協力関係を構築することでコンプライアンスを促進する税務行政モデル（上掲の図・下段）が効果的だという転換である。なお，必ずしも後者の協力モデルへの全面的な転換を企図するものではなく，協力モデルが成立する条件として，コンプライアンスの姿勢（税務内部統制システム）に応じた納税者の区分が必要とされ，命令・支配モデルと協力モデルの使い分けを支持するものである。

　日本の租税法も，こうした動きとは無縁ではない。例えば，事前情報の取得という観点からは，財産債務調書制度創設（平成27年度税制改正）のような法定調書の拡充を挙げることができる。特に，財産債務調書制度の遵守の有無と過少申告加算税等の軽減または加重とを結び付けることによって，納税者に対して制度遵守のインセンティブを付与している点が重要である[31]。

2　BEPS プロジェクトの進展

　BEPS とは，Base Erosion and Profit Shifting（税源浸食と利益移転）の略

第 2 章　租税手続法の一環としての一般的否認規定?　51

である。2008 年の金融危機に伴う経済不況および財政危機を背景に，多国籍企業による租税回避に対する強い批判が巻き起こった。OECD および G20 が，国際課税ルールの広範な見直しを掲げ，こうした BEPS への対抗策を提言する BEPS プロジェクトを進めてきた。

　その BEPS プロジェクトの特徴の 1 つとして，課税所得計上と経済活動・価値創造の合致が指導理念とされ，結果として先進国の裁判例等が従来重視してきた法的安定性をより実質重視に傾ける動きが見られるところである[32]。例えば，移転価格税制の分野で，2015 年最終報告書[33]のエグゼクティブ・サマリーが次のような記述を行っている点は象徴的である。

　　「独立企業原則（arm's length principle）は，関連者間での移転価格を評
　　価し，かつ二重課税を防ぐために，租税行政庁および納税者にとって実
　　践的で，均衡のとれた基準として有益であると証明されてきた。しかし
　　ながら，機能，資産およびリスクに係る契約上の配分を強調するように
　　感じられることから，当該原則の適用に関する現行の指針は小細工
　　（manipulation）に弱いということもまた証明されてきた。」（傍線筆者）

　こうした認識を前提に，BEPS プロジェクトは，移転価格税制の機能・リスク分析にあたって，「実際の取引の描写（delineation）」が重要であることを強調している。契約上の合意は出発点を提供するとしながらも[34]，同時に，「契約書のみでは，移転価格分析を実施するのに必要な情報のすべてが与えられることにはなるわけではない。」として，①その他の経済的に関連

---

(31)　「財産債務調書制度は，自己の保有する財産及び債務に関する情報を納税者本
　　　人から提出を求める仕組みですが，本制度の趣旨を全うするためには，適正な
　　　提出を確保するための措置が必要となります。本制度においては，国外財産調
　　　書制度と同様に，適正な調書提出に向けたインセンティブとして，以下に述べ
　　　るような加算税の優遇・加重措置が設けられています。」（平成 27 年度税制改
　　　正の解説 896 頁）
(32)　包括的な紹介として，緒方健太郎「BEPS プロジェクト等における租税回避否
　　　認をめぐる議論」フィナンシャル・レビュー 126 号 196 頁（2016 年）。
(33)　OECD, Aligning Transfer Pricing Outcomes with Value Creation, Actions
　　　8-10（2015）.
(34)　*Id*. par. 1.42.

のある特徴（the economically relevant characteristics），②各当事者が実行する機能（使用する資産および引き受けるリスク等を考慮），③移転等の対象とされる財産の特徴，④当事者および市場の経済的環境，および⑤当事者の追求する事業戦略によって与えられる証拠を考慮し，さらなる情報が求められるであろう[35]と述べ，関連企業の実際の行動（actual conduct）を探究することが不可欠であることを確認している。つまり，移転価格税制適用にあたっては，契約上の合意という外観を超えた（法的）実質に踏み込むことを要請している。

　また，こうした移転価格税制適用における実質重視を確認した上で，BEPS 最終報告書は，さらに実際の取引の否認（non-recognition）が許容される例外的な状況を明らかにした。すなわち，「全体を観察して，比較可能な状況にある，商業上合理的な方法で行動する独立企業が受け入れるであろう取引とは異なっている場合に，否認することが認められる。」として，「非関連者間であっても合意される商業上の合理性（commercial rationality）を備えているかが鍵となる」としている[36]。実際の取引の描写を超えた否認は，納税者の法的安定性という観点からは，大きな問題をはらむものといえるだろう[37]。

　本稿が注目するのは，BEPS プロジェクトの中で，BEPS 行動 12 として

---

(35)　*Id*. par. 1. 43.

(36)　*Id*. par. 1. 123.

(37)　一般的な濫用防止という観点からは，BEPS 行動 6 で示された主要目的テスト（Principal Purpose Test, PPT）も重要である。同行動最終報告書は，要求される濫用防止規定のオプションの 1 つとして，「この条約の他の規定にかかわらず，関連するすべての事実と状況の観点からみて，特典を得ることが，直接的または間接的に，結果として特典を得たアレンジメントや取引における主要な目的の一つであると結論づけることが合理的である場合には，これらの状況において当該特典を付与することが，この条約の関連条項の目的に合致していることが証明されないのであるならば，この条約の特典は，所得の種類ごとまたは資本に対して付与されないものとする。」というテストによって条約特典の付与を判定することを求めている。その問題点については，ミヒャエル・ラング「The impact of BEPS on tax treaties」租税研究 785 号 380 頁以下（2015 年）参照。

掲げられた義務的開示制度である。冒頭に述べたように，同制度の検討が本格化する中で，一般的租税回避否認規定の導入の可能性が検証されることになろう[38]。

改めてその意義を確認すると，租税政策および税収リスクに対して，立法に限らず，課税庁に「直接」対応する能力を付与する点はもちろん，抑止効果という観点からの機能が期待されていたことが目を引く。そして，それがゆえに義務的開示制度と「補完的」な関係にあると理解される以上，一般的租税回避否認規定の導入可能性の検証にあたっても，納税者の行動に与える影響という観点から，一般的租税回避否認規定の有効性および要件設定を評価するというプロセスが予想される。

IV 結 語

かつて国税通則法答申が提示した租税回避否認をめぐる議論は，具体的な適用局面を念頭に置き，租税負担公平の原則を優先すべき局面があることを確認した上で，一般的・抽象的な準則の導入を提案するという筋道をたどっていた。しかしながら，たとえ具体的な判断の積み重ねによって形成された共通認識であっても，一般的否認規定という性質上，抽象的な準則としてし

---

(38) 例えば，こうした国際的な動向を反映して，EU による BEPS 対応指令案では，一般的濫用否認規定の導入を項目の1つとして掲げている。Proposal for a COUNCIL DIRECTIVE-laying down rules against tax avoidance practices that directly affect the functioning of the internal market, COM (2016) 26 final, 2016/0011 (CNS).

BEPS 報告書には一般的否認規定の導入を示唆する記述が存在しないことを認めつつも，次の通り，濫用的タックス・プランニング（aggressive tax planning）対策として有効であるという立場を採用している。

「タックス・プランニングは非常に手が込んでおり（elaborate），そうしたスキームに対処してすべての必要な具体的防御を導入するためには，たいてい租税立法は十分に素早く展開するものではない。このため，GAAR は租税体系において有用である。特定の租税回避対抗規定がなくとも濫用的な租税実務を捕捉し得るのである。」

か定立できないのであれば，議論に参加しなかった外部者に対してその妥当性を主張するには困難が伴う。そしてそれゆえに，課税庁が第一次的な判断を有することを重視（懸念）する立場から，実質課税の原則および租税回避否認規定に対する強固な反対論が存在した。

これに対して，一般的否認規定をめぐる国際的な議論動向は，こうした具体的な適用の場面，いわば事後的な紛争解決の場面におけるルール適用から，事前の場面における納税者への働き掛けにも注目するようになっている。抑止効果を主要目的の1つとすることで，（かつてのような）租税負担公平の原則を重視した解決とは異なる考慮に基づいた制度設計が正当化されるかもしれない。特に，義務的開示制度と連携し，租税回避事案に「直接対応する能力」を課税庁に付与するという観点からは，抽象的な実質課税の原則の一環というよりも，税法規定の濫用に対する即時対応という役割が期待されるように思われる。

ただし，国税通則法答申と同じく，立法の限界を補うという意義は共通しているはずである。そうであれば，過去に指摘されたのと同様，前提として具体的規定の整備が求められることになるし，その上で，一般的否認規定の必要性が問われる点は変わらない。また，税務当局に対する信頼をどのように確保するかが課題である点も改めて強調する必要がある。今後の議論の展開に注目したい。

租税手続の整備

第3章　行政手続法と租税手続
―理由附記を中心として

立教大学教授　　浅妻　章如

Ⅰ　序

　平成23年法律114号による改正以前，青色申告に対する更正処分において理由附記が義務付けられていた一方，白色申告に対する更正処分において理由附記は義務付けられないと考えられていた[1]。平成23年法律114号による改正の後，国税通則法74条の14第1項が行政手続法14条[2]の除外を停止し，白色申告でも理由附記が要請されるようになった[3]。

　課税当局の人的資源には限りがある。処理できる更正処分件数が減ってし

---

(1)　金子宏『租税法』21版848頁（弘文堂，2016）参照。

(2)　行政手続法8条（理由の提示）は，許認可等の許否処分にあたり処分理由を提示しなければならない旨を規定している。行政手続法14条（不利益処分の理由の提示）は，不利益処分にあたり処分理由を提示しなければならない旨を規定している。IAM編『逐条解説　行政手続法〔改正行審法対応版〕』147，190頁（ぎょうせい，2016）参照。

(3)　金子宏『租税法』16版693頁（弘文堂，2011）と金子宏・註1，807-808頁（2016年版）とを比較参照。なお青色申告理由附記判決（本稿Ⅲ1）の要請の厳しさに対する課税庁側の困惑（その雰囲気は筆者には分からないが）について金子・註7参照。白色申告について筆者が課税庁側の困惑の声を聞かなかった（課税庁側でない人が課税庁を慮る声は聞いたが）のは習熟のためであろうか。

まう可能性はあろうか（なお，筆者の見聞の限りでは，課税当局側の人達から，理由附記の範囲が広げられたことが良くない，といった言説を聞いたことはないので，これは筆者独自の懸念であるにすぎないことを強調しておく）。仮に件数が減ってしまう可能性があるとしてもなお理由附記を優先することの善し悪し（社会厚生に善い影響があるのか悪い影響があるのか）をどう理解すればよいであろうか。行政手続法と租税手続法との関係について理由附記（理由の提示）を中心として考察することが本稿の目的である[4]。

　本稿がⅡで述べる直感的な問題関心は社会厚生の観点からのものである。しかし，いきなりこの問題関心に直面しても手がかりを得にくいため，Ⅱでは問題関心の提示にとどめる。次にⅢにおいて理由附記等をめぐる判例・裁判例を確認する。なお，判決文引用における①②等及び下線・破線等は断りなき限り引用者が付したものである。また，下線と破線は，例えば⑦下線部が総額主義的，⑦破線部が争点主義的，というように，概ね反対方向を指している。読み手によっては①②等の番号や下線・破線の付け方がおかしいと思われるかもしれないが，不正確且つ独断的ではあっても一応の目安があると読みやすくなるかもしれないということを期待している。納税者等の側をＸと表記し課税庁等の側をＹと表記する。Ⅳにおいて，判例・裁判例の傾向をまとめ，Ⅱで提示した社会厚生の観点を加味した疑問に関する考察をする。なお本稿では「　」『　』を引用のために用い，【　】を区切りの明確化のために用いる。

Ⅱ　直感的な問題関心

　図の横軸は課税処分の件数であり，縦軸は課税処分に関するコストや税収の金銭的価値[5]である。

　図の右下がり実線は，不適切な納税に対し更正処分を打つことにより得ら

---

(4)　先行業績として奥谷健「青色申告に対する更正の理由附記―白色申告に対する今後の取扱いを含めて」税研161号24頁（2012.1）がある。

第3章　行政手続法と租税手続－理由附記を中心として　57

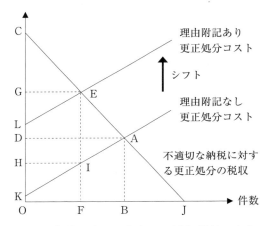

れる追加税収である。件数が少ないうちは，追加税収の大きい案件から手掛け，1件当たりの追加税収は大きいが，件数が増えるに従い，追加税収の少ない案件も手掛けるようになり，1件当たりの追加税収は小さくなっていくと思われるため，右下がりの曲線となると想定することは不自然でなかろう。

　図の右上がり実線は更正処分に伴う限界的なコストを示すとする。件数が少ないうちは，コストが小さい案件から手掛け，1件当たりのコストは小さいが，件数が増えるに従い，コストの大きい案件も手掛けるようになり，1件当たりのコストは大きくなっていくと思われるため，右上がりの曲線となると想定することは不自然でなかろう。なお，右上がり実線は，理由附記の要請が厳しくなる前と後の2つを想定している。

　理由附記（青白の違いは一旦抜きにして）なしで更正処分を打っている場面を想定すると，2つの右上がり実線のうち下側の線に着目することになる。これと右下がり実線との交点である点Aが均衡点である。点Oから点Bまでの件数の更正処分を打つことになる。図のABより右側（図のABJで囲まれた部分）は課税を諦める部分である。図のACOBが更正処分による追加税

---

(5) 税収が金銭的価値そのままであることは当然であるが，コストについては課税当局の人員の労力も勘案しなければならない（それは究極的には人件費になるかもしれない）ため，敢えて「金銭的価値」と表記した。

収であり，図の AKOB が更正処分にかかるコストの合計である。

　次に理由附記が要請されることにより更正処分一件当たりのコストが上昇し，右上がり実線が上方にシフトした状況を想定する。均衡点は点 E に移る。処理件数は OB から OF に減少する。図の EF より右側（図の EFJ で囲まれた部分）は課税を諦める部分である。図の ECOF が更正処分による追加税収であり，図の ELOF が更正処分にかかるコストの合計である。

　処理件数が OB から OF に減るかもしれないが，それでも理由附記を課税庁に義務付けることのメリットは何か，というのが本稿の直感的な問題関心である。理由附記を義務付けることでコストがかかるわけではないかもしれないとか，税収が減る訳ではないかもしれないとか，予測を抱きつつ，先ずは理由附記に関する判例・裁判例を次章で見ていく。

Ⅲ　理由附記に関する判例・裁判例の概観

1　最判昭和 38 年 5 月 31 日：青色申告の理由附記（個人）

　青色申告の理由附記に関するリーディングケースとして，最判昭和 38 年 5 月 31 日[6] が挙げられることが多い。靴小売業者である原告が青色申告で確定申告をし，国税局長が更正処分をしたところ，再調査請求・審査請求に対する各通知書に理由附記不備の違法があると原告は主張した。更正の理由の記載は「売買差益率検討の結果，記帳額低調につき，調査差益率により基本金額修正，所得金額更正す」であった。

(1)　控訴審：東京高判昭和 35 年 10 月 27 日

　一審（東京地判昭和 34 年 2 月 4 日）・控訴審は「右記載は結局『帳簿書類中売上金額の計算に誤があつたから小石川税務署長調査に係る差益率によつて修正したものであること』を明らかにした（修正の理由は差益率の点のみであり，その額は申告額と修正額とを比較すれば直ちに判明する）ものと解すべきで

---

(6)　民集 17 巻 4 号 617 頁

第3章　行政手続法と租税手続－理由附記を中心として　59

あつて上記の事実関係に徴すれば④納税者である被控訴人においては容易に右理由の記載を右のように理解することができたものと推測される（標準差益率によつて修正したものでないことは前説示によつて自ら明らかである）。」と述べ，更に「理由の表示方法につき特別の規定はない」ことから，理由附記不備の違法を認定しなかった。

(2)　上告審

　これを最高裁は以下のように述べて覆した――「一般に，法が行政処分に理由を附記すべきものとしているのは，①処分庁の判断の慎重・合理性を担保してその恣意を抑制するとともに，②処分の理由を相手方に知らせて不服の申立に便宜を与える趣旨に出たものであるから，その記載を欠くにおいては処分自体の取消を免れないものといわなければならない。ところで，どの程度の記載をなすべきかは処分の性質と理由附記を命じた各法律の規定の趣旨・目的に照らしてこれを決定すべきであるが，所得税法（昭和37年法律67号による改正前のもの，以下同じ。）45条1項の規定は，申告にかかる所得の計算が法定の帳簿組織による正当な記載に基づくものである以上，その帳簿の記載を無視して更正されることがない旨を納税者に保障したものであるから，同条2項が附記すべきものとしている理由には，③特に帳簿書類の記載以上に信憑力のある資料を摘示して処分の具体的根拠を明らかにすることを必要とすると解するのが相当である。しかるに，本件の更正処分通知書に附記された前示理由は，ただ，帳簿に基づく売買差益率を検討してみたところ，帳簿額低調につき実際に調査した売買差益率によつて確定申告の所得金額 309,422 円を 444,695 円と更正したというにとどまり，いかなる勘定科目に幾何の脱漏があり，その金額はいかなる根拠に基づくものか，また調査差益率なるものがいかにして算定され，それによることがどうして正当なのか，④右の記載自体から納税者がこれを知るに由ないものであるから，それをもつて所得税法 45 条 2 項にいう理由附記の要件を満たしているものとは認め得ない。」

(3) 考察

①を【恣意抑制】と呼び，②を【不服申立て便宜】[7]と呼ぶこととする。本件においては理由附記として③（【対象者[8]の義務との比較】と呼ぶこととする）が要請されるとしている。原審の④を【対象者の理解】と呼ぶこととする。最高裁判決からは，納税者側が或る程度情報を提示しているのが青色申告なので，それと比較して行政庁側の義務の程度が設定されるという態度が窺える。なお，最高裁判決における④破線部は，原審の④下線部と同様に【対象者の理解】を重視する趣旨か，俄かには分からない。しかし次のⅢ2の註9最高裁判決により本件最高裁判決の④破線部は意味がない（本件原審の④下線部のように【対象者の理解】に着目することはしない）という流れに繋がる。

2 最判昭和38年12月27日：青色申告の理由附記（法人）

法人青色申告の理由附記に関するリーディングケースとして，最判昭和38年12月27日[9]が挙げられることが多い。Ⅲ1と同様に小売業を営む原告が青色申告書で申告をしたところ，税務署長が更正処分をしたという事案である。理由として「売上計上洩 190,500」と記載しただけであった。

---

(7) 「不服申立て・取消訴訟」あるいは「行政訴訟」提起便宜供与機能と呼ぶべきとの指摘として，平岡久・判批（本稿Ⅲ8）・民商法雑誌148巻3号284頁以下，290頁（2013）。金子宏「青色申告の更正と理由付記」判例時報1230号8頁（1987）は①「処分適正化機能」，②「争点明確化機能」と呼ぶ。「理由附記に限らず，行政手続に期待される"争訟提起便宜機能"については，一般にその機能自体を争訟手続によって担保することがどこまで可能かというジレンマ」に言及するものとして，小早川光郎「手続瑕疵による取消し」法学教室156号94頁以下，97頁（1993）このほか，理由附記の「理由」を「動因（Motivation）」と「正当化（Begründung）」とに分けて論ずるものとして交告尚史「理由付記と理由の差替え」兼子仁・磯部力編『手続法的行政法学の理論』181頁（勁草書房，1995）参照。

(8) 本稿の検討課題に照らせば【納税義務者】が殆どであるが，念のため行政処分の【対象者】とした。

(9) 民集17巻12号1871頁

(1) 一審：前橋地判昭和 34 年 8 月 10 日

一審は「理由附記は，申告法人が前記のとおりの厳格な帳簿書類の整備，記録，決算の⑤代償として与えられる租税特恵ともいうべきものである。されば前記法条は，単なる訓示規定と解すべきではない」，「理由を右③帳簿書類にもとずき又はこれよりさらに確実な資料を摘示して④納税者に理解できる程度に具体的に記載するを要する」と述べ，理由附記不備として更正処分を取り消した。

(2) 控訴審：東京高判昭和 35 年 5 月 26 日

これを控訴審は覆し，「計上洩数額は上記の事実関係に徴すれば，④納税者たる X においても容易に理解することができた」と述べ，理由附記不備の違法はないとした。

(3) 上告審

これを最高裁は以下のように述べて再度覆した——「[最判昭和 38 年 5 月 31 日・註 6 を引用した上で] 青色申告制度は，納税義務者に対し一定の帳簿書類の備付，記帳を義務付けており，⑤その帳簿を無視して更正されることがないことを納税者に保障したものと解すべき旨を判示しているのである。およそ，納税義務者の申告に対し更正するについては，申告を正当でないとする何らかの理由がなければならないが，青色申告でない場合には，納税義務者は上述のような記帳義務を負わず，従つて申告の計算の基礎が明らかでない場合もあるべく，更正も政府の推計によるよりほかはなく，その理由を明記し難い場合もあるのであろう。しかし，青色申告の場合において，若しその帳簿の全体について真実を疑うに足りる不実の記載等があつて，青色申告の承認を取り消す場合は格別，そのようなことのない以上，更正は，③帳簿との関連において，いかなる理由によつて更正するかを明記することを要するものと解するのが相当である。かく解しなければ，法律が特に青色申告の制度を設け，その更正について理由を附記せしめることにしている趣旨は，全く没却されることになるであろう。そして，かかる理由を附記せしめることとは，単に相手方納税義務者に更正の理由を示すために止まらず，漫然たる

更正のないよう更正の①妥当公正を担保する趣旨をも含むものと解すべく，従つて，更正の理由附記は，④その理由を納税義務者が推知できると否とにかかわりのない問題といわなければならない。」

なお，最高裁判決における山田作之助[10]少数意見も抜粋したい——「本件更正処分通知書には，理由として『売上計上洩190,500』と記載せられているのであつて，右記載の趣旨は，納税人たるXの申告たる売上金に，売上計上洩が190,500円あるものと認め，所得金額と修正したるものであることを明記しているものと解し得られるのである。そうだとすれば，税務署は，本件更正理由として，如何なる点で更正することにしたか，またその更正する金額，この二点に関して④売上計上洩があること，その計上洩は190,500円であると認定したことを明示しているのであるから，更正理由附記としては，具体性を明確にしているものというべく，換言すれば，税務署長と納税者の間において，その争点，その争点額が右通知書により具体的に明確にされているものといわなくてはならない。従つて，本件附記は適法であるものと解すべきである。けだし，右理由附記が要求されている所以の主たるものは，右附記されたる理由により，税務署長が如何なる点において更正すべきとしたか，その金額はいか程であるかを納税人をして了知せしめ，もつて，②税務署長の更正に対し，不服の申立をすべきか否やの判断の資料を与えようとするものであると解すべきであるからである。

もとより，理由附記としては，なるべくその資料証拠等を示す等詳細に記載せしめるに越したことはないが，所謂行政経済の立場からいつても，すなわち，必要以上に前記理由を詳細に記載せしめることは，⑥税務行政上の負担の過重をきたし，ひいては，いたづらに国民の国費負担額を増加せしめる原因となるおそれなしとしないから，その記載の程度は④納税人が具体的に争点及び争点額を知るに足る程度でよいと考えるのである。多数意見引用の判例［最判昭和38年5月31日・註6］は，本件と事案の内容を異にする。

(10) Ⅲ1(2)最判昭和38年5月31日にも参加していた。Ⅲ1とⅢ2に関する山田判事から見た理由附記の具体性の度合いの違いについて波線を付した。

第3章　行政手続法と租税手続－理由附記を中心として　63

前記判例にみえる記載は，抽象にすぎ納税人をして所謂その争点を具体的に把握するに困難なるきらいあるも，本件においては，その然らざることは，前記に詳説したとおりである。」

(4)　考察

　一審[11]・控訴審[12]の時点でⅢ1の最判昭和38年5月31日は出ていないが，一審には，③【対象者の義務との比較】という，Ⅲ1(2)最高裁判決と同様の発想が窺える一方，控訴審には，④【対象者の理解】という，Ⅲ1(1)控訴審判決と同様の発想が窺える。また，一審がⅢ1(2)最高裁判決と異なり⑤（【特恵】と呼ぶこととする）として「代償として与えられる租税特恵」という捉え方をしているのも興味深い。

　Ⅲ2(3)最高裁判決がⅢ1最高裁判決と同様に③を理由とすることは予想できるところである。更に，Ⅲ2(3)最高裁判決の④破線部について，Ⅲ1最高裁判決の④破線部では位置付けが明らかでなかった④【対象者の理解】について，無関係であることを宣言している点も興味深い。また，Ⅲ2(3)最高裁判決の⑤破線部からは，一審のような⑤【特恵】という理解が窺えない点も興味深い（Ⅲ7のタイ有利発行も参照）。⑤【特恵】でないとすれば，現在の白色申告についても繋がる可能性が生まれる（次のⅢ3で見るように白色申告に関する理由附記義務は否定されてきたという歴史は別論）。

　他方，山田少数意見は，②【不服申立て便宜】から④【対象者の理解】を重視する流れを導いているように読め，③【対象者の義務との比較】の発想はないことも窺える。また，山田少数意見の⑥（【行政庁の負担】と呼ぶこととする）は，本稿Ⅱで触れた直感的な問題関心そのものである。

3　最判昭和42年9月12日：白色申告の理由附記

　白色申告に関し理由附記を要さないこと自体が争点とならないことは自明であるので，青色申告をしていた場合の更正の理由附記の範囲が争点となっ

---

(11)　前橋地判昭和34年8月10日
(12)　東京高判昭和37年5月26日

64

た最判昭和 42 年 9 月 12 日[13]がリーディングケースとして挙げられること
が多い。原告納税者は昭和 27 年分の事業所得の所得税に関して青色申告の
承認を受け，事業所得だけがあるという前提で青色申告書により確定申告を
した。税務署長は，申告された事業所得のほかに，給与所得・譲渡所得があ
るとして更正処分をした。一審（東京地判昭和 37 年 8 月 10 日）・控訴審
（東京高判昭和 39 年 4 月 8 日）・上告審とも，理由附記不備の違法を認めな
かった。

(1) 上告審

　最高裁判決から抜粋──「所得税法（昭和 22 年法律第 27 号で同 29 年法律第
52 号による改正前のもの）は，通常の更正処分（いわゆる白色申告に対する更正）
の通知書には総所得金額，純損失金額等について法定の所得別にその内訳金
額を附記すべきものとし（同法 46 条 7 項），納税義務者のいかなる種類の所
得について，いかに更正したかを明らかにさせることにしているが，青色申
告に対する更正処分については，右の程度の附記をもつて満足せず，その更
正通知書に，前記の附記事項に代えて更正の理由を附記しなければならない
ものとしている（同法 46 条の 2 第 2 項）。このように③<u>白色申告と青色申告と
によつて取扱上の差異を認めているのは，同法が青色申告書提出承認のあつ
た所得については，その計算を法定の帳簿書類に基づいて行なわせ，その帳
簿書類に基づく実額調査によらないで更正されることのないよう保障してい
る</u>関係上（同法 26 条の 3，46 条の 2 第 1 項），その更正にあたつては，特にそ
れが③<u>帳簿書類に基づいていること，あるいは帳簿書類の記載を否定できる
ほどの信憑力のある資料によつた</u>という処分の具体的根拠を明確にする必要
があり，かつ，それが妥当であるとしたからにほかならない（［最判昭和 38
年 5 月 31 日・註 6］参照）。してみれば，右理由の附記は，法定の帳簿書類の
記載に基づいて計上されるところの青色申告書提出承認のあつた所得につい
て更正のあつた場合に限られるべきは当然であつて，青色申告に対する更正

---

(13)　訟月 13 巻 11 号 1418 頁

第3章　行政手続法と租税手続－理由附記を中心として　65

であつても，それ以外の部分に関する場合には，白色申告に対する更正と同様に処理されれば足りるものと解するのを相当とする。従つて，青色申告書提出承認のあつた事業所得の計算に関するものでない本件更正処分の通知書には理由の附記を要しないものとした原判決の判断に，所論の違法は認めがたい。」

⑵　考察

　Ⅲ1最判昭和38年5月31日の①【恣意抑制】と②【不服申立て便宜】が書かれてないのは，当然のこととして省略されたものと読め，③【対象者の義務との比較】が前面に出てきていることが窺え，「青色申告書提出承認のあつた所得について更正のあつた場合に限られる」という結論が導かれている。

4　最判昭和56年7月14日：総額主義対争点主義

　総額主義対争点主義に関するリーディングケースとして，最判昭和56年7月14日[14]が挙げられることが多い[15]。不動産取得価額6000万円，販売価額7000万円の前提で更正処分をし，一審における追加抗弁として販売価額9450万円とし，取得価額が原告主張通りの7600万円であるとしても譲渡益1000万円の課税処分に違法性はないと主張した事案である。

⑴　一審：京都地判昭和49年3月15日

　一審は「追加抗弁……の主張事実は本件係争年度分の青色申告に対する被

---

(14)　民集35巻5号901頁

(15)　高松市塩田宅地分譲事件・高松地判昭和48年6月28日行集24巻6＝7号511頁も「課税処分取消訴訟の審理の対象は，課税庁の決定した所得金額の存否そのものであり，Xの主張する具体的違法事由ではない」から「課税庁は訴訟の過程において再更正処分当時考慮されなかった新たな事実でも，右処分を正当とする理由として主張することは可能である」と判示した。榎本恒男「2　争点主義的運営」小川英明・松沢智編『裁判実務体系20租税争訟法』19頁以下，21頁（青林書院，1988）の時点では「争点主義をとる代表的な学者は金子宏」だが「学説の大勢は総額主義である」とされている。なお23頁以下の国税不服審判所における「争点主義的運営」も参照。

告の更正処分の理由として通知書に付記されなかつた事実であり，②青色申告に対する更正処分に理由付記を要する趣旨からすれば，付記理由以外の事実を以て更正処分の正当性を根拠づけることを許さないものと解すべきであるから，Ｙが付記以外の追加抗弁事実を主張することは（その事実があるとしても，それを②再更正処分の理由とした場合を除き）許されない。」と述べ，追加抗弁を認めなかった。

(2)　控訴審：大阪高判昭和52年1月27日

　これを控訴審は以下のように覆した──「事実上の争点は，⑦当該法人の当該事業年度の所得金額の存否であって，⑦更正処分に附記された更正理由の存否ではないから，当該附記理由による所得金額の存在は認められないけれども，その附記理由以外の理由によって，当該法人につき当該事業年度の新たな所得の存在が認められ，結局，更正処分において認定した所得金額よりも多額の所得金額が認定される場合においては，当該更正処分は違法でない」と述べ，争点主義を斥け総額主義を採用した。続けて，「更正処分において理由の附記が認められる所以は，当該①更正処分をなす者の判断を慎重ならしめて，その合理性を担保し，処分者の恣意の抑制を図るとともに，②処分の相手方に対し，処分の理由を知らせて，不服申立の便宜を与えるためであると解せられる。……附記された理由は，右の趣旨・目的を達し得る程度に記載されていて，その理由附記という面においては，何らの瑕疵もなく，有効である更正処分の場合において，更にすすんで，その次の問題として，当該更正処分において認定した所得金額の存否ということになれば，それは，⑦右理由附記に関する問題とは，全く別個の問題であ」ると述べた。更に「⑦附記理由による所得金額の存在が認められない限り，当該更正処分は違法であり，取消されるべきであるという見解は，格別の法令上の根拠がないにも拘らず，前記の趣旨・目的を有するに過ぎないと解さるべき更正処分の附記理由に，その趣旨・目的を超える強い意味付けを与え，⑥必要以上に課税庁を拘束して，租税行政の偏頗化を招き，現在の申告納税制度下において，⑧不誠実なる納税義務者を不当に利する結果を招来する」とも述べている。

第3章　行政手続法と租税手続－理由附記を中心として　67

⑶　上告審

　最高裁は原審を維持した。しかし，追加主張を許す部分について「Yに本件⑦追加主張の提出を許しても，右更正処分を争うにつき②被処分者たるXに格別の不利益を与えるものではない」とそっけない記述となっている。なお，最高裁は理由附記との関係で「一般的に青色申告書による申告についてした更正処分の取消訴訟において⑦更正の理由とは異なるいかなる事実をも主張することができると解すべきかどうかはともかく」とも述べており，歯切れの悪さを見せている。

⑷　考察

　総額主義対争点主義は，理由附記に直接的に関わる問題ではないが間接的に関わる問題と考えられる。課税庁がAという理由で更正処分をし，Aという理由について理由附記をし，後に，課税の総額が変わらない範囲で課税庁がBという理由を持ち出した場合，Bという理由について納税者側は理由附記を受けていないことになる。①【恣意抑制】を重視すれば課税庁がAという理由で処分をするに際し理由附記を経ていることで一応の目的が達せられると考えることができる。この意味で，総額主義対争点主義は，理由附記に直接的に関わる問題ではないと考えられる。他方，②【不服申立て便宜】を重視すれば，総額主義の下でのBへの理由の変更は納税者への不意打ちとなる恐れがあり，総額主義対争点主義は，理由附記に間接的に関わる問題であると考えられる。

　一審は，理由附記の「趣旨」について述べていないが，「再更正処分の理由とした場合を除き」という部分と合わせて，②【不服申立て便宜】を重視したものと推測される。

　他方，控訴審は，理由附記の趣旨として①【恣意抑制】と②【不服申立て便宜】を挙げるが，その意味は⑦破線部の争点主義を導く程強いものではなく，⑦下線部の総額主義を採ることを述べた。また，⑥下線部はⅢ2最判昭和38年12月27日の山田少数意見の【行政庁の負担】と似た発想であると読むことができ，更に⑧（【納税者間の公平】と呼ぶこととする）下線部という

視点を持ち出している。

　最高裁の記述はそっけないが，⑦破線部の若干争点主義寄りの記述からして，控訴審ほどには理由附記の趣旨を軽視するわけではない可能性を残した。また，結論だけ見れば最高裁は総額主義寄りではあるが，純然たる総額主義ではないと読む余地も残すような（控訴審判決の勇ましさと比較して）歯切れの悪い筆致となっている。最判昭和 56 年 7 月 14 日についてその後今までのところ明示的な判例変更はなされていない。しかし，本稿Ⅲ 7 で後述するように，近年の判例・裁判例が総額主義であるかというと，やや疑問が残る。寧ろ，Ⅲ 4 (3)最判昭和 56 年 7 月 14 日の「一般的に青色申告書による申告についてした更正処分の取消訴訟において更正の理由とは異なるいかなる事実をも主張することができると解すべきか」に関し，近年は解さない傾向にあるとみる余地もある。

5　最判昭和 60 年 1 月 22 日：旅券申請拒否処分の理由附記

　租税法令以外の理由附記に関するリーディングケースとして，行政手続法 8 条に関する最判昭和 60 年 1 月 22 日[16] が挙げられることが多い[17]。X がサウジアラビアに渡航するため外務大臣に対し一般旅券発給申請書を提出した。外務大臣は一般旅券発給拒否処分をし，X に通知した。旅券法 14 条は一般旅券発給拒否処分をなすについては，理由を付した書面によりその旨の通知をしなければならない旨を規定していた。本件の通知では「旅券法 13 条 1 項 5 号に該当する」との理由を付していただけであった。旅券法 13 条 1 項 5 号は「著しく且つ直接に日本国の利益又は公安を害する行為を行う虞があると認めるに足りる相当の理由がある者」と定めていた。

(1)　一審：大阪地判昭和 55 年 9 月 9 日

　一審は「本件処分は，X が日本赤軍との連繋関係を有していないにもか

---

(16)　民集 39 巻 1 号 1 頁
(17)　他に，租税法令以外の理由附記の事案として，公文書開示に関する最判平成 4 年 12 月 10 日判時 1453 号 116 頁もしばしば言及される。

第3章　行政手続法と租税手続－理由附記を中心として　69

かわらず，Xが日本赤軍との連繋関係を有し，旅券法一三条一項五号に該当するとしてなされた違法のものであるから，理由付記の不備の違法について判断するまでもなく取消を免れない。」と判示した。このため，理由附記不備との関係は不明である。

(2)　控訴審：大阪高判昭和57年2月25日

　控訴審は，「根拠条文を示しただけでは，処分理由を示したものといえないと主張する」Xに対し，「旅券法についてみるに，同法第一三条第一項は，旅券の発給を拒否できる場合を六つの類型に分けて具体的に明文化し，これらのいずれかに該当しなければ，拒否処分は許されないとしているから，右拒否処分の理由付記の程度としては，どの条項で拒否したかを明示さえすれば，①処分庁の恣意は抑制されることになり，また②申請者に対しても不服申立についての必要最少限度の便宜ははかられている」と応答した。結論においても一審と異なり旅券法13条1項5号該当性を認め，Xの主張を斥けた。

(3)　上告審

　これを最高裁は以下のように述べて再度覆した――「法律が行政処分に理由を付記すべきものとしている場合に，どの程度の記載をなすべきかは，処分の性質と理由記載を命じた各法律の規定の趣旨・目的に照らしてこれを決定すべきである（[最判昭和38年5月31日・註6]）。旅券法が右のように一般旅券発給拒否通知書に拒否の理由を付記すべきものとしているのは，一般旅券の発給を拒否すれば，憲法22条2項で国民に保障された基本的人権である外国旅行の自由を制限することになるため，拒否事由の有無についての外務大臣の①判断の慎重と公正妥当を担保してその恣意を抑制するとともに，②拒否の理由を申請者に知らせることによつて，その不服申立てに便宜を与える趣旨に出たものというべきであり，このような理由付記制度の趣旨にかんがみれば，一般旅券発給拒否通知書に付記すべき理由としては，④いかなる事実関係に基づきいかなる法規を適用して一般旅券の発給が拒否されたかを，申請者においてその記載自体から了知しうるものでなければならず，④

単に発給拒否の根拠規定を示すだけでは，それによつて当該規定の適用の基礎となつた事実関係をも当然知りうるような場合を別として，旅券法の要求する理由付記として十分でないといわなければならない。この見地に立つて旅券法 13 条 1 項 5 号をみるに……概括的，抽象的な規定であるため，一般旅券発給拒否通知書に同号に該当する旨付記されただけでは，申請者において発給拒否の基因となつた事実関係をその記載自体から知ることはできないといわざるをえない。したがつて，外務大臣において旅券法 13 条 1 項 5 号の規定を根拠に一般旅券の発給を拒否する場合には，申請者に対する通知書に同号に該当すると付記するのみでは足りず，いかなる事実関係を認定して申請者が同号に該当すると判断したかを具体的に記載することを要すると解するのが相当である。」

⑷　考察

　一審と控訴審における本案の旅券法 13 条 1 項 5 号該当性については能力の制約により考察を割愛せざるをえない。控訴審も最高裁も Ⅲ 1 最判昭和 38 年 5 月 31 日を引用し①【恣意抑制】と②【不服申立て便宜】に言及しているため，控訴審と最高裁の結論の違いは，旅券法 13 条 1 項 5 号の明確さについての評価の違いに由来すると考えられる。

　規定の不明確さについては，裁判官伊藤正己の補足意見も興味深い。憲法 22 条 2 項の移住の自由と 1 項の一時的な海外渡航の事由とを区別した上で，旅券法 13 条 1 項 5 号「の基準の不明確性の故をもつて，右規定は文面上違憲無効とされる疑いが強い」と述べた。しかし「国際関係における日本国の利益を守るためなどの理由によつて，合理的範囲で制約を受けることもやむをえない場合があり，右の規定を文面上違憲無効とすることは相当ではない」と述べ，「不服申立てには，適用違憲を主張することも当然に含まれており，したがつて，外務大臣が申請者の海外渡航には法の定める害悪発生の相当の蓋然性が客観的に存在すると判断した根拠が拒否の理由のうちに示される必要がある」と述べた。規定の不明確さと違憲の可能性が，理由附記の充実を要請するとする論理である。

規定が不明確であるという評価（能力の制約により筆者の手に余る）を前提として，理由附記の充実の程度の判断基準を見ると，Ⅲ1最判昭和38年5月31日を引用していたにもかかわらず，判断基準はⅢ1最判昭和38年5月31日が採用しなかったⅢ1(1)控訴審判決の④【対象者の理解】である。元々②【不服申立て便宜】と④【対象者の理解】とは親和性が高いともいいうる。但し，Ⅲ1(1)控訴審判決の④【対象者の理解】は理由附記の充実の要請を下げる方向であるのに対し，Ⅲ5(3)最高裁判決の④【対象者の理解】は上げる方向であって，表現が似ていてもⅢ1(1)控訴審判決とⅢ5(3)最高裁判決は違うという評価は可能かもしれない。

Ⅲ1(2)最高裁判決の③【対象者の義務との比較】の視点はⅢ5(3)最高裁判決に見当たらない。青色申告と旅券申請（対象者の義務はさほど大きくない）との違いに由来すると考えられようか。

6　最判昭和60年4月23日（特別償却）：帳簿書類の記載を否認しない更正処分の理由附記

納税者の帳簿書類の記載を否認しない理由附記に関するリーディングケースとして，最判昭和60年4月23日[18]が挙げられることが多い。法人たるXは，工場に設置した冷房機につき特別減価償却規定の適用を前提に申告をした。税務署長は「機械」でなく「建物附属設備」（特別償却規定不適用）に当たるとして更正処分をした。

(1)　控訴審：大阪高判昭和55年11月26日

一審（神戸地判昭和54年8月20日）は理由附記不備を認定しなかったが，控訴審はこれを覆した。Yの「帳簿書類に記載の基本的事実はそのまま認めたうえ，その事実に対する法的評価（本件冷房機は建物附属設備か機械装置か）について納税者であるXと見解を異にして更正をする場合にあたるから，その理由附記にあたっては，事実と法的判断の結論を示せば足り，それ

---

(18)　民集39巻3号850頁

以上にそのような結論をとるべき根拠を示すとか，右③帳簿書類の記載以上に信憑力ある資料を摘示するまでの必要はない旨」の主張に対しては，「帳簿書類について右記載を否認して本件更正をしたものというべきである。のみならず，本件冷房機が織物設備にあたるか建物附属設備にあたるかという判断は，⑨純然たる法的評価の問題であるということはできないのであって，本来的には⑨事実認定の問題に属するものといわなければならない」と応答した。なお書きで「仮に本件がY主張のとおり帳簿書類の記載について納税者であるXと⑨法的な評価を異にして更正をする場合にあたるとしても，税法の解釈等の一般的判断とも異なり，個別的，具体的事実を基礎として当該評価ないし結論を導き出す場合であるというべきであるから，Yにおいて本件冷房機が建物附属設備であって織物設備にあたらないと評価したことについての資料の摘示までは必要がないということができるにしても，これが織物設備でなく建物附属設備であると認めた根拠についてまでも明らかにする必要がないとするのは行きすぎであって，少くともその根拠についてはこれを明らかにする必要があるものというべきである。」とも述べた。

(2)　上告審

これを最高裁は再度覆して以下のように述べた——「法人税法130条2項が青色申告にかかる法人税について更正をする場合には更正通知書に更正の理由を附記すべきものとしているのは，法が，青色申告制度を採用し，青色申告にかかる所得の計算については，それが法定の帳簿組織による正当な記載に基づくものである以上，③その帳簿の記載を無視して更正されることがないことを納税者に保障した趣旨にかんがみ，①更正処分庁の判断の慎重，合理性を担保してその恣意を抑制するとともに，②更正の理由を相手方に知らせて不服申立ての便宜を与える趣旨に出たものというべきであり，したがつて，帳簿書類の記載自体を否認して更正をする場合において更正通知書に附記すべき理由としては，単に更正にかかる勘定科目とその金額を示すだけではなく，そのような更正をした根拠を③帳簿記載以上に信憑力のある資料を摘示することによつて具体的に明示することを要するが（〔最判昭和38年5

第3章　行政手続法と租税手続－理由附記を中心として　73

月 31 日・註 6］，同昭和 50 年（行ツ）第 84 号同 54 年 4 月 19 日第一小法廷判決・民集 33 巻 3 号 379 頁等）帳簿書類の記載自体を否認することなしに更正をする場合においては，右の更正は③納税者による帳簿の記載を覆すものではないから，更正通知書記載の更正の理由が，そのような更正をした根拠について帳簿記載以上に信憑力のある資料を摘示するものでないとしても，更正の根拠を前記の①更正処分庁の恣意抑制及び②不服申立ての便宜という理由附記制度の趣旨目的を充足する程度に具体的に明示するものである限り，法の要求する更正理由の附記として欠けるところはない」。

差戻控訴審・差戻上告審も理由附記不備なしとした。

(3) 考察

Ⅲ 1 最判昭和 38 年 5 月 31 日が③【対象者の義務との比較】を重視したのに対し，Ⅲ 6 最高裁判決は帳簿書類の記載の否認が無い更正処分において③【対象者の義務との比較】が効いてこないことを明らかにした。

Ⅲ 6(1)控訴審判決のなお書きを無視すれば，Ⅲ 6(1)控訴審判決とⅢ 6(2)最高裁判決との結論の違いは，帳簿書類の記載の否認の有無に関する違いに由来する，と読むのが自然である。しかしⅢ 6(1)控訴審判決のなお書きは，帳簿書類の記載の否認が無い（事実認定に関して否認が無い）としても理由附記不備を認定するつもりであるように読めるため，Ⅲ 6(1)控訴審判決とⅢ 6(2)最高裁判決との結論の違いをもたらした真の理由は不明といわざるをえない。

Ⅲ 6(1)控訴審判決とⅢ 6(2)最高裁判決との対比で更に興味深い点は，Ⅲ 6(1)控訴審判決の⑨下線部（【法的評価と事実認定の区別】と呼ぶこととする）と，Ⅲ 6(2)最高裁判決における⑨の不言及である。法的評価に関する納税者と課税庁との間の対立に関し，③【対象者の義務との比較】が効かず，事実認定に関する対立に関し，③【対象者の義務との比較】が効いてくる，という抽象論がもしもあるならば，抽象的には美しい区別であるかのように一見思われる。

しかし，⑨【法的評価と事実認定の区別】に言及するⅢ 6(1)控訴審判決ですら，なお書き部分を読むと，（③【対象者の義務との比較】は効いてこないのか

もしれないが）課税庁に資料の摘示を要請している。そして，Ⅲ6⑵最高裁判決が⑨に言及していないことも合わせ考えると，前段落の一見美しい抽象論的区別（⑨【法的評価と事実認定の区別】）を，Ⅲ6⑴控訴審判決もⅢ6⑵最高裁判決も採用していない，と読める。更に，Ⅲ5最判昭和60年1月22日において，④【対象者の理解】だけに着目した際（旅券申請拒否でそもそも③【対象者の義務との比較】が観念しにくいという事情があるにせよ），恐らくは法的評価ではなく事実認定が問題となっていたことからしても，前段落の一見美しい抽象論的区別（⑨【法的評価と事実認定の区別】）は成立し難いと考え，Ⅲ6⑵最高裁判決が⑨に言及しなかったのかもしれない。（Ⅲ9の財団法人収益事業も参照）

7 東京地判平成22年3月5日（タイ有利発行）：青色申告と課税要件事実に関する理由の変更

⑴ 一審

　東京地判平成22年3月5日⁽¹⁹⁾は，課税要件事実に関する理由の変更（本稿Ⅲ4とも関わりうる）についてのリーディングケースと位置付けられる程には評価が熟していないかもしれないが，比較的注目を集めた事案ということは許されよう。原告たる日本法人がタイ王国に関連会社を有していたところ，タイ関連会社の有利発行に関し受贈益が認定されるかが問題となった事案である。

　裁判所は以下のように述べて課税庁側の理由の変更を拒絶した――「一般に，法が行政処分に理由を付記すべきものとしているのは，①処分庁の判断

---

(19)　税資260号順号11392。有利発行の受贈益認定に関しては原告の請求が棄却されており，原告が控訴した。東京高判平成22年12月15日税資260号順号11571控訴棄却，最決平成24年5月8日税資262号順号11945上告受理申立棄却で確定した。こちらの実体法上の判断も興味深い（やはりタイ関連会社の有利発行による受贈益認定に関し東京地判平成27年9月29日平成25（行ウ）822号 TAINS:Z888-1992請求棄却，東京高判平成28年3月24日平成27（行コ）371号 TAINS:Z888-1998控訴棄却，上告受理申立も参照）が，別の機会に譲る。

第3章　行政手続法と租税手続－理由附記を中心として　75

の慎重さ及び合理性を担保してその恣意を抑制するとともに，②処分の理由を相手方に知らせて不服申立ての便宜を与える趣旨であると解されるが，法人税法130条2項が，白色申告と区別して青色申告の場合についてのみ，上記のように詳細な理由の付記を求めているのは，上記趣旨に加えて，同条1項の青色の申告書による提出の承認を受けた内国法人に対し，帳簿書類を備え付けてこれに所得金額に係る取引を記録し，かつ，その帳簿書類を保存し，さらに，青色申告書に貸借対照表，損益計算書その他所得金額又は純損失の金額の計算に関する明細書を添付させるという⑤義務を課している代償としての趣旨を含むものというべきであり，⑤②青色申告者に対し，特に処分の具体的根拠を明らかにすることによって不服申立ての便宜を図り，その手続的な権利を保障するという租税優遇措置の1つであるということができる。そして，法人税の更正処分について不服のある者は，課税庁に対する異議申立て及び国税不服審判所に対する審査請求という二重の不服申立ての前置を要求されているところ，特に，青色申告者の国税不服審査においては，実務上，⑦争点主義の精神を生かした運営（争点主義的運営）が定着しており，処分庁が更正通知書に付記した理由と基本的な課税要件事実を異にする更正理由を新たに主張することはされていないのであって（当裁判所に顕著な事実），⑦仮に，訴訟の段階で無条件に処分理由の差し替えを許せば，法人税法が，⑤②青色申告者に対して特に不服申立ての便宜を図り，その手続的な権利を保障しようとした趣旨を没却するものといわざるを得ない。

　以上によれば，青色申告の場合における更正処分の取消訴訟においては，原則として，更正通知書に付記されていない理由を主張することは許されないというべきであり，例外的に，更正理由書の付記理由と訴訟において被告が主張する理由との間に，基本的な課税要件事実の同一性があり，原告の手続的権利に格別の支障がないと認められる場合には，理由の差し替えを許容することができるというべきである。」

⑵　考察

　①【恣意抑制】と②【不服申立便宜】は「一般」の理由附記の趣旨とさ

れ，本件では更に「青色申告」特有の問題として，⑤【特恵】の観点を出している。Ⅲ 2 最判昭和 38 年 12 月 27 日の一審判決が⑤【特恵】を明示的に述べていたが，Ⅲ 2(3)最高裁判決は⑤【特恵】色を薄めたような表現を用いていた（本稿Ⅲ 2 を参照）。本件判決は青色申告の⑤【特恵】色を出しているかのようにも見えるが，手続的権利保障として②【不服申立て便宜】に吸収されうるかもしれず，Ⅲ 2(3)最高裁判決の⑤破線部とあまり変わらないかもしれないというつもりで，ここでは⑤②という番号の振り方をした。

　本稿Ⅲ 4 でも予告したように，最判昭和 56 年 7 月 14 日が⑦総額主義のリーディングケースということになっている（判例変更もなされていない）ものの，本判決は青色申告について⑦破線部の争点主義的運営が「当裁判所に顕著な事実」であるとまで述べている。Ⅲ 4(2)控訴審判決はともかく，Ⅲ 4(3)最高裁判決は理由の変更の可否について口を濁していたところでもあってその時点で総額主義は（青色申告については）確立していなかったと見る余地もある。つまり，Ⅲ 4(3)最高裁判決と本判決のいう⑦破線部の争点主義的運営は必ずしも矛盾していないと解する余地もある。

8　最判平成 23 年 6 月 7 日（一級建築士免許取消）：行政手続法 14 条

　行政手続法 14 条に関するリーディングケースとして，最判平成 23 年 6 月 7 日[20]が挙げられることが多い。札幌の一級建築士の免許取消処分（及び同氏が経営する建築士事務所登録取消処分）に関し，理由附記不備が認定されるかが争われた。建築士の懲戒処分基準に関する意見公募を経た上で，処分基準[21]が定められ公開されていた。危険な建物等複雑なランクの積み上げに基づく基準であった。

---

(20)　民集 65 巻 4 号 2081 頁
(21)　通知「建築士の処分等について」平成 11 年 12 月 28 日建設省住指発第 784 号都道府県知事宛て建設省住宅局長通知。平成 19 年 6 月 20 日廃止前のもの。

第3章　行政手続法と租税手続－理由附記を中心として　77

(1)　控訴審：札幌高判平成 20 年 11 月 13 日

　一審（札幌地判平成 20 年 2 月 29 日）・控訴審は理由附記不備を認定しなかった。最高裁判決文からの抜粋であるが以下のようになっている――「行政手続法 14 条 1 項本文が，不利益処分をする場合に当該不利益処分の理由を示さなければならないとしている趣旨は，一級建築士に対する懲戒処分の場合，④当該処分の根拠法条（建築士法 10 条 1 項各号）及びその法条の要件に該当する具体的な事実関係が明らかにされることで十分に達成できるというべきであり，更に進んで，処分基準の内容及び適用関係についてまで明らかにすることを要するものではないと解すべきである。国土交通大臣は，本件免許取消処分の通知書の中で具体的な根拠法条及びその要件に該当する具体的な事実関係を明らかにしているから，十分な理由が提示されていたといえる。」

(2)　上告審

　これを最高裁は以下のように述べて覆した――「行政手続法 14 条 1 項本文」の趣旨は「①行政庁の判断の慎重と合理性を担保してその恣意を抑制するとともに，②処分の理由を名宛人に知らせて不服の申立てに便宜を与える趣旨に出たものと解される。」

　「建築士に対する上記懲戒処分に際して同時に示されるべき理由としては，④処分の原因となる事実及び処分の根拠法条に加えて，本件処分基準の適用関係が示されなければ，処分の名宛人において，上記事実及び根拠法条の提示によって処分要件の該当性に係る理由は知り得るとしても，いかなる理由に基づいてどのような処分基準の適用によって当該処分が選択されたのかを知ることは困難であるのが通例であると考えられる。これを本件について見ると（中略）本件免許取消処分は上告人 X1 の一級建築士としての資格を直接にはく奪する重大な不利益処分であるところ，その処分の理由として，X1 が，札幌市内の複数の土地を敷地とする建築物の設計者として，建築基準法令に定める構造基準に適合しない設計を行い，それにより耐震性等の不足する構造上危険な建築物を現出させ，又は構造計算書に偽装が見られる不適

切な設計を行ったという処分の原因となる事実と，建築士法10条1項2号及び3号という処分の根拠法条とが示されているのみで，本件処分基準の適用関係が全く示されておらず，その複雑な基準の下では，X1において，上記事実及び根拠法条の提示によって処分要件の該当性に係る理由は相応に知り得るとしても，④いかなる理由に基づいてどのような処分基準の適用によって免許取消処分が選択されたのかを知ることはできないものといわざるを得ない。このような本件の事情の下においては，行政手続法14条1項本文の趣旨に照らし，同項本文の要求する理由提示としては十分でないといわなければならず，本件免許取消処分は，同項本文の定める理由提示の要件を欠いた違法な処分であるというべきであって，取消しを免れないものというべきである。」

裁判官田原睦夫の補足意見から抜粋する――「〈4〉[22]理由付記は，相手方に処分の理由を示すことにとどまらず，①処分の公正さを担保するものであるから，④相手方がその理由を推知できるか否かにかかわらず，第三者においてもその記載自体からその処分理由が明らかとなるものでなければならない。」…「〈4〉[23]に記載したところの要件を満たしておらず，違法との評価を受けざるを得ない」。「適正手続の遂行の確立の前には，⑥訴訟経済は譲歩を求められてしかるべきである。」

裁判官那須弘平の反対意見（岡部喜代子同調）から抜粋する――「本件では，処分基準が設定・公表されていることから，その『適用関係』表示の要否をめぐり後述のとおりの難しい問題が生じている。しかし，本件と同様な事案において，仮に処分基準がない場合を想定してみると，処分通知の事実記載自体から免許取消しという結論に至ったことに格別の違和感を持たず，これを了解する者が大半を占めるのではないか。結論として，裁量権の逸脱・濫用等の誤りないしこれに関する手続違背の主張を容れなかった原審判断を支

---

(22) 原文では「④」と表記されていたが，紛らわしいので，「〈4〉」に表記を修正した。

(23) 註22参照。

持したい。」[24]　「建築士法等の懲戒に関する不利益処分では，税法と同様な趣旨での金額等の数値に関する厳格な理由付記を求める規定は存在せず，これを必要とする現実的な事情があるとも思えない」

(3)　考察

　控訴審の④下線部も，最高裁の④下線部も，【対象者の理解】を重視するという方向性は共通していて，根拠法条だけで④【対象者の理解】が達せられるかに関する両裁判所の評価が異なっていると見ることができる。Ⅲ5(3)最判昭和60年1月22日の④下線部もやはり根拠法条だけでは【対象者の理解】が達せられないと考えていると読めるため，Ⅲ8(2)最高裁判決と似ているといえる。

　他方，田原補足意見の④破線部は，Ⅲ2(3)最判昭和38年12月27日における④破線部と同様に，【対象者の理解】があろうがなかろうが，理由附記不備の認否基準は変わらないという態度を示している。①下線部として【恣意抑制】（文言としては「処分の公正さを担保」であるが）を重視している。Ⅲ2(3)最判昭和38年12月27日の山田少数意見の⑥下線部【行政庁の負担】（及び最判昭和56年7月14日に関するⅢ4(2)控訴審判決の⑥下線部）と少し異なり，本件田原補足意見の⑥破線部は必ずしも行政庁に着目したものではないが，コストを重視しないという点で⑥下線部と反対方向を向いている。

　本件最高裁判決は3対2の僅差である。一審・控訴審も1票に数えると3対4と逆転するほどの僅差である。にもかかわらず，管見の限り行政法学者の評釈で那須反対意見に同調する論者は見受けられない。

9　大阪高判平成25年1月18日（財団法人の収益事業）：青色申告における法的評価の当否

　大阪高判平成25年1月18日[25]は，未だリーディングケースに位置付けられるほど評価が熟していないであろうが，理由附記に関する近年の興味深

---

(24)　那須自身は述べてないが，12条1項の努力義務に関し，法廷意見だと努力しなくなる誘因を与えることを懸念しているのかもしれない。

い事例として注目を集めたものである。財団法人で青色申告者たる X の，公益事業と収益事業との区別が問題となった事例である。課税庁は，X の青色申告の帳簿書類の記載を否認することなく，X の問題となっている事業が収益事業に当たる（法基通 15-1-28 実費弁償通達の適用の有無が問題となる）という法的評価に基づいて更正処分をした。

(1) 一審：大阪地判平成 24 年 2 月 2 日

一審は次のように述べて理由附記不備を認定しなかった──「法人税法が青色申告者に対して……帳簿の記載を否認して更正するに際しては，③帳簿の記載よりも信頼できる根拠を提示する必要がある」。「それと異なり，⑨帳簿の記載を否認するのではなく，青色申告者の法的評価の当否が問題となる場面においては，納税者の法的評価が特に信用できるという特段の担保もないのであるから，上記保障の趣旨やそれに基づく根拠提示の必要性がそのまま当てはまるものとはいえない。そして，大量反復的に行われる課税処分において，その法適用関係や適用要件の解釈を逐一明らかにしなければならないものとすれば，⑥更正処分庁の負担は多大なものとなりかねない。以上の観点からすれば，帳簿の記載自体は否認せず，納税者の法的評価の誤りを理由として更正をする場合においては，前記のとおり更正の根拠を具体的に明示している限り，それを超えて更正処分庁がその判断過程を具体的に示さなかったとしても，それをもって直ちに違法となると解することはできない。」

(2) 控訴審

これに対し控訴審は以下のように述べて覆した──「本件各更正処分は，いずれも X の受託業務，当該業務の契約年月日及び計上漏れとなっていた金額についての帳簿上の記載を覆すことなく，これらをそのまま肯定した上で，かかる業務が法人税法上の収益事業に該当するという法的評価により更

---

(25)　判時 2203 号 25 頁。この他の近年の例として，理由附記不備不認定の松山地判平成 27 年 6 月 9 日判タ 1422 号 199 頁が挙げられる。原告が III 9(2)大阪高裁判決を引用するものの松山地裁が誠実に応答していないという点で問題があると思われるが，増井良啓・判評・ジュリスト 2017 年 4 月号掲載予定に譲る。

正したものであることが認められる」。

「Xの行う本件各事業が収益事業に該当するとの判断をするにあたっては，上記の法令［法人税法7条，2条13号，法人税法施行令5条1項10号］及び通達［法基通15-1-28（実費弁償通達）］に関する判断を経る必要があると解される。

ところが，本件各付記理由は，上記のとおり，収益事業の収入に該当すると認定した収入の金額については，各契約書に基づきその算定過程について具体的に記載するものであるが，法適用に関しては，『法人税法2条13号に規定する収益事業の収入に該当する』との結論を記載するにとどまり，なぜ収益事業の収入に該当するのかについての法令等の適用関係や，何故そのように解釈するのかの判断過程についての記載が一切ない。」

「本件各更正処分については，……事実に照らせば，①行政処分庁の判断の慎重，合理性を担保してその恣意を抑制するともに，更正の理由を②相手方に知らせて不服申立ての便宜を与える必要があるのは，主として，本件各事業が実費弁償により行われているといえるのか，実費弁償通達が適用されるのかとの点にあったものと考えられるところ，本件各付記理由にはこの点について何ら記載するものではなく，①②行政処分庁の判断過程を検証することができない。」

(3) 考察

Ⅲ9(1)一審判決の⑨【法的評価と事実認定の区別】は，Ⅲ6最判昭和60年4月23日（特定減価償却）に関するⅢ6(1)控訴審判決の⑨を思い起こさせる。しかし，Ⅲ6(3)で論じたように，法的評価に関する納税者と課税庁との間の対立に関し，③【対象者の義務との比較】が効かず，事実認定に関する対立に関し，③【対象者の義務との比較】が効いてくる，という抽象論は一見美しい整理に思われるが，Ⅲ6(2)最高裁判決のみならずⅢ6(1)控訴審判決も（純然たる形では）採用していなかったように読める。

Ⅲ6(2)最高裁判決は青色申告の帳簿書類の記載を否認するか否かで，③【対象者の義務との比較】が効くか否かを分けたところ，Ⅲ9(2)控訴審判決

もその判断枠組みを引き継いだ。しかし，Ⅲ6(2)最高裁判決が結論において理由附記不備を認めなかったのに対し，Ⅲ9(2)控訴審判決は，①【恣意抑制】と②【不服申立て便宜】の趣旨から，①②下線部として【判断過程検証可能性】という基準を導いた。判断過程検証可能性は①【恣意抑制】とも②【不服申立て便宜】とも関わると考えられるため，①②という番号を付した。

　適用法令（や通達）を示しただけでは①②【判断過程検証可能性】に足りない，という判断は，もしかしたらⅢ6最判昭和60年4月23日の延長ではないところに位置付けられるかもしれない。他方で，元々青色申告の③【対象者の義務との比較】が効かない他の行政法令の理由附記に関し，Ⅲ5最判昭和60年1月22日（旅券申請拒否処分）及びⅢ8最判平成23年6月7日（一級建築士免許取消）から眺めると，それらの延長線上にあるようにも見える。無論，Ⅲ6最判昭和60年4月23日については規定が充実している一方，Ⅲ5最判昭和60年1月22日，Ⅲ8最判平成23年6月7日，Ⅲ9大阪高判平成25年1月18日については規定が充実していなかった，という見方の可能性もある。但しⅢ8最判平成23年6月7日では建築士処分基準が複雑なランク制であったことから，一次元的に規定の充実度という尺度で，①②【判断過程検証可能性】が満たされているか否かの線引きがなされるとは期待し難いであろう。

Ⅳ　理由附記に関する考察

1　理由附記の行政手続法14条制定前と後

　理由附記は，行政手続法14条が制定される前は一般化されておらず，租税法をはじめとする個別法における理由附記の判例が蓄積されていた。理由附記の瑕疵は，手続きの瑕疵ではなく形式の瑕疵であるとされていた。理由附記不備は，形式要件不備の行政処分の効力がどのような場合に無効原因となりどのような場合に取消原因となるかという形で議論されてきた。「法規によって定められた主要な形式を全く欠く行政行為は無効であるのに対し，

理由に瑕疵があるに止まる場合には取消原因とされていた」[26]。そして「理由付記の行政手続的機能はその視野に入っていなかった」[27]とされる。

　（1）行政手続法14条制定前において租税法令のうち特に青色申告に関して理由附記についての判例が蓄積され、（2）次いで行政手続法14条が制定されて個別法令で除外している場合を除いて一般論として理由附記（理由の提示）が要請されるようになり、除外している場合の典型例が租税法の白色申告であったところ、（3）本稿Ⅰで触れた平成23年改正により白色申告にも理由附記が要請されることとなった。もともと、青色申告普及策の一環として白色申告との差別化として理由附記が導入された経緯に照らし、理由附記を手続法的に理解することには異論もあったようであるが[28]、理由附記に関する判例・立法が積み重なり、租税法令の白色申告にも及ぶようになったという経緯は、日本発の芸術が海外で異なる意味付けで評価されまた日本に逆輸入されるといった趣を感じさせる。

2　理由附記に関する判例・裁判例の考慮要素を抽出

　大雑把かもしれないが、理由附記に関する代表的な判例・裁判例を概観し、①～⑨の要素を抽出した。

① 【恣意抑制】

② 【不服申立て便宜】

③ 【対象者の義務と比較】……特に青色申告の帳簿書類との比較

④ 【対象者の理解】→①②【判断過程検証可能性】へ？

⑤ 【特恵】……青色申告と白色申告との政策的差異としての手続的特恵

---

(26)　原田大樹「処分基準と理由提示」九州大学法政研究78巻4号57（1129）頁以下、62（1134）頁（2012）。

(27)　藤原静雄「理由付記判例にみる行政手続法制の理論と実務　一級建築士免許取消事件」論究ジュリスト3号67頁以下、69頁（2012秋）。

(28)　西鳥羽和明「理由付記判例法理と行政手続法の理由提示（1・2・完）」民商法雑誌112巻6号851頁、113巻1号1頁（1995）の（1）853・867頁参照。手続としての理解を強調するものとして東平好史「行政手続における公開の機能」神戸法学雑誌20巻1号1頁以下、21頁（1970）参照。

⑥【行政庁の負担】

⑦下線【総額主義】⇔⑦破線【争点主義】

⑧【納税者間の公平】

⑨【法的評価と事実認定との区別】

　以上のうち①【恣意抑制】②【不服申立て便宜】は，もはやこれ以上論ずることは少ないといってもよかろう。また，⑥〜⑨は，理由附記不備が認められにくくなるかもしれない（課税庁側に有利になるかもしれない）要素である。

　理由附記不備の判断基準に関する③【対象者の義務と比較】については，青色申告の帳簿書類が関係する租税法独特のものといえる。本稿Ⅳ1で見たように，歴史的にはシャウプ勧告に由来する青色申告制度が理由附記導入の経緯であることからすると，寧ろ③が理由附記に関する本流といえるかもしれない。また⑤【特恵】も③からの派生といえなくもない。

　理由附記不備の判断基準として，②【不服申立て便宜】の趣旨を重視したならば，④【対象者の理解】は，それなりに理屈として繋がっているといえそうに思われる。しかし本稿Ⅲ1最判昭和38年5月31日に始まる一連の租税法関連理由附記判例法理は，一旦④【対象者の理解】という判断基準を潰した。そして前段落に述べた通り③【対象者の義務と比較】することは歴史的にも意味があることであった。

　しかし，青色申告以外も視野に入れると，当然に③は効かせにくくなる。青色申告とともに租税法の世界で始まった理由附記は，理由附記不備の判断基準として③【対象者の義務と比較】を生み出したが，租税法令以外の理由附記判例法理を経て，③【対象者の義務と比較】の通用範囲の狭さを気付かせることとなった。すなわち，本稿Ⅲ6最判昭和60年4月23日及び本稿Ⅲ9大阪高判平成25年1月18日が示したように，青色申告事案で，かつ，帳簿書類の記載を否認する更正処分であるか否かという問いにyesと答えた場合が，③【対象者の義務と比較】の通用範囲であるということであった。

　白色申告で理由附記が問題になる場合に，③【対象者の義務と比較】が理由附記不備の基準に当然にならない，とまでいうことは難しいが，租税法令

以外の理由附記との比較から，基準にならない可能性は高い，ということはいっても許されるであろう。

　なお，ゲーム論的発想から③【対象者の義務と比較】が活きる余地が考えられないではない。本稿は意図的な脱税を扱う訳でもなく，租税回避が成功するかどうかギリギリのところを納税者が狙おうとする場面を扱う訳でもないので，一般的にはゲーム論的発想に馴染まないと考えられていると思われる。しかし，意図的ではない過少申告（になるかもしれない場面）等に関しても，納税者側が，過少申告等に当たるか否かについて充分注意を払うか，という点で，納税者側の資源投入に関するゲーム論的状況は考えられないではない。納税者側が充分に注意を尽くさず課税庁側が見逃すかもしれないということについての博打という状況として理解できる。納税者側がかような博打をする一方で，課税庁側は一件当たりの資源投入を減らすことなく理由附記を充実させねばならないとしたら，課税庁側の目の届く範囲が狭くなり納税者側が博打に勝つ可能性が高まってしまうかもしれない。他方で，この博打は反対方向にも捉えることができる。課税庁が一件当たりの資源投入を少なくし理由附記等をきちんとしないで幅広く課税処分を打って大人しく納税者が納税してくれるかもしれないという博打をする状況も考えられる。博打は，効率性の観点のみからは，単なる移転であって社会全体の豊かさを減じる訳ではないという見方も可能かもしれないが，納税・課税の公平の観点からは好ましくない，とはいえよう。博打を防ぐために，納税者が青色申告をしている場合に課税庁がそれ以上の根拠となる資料を用意するという③【対象者の義務と比較】が正当化される，というゲーム論的発想の理解が考えられないではない。しかしこれまで述べてきたように，判例・裁判例の傾向は，③【対象者の義務と比較】をかつてよりは重視しない方向にあると見受けられる。

　では④【対象者の理解】が活きるのであろうか。私には，本稿Ⅲ1最判昭和38年5月31日が棄却した④【対象者の理解】がそのまま復活したようには見受けられない。寧ろ，本稿Ⅲ9大阪高判平成25年1月18日が示したよ

うに，②【不服申立て便宜】と結びつきうる④【対象者の理解】が進化して
①【恣意抑制】②【不服申立て便宜】の両方と結びつきうる①②【判断過程
検証可能性】という判断基準が今後用いられるようになるのではないかと推
測される。

　また，本稿Ⅲ5最判昭和60年1月22日，本稿Ⅲ8最判平成23年6月7
日，本稿Ⅲ9大阪高判平成25年1月18日から，①②【判断過程検証可能
性】に関しては適用法条（通達含め）を示すだけでは足りないという考え方
が支配的になっていく（本稿Ⅲ6最判昭和60年4月23日の結論は例外的なものと
位置付けられていくようになる）かもしれない。

　⑤【特恵】は，租税法令以外の分野についてどうなるか分からないが，租
税法令に関しては，白色申告でも帳簿をつけなければならない現代にあって，
あまり活きてこなくなると推測される。

3　本稿Ⅱの直感的な問題関心は棄却された

　次に理由附記不備が認められにくくなるかもしれない（課税庁側に有利にな
るかもしれない）要素を見る。

　⑥【行政庁の負担】は，本稿Ⅱの直感的な問題関心ドンピシャであるが，
さほど言及されない傾向にあると見受けられる。従って，本稿Ⅱの直感的な
問題関心は，少なくとも判例・裁判例を見る限りは，棄却されたと判断すべ
きである。本稿Ⅱの直感的な問題関心は，控えめにいっても修正を余儀なく
される。これは次の4で考察する。

　次に⑦の総額主義対争点主義について。一応判例集等の位置付けでは，本
稿Ⅲ4最判昭和56年7月14日が総額主義に関するリーディングケースとい
うことになっており，一応明示的には判例変更がなされていない。とはいえ，
本稿Ⅲ4最判昭和56年7月14日自体を読んでも純然たる総額主義ではない
と解する余地もある。また，少なくとも青色申告に関しては，本稿Ⅲ7東京
地判平成22年3月5日の強い表現（「当裁判所に顕著な事実」）からして，総
額主義は妥当しないと考えてよかろう。

第3章　行政手続法と租税手続－理由附記を中心として　87

　それでは，白色申告についても，今後，争点主義的運営が強まっていくのであろうか。これについては現時点でどちらの筋も考えられる。③【対象者の義務と比較】や⑤【特恵】という考慮要素が薄まっていくかもしれない流れに沿って，白色申告でも青色申告と区別せず争点主義的運営が強まっていくべきだという考え方はそれなりに筋が通っている。他方で，③【対象者の義務と比較】や⑤【特恵】は，青色申告導入経緯由来の租税法令独特の考慮要素であり，白色申告に関し租税法令以外の行政法判例・裁判例の流れを経由した理由附記に関する発想が逆輸入されてくるとしても，青色申告は争点主義的運営，白色申告は総額主義的運営という区別があるべきだという考え方にも同様にそれなりに筋が通っている。

　⑧【納税者間の公平】は，租税公平主義[29]や信義則の法理[30]と同様に，理由附記不備の更正処分を取り消させてよいのかという問題について重要になる可能性があるように思われるが，判例・裁判例ではあまり言及されない傾向にある。処分をし直せばよいからであろうか。

　⑨【法的評価と事実認定との区別】については，抽象論としては美しい区

---

(29)　スコッチライト事件・大阪高判昭和44年9月30日高裁民集22巻5号682頁等参照。なお，処分をし直せるから公平はあまり問題にならないといえるとしても，理由附記不備の瑕疵につき理由の追完・差替えによる治癒が認められるかという論点が別途ある。処分をし直せるなら瑕疵の治癒を認めないとする意義は弱いと私には思えるが，判例は消極説寄りである。最判昭和47年12月5日民集26巻10号1795頁は「処分庁と異なる機関［審査裁決］の行為により附記理由不備の瑕疵が治癒され」ないとした（最判昭和49年4月25日民集28巻3号405頁同旨）。最判平成4年12月10日・註17（「後日……口頭で非開示理由の説明」）も消極説。学説では瑕疵の治癒の可否や内容的限界について見解が分かれていると見受けられる。塩野宏・原田尚彦「第16問　理由附記と瑕疵の治癒」『演習行政法』78頁（有斐閣，1982），市原昌三郎「行政行為の理由付記と行政手続」田上穣治先生喜寿記念（市原昌三郎・杉原泰雄編）『公法の基本問題』207頁（有斐閣，1984），村井正・占部裕典「7　青色申告の法理」小川英明・松沢智編『裁判実務体系20租税争訟法』73頁（青林書院，1988），交告・註7，西鳥羽・註28，梶哲教「32　処分理由の提示」『ジュリスト増刊　行政法の争点』80頁（有斐閣，2014）等参照。
(30)　酒類販売業者青色申告事件・最判昭和62年10月30日判時1262号91頁，文化学院事件・東京高判昭和41年6月6日行集17巻6号607頁等参照。

別を導く可能性があることを本稿Ⅲ6(3)で論述したが，同時に，判例・裁判例は採用しないようであるということも本稿Ⅲ6(3)及び本稿Ⅲ9(3)で論述した。帳簿書類の記載を否認する更正処分であるか否かの違いと③【対象者の義務と比較】の通用範囲が今後どうなるか，の問題の方が当面重要そうである。

4　社会更正の観点からの直感的な問題関心の修正

　理由附記に関する判例・裁判例から①〜⑨の考慮要素を抽出し，今後を少し予想した。

　本稿Ⅱの直感的な問題関心に戻りたい。前述のように，⑥【行政庁の負担】は現実の判例・裁判例においてあまり顧みられていない。従って本稿Ⅱの直感的な問題関心は棄却されたと判断すべきであり，修正を要する。

　図の横軸は課税処分の件数であり，縦軸は課税処分に関するコストや税収の金銭的価値[31]である。

　理由附記の義務が拡大することで，課税庁側の負担が増えそうに一見思われる。現実の判例・裁判例において裁判官がコスト増を懸念しないということは，第一に，理由附記によるコスト増をあまり大きなものだと捉えていないという可能性がある。第二に，仮に理由附記によって課税庁側のコスト増が僅かとはいえあるかもしれないにしても，社会全体としてコストが増える訳ではないと考えているのかもしれない。第三に，課税庁側のみならず社会全体に着目してもコストは増えるかもしれないが，それを上回る便益があると考えているのかもしれない。

　第一だけでもそれなりに魅力的な考え方である。一時的には理由附記義務による課税庁側のコスト増があるかもしれないが，元々青色申告に関して理由附記が義務付けられていたから，白色申告で理由附記が義務化されてもあまり変わったことはないという可能性がある。また，平成23年改正の影響

---

(31)　註5参照。

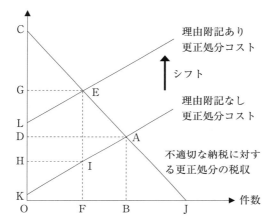

はまだ判例・裁判例によって審査されていないかもしれないが、かつての青色申告に関する判例・裁判例においても、課税庁の人間が習熟することによるコスト増の幅の圧縮を期待していたのかもしれない。

　第二に、モデルの修正として、右上がりの線を徴税コストではなく社会全体のコストと考えるべきなのかもしれない。課税庁が処分件数を増やせば当然徴税コストそのものが増えていくが、同時に納税者側でもコストが増えるかもしれない。この時、理由附記義務の①【恣意抑制】及び②【不服申立て便宜】は、おかしな課税処分を減らすこと及び納税者に準備の機会を与えることを通じて、社会全体でのコストの削減に資する（だから理由附記義務が多少厳しい位ならば図の右上がりの曲線は上方にシフトしない）と考えているのかもしれない。

　第三に、図の右下がり曲線は税収ではなく、社会全体の限界便益を示すと裁判官は暗黙の裡に考えているのかもしれない。本稿Ⅱの直感的な問題関心では、徴税の限界コストと限界便益が釣り合う点を想定していたが、仮に理由附記義務が課税庁側のコストを増やすにしても、また納税者も含めた社会全体のコストを増やしているとしても、理由附記を通じ穏当な課税処分が増えることが社会全体の便益を挙げると考えているのかもしれない。

5　デジタルからアナログへ

判例・裁判例により本稿Ⅱの問題関心は棄却されたが，費用便益の発想が無駄であるとも考えていない。

凡そ法的争訟はデジタル（勝った，負けた）になりやすいが，理由附記に関しては，①【恣意抑制】と②【不服申立て便宜】の趣旨に照らし，もう少しアナログ（連続的）な制度設計にできないものであろうか[32]。

理由附記不備は更正処分の有効性を失わせるというのが判例である。他方で，理由附記のやり直しは認められている[33]。理由附記不備には程度（アナログ，連続性）があるところ，違法か否かでデジタルに結論が変わってしまうが，①【恣意抑制】の観点からは，なるべく理由附記不備の程度が小さくなるような連続的なインセンティヴ設計は考えられないものであろうか。

本稿Ⅲ8最判平成23年6月7日の那須反対意見は，「税法と同様な趣旨での金額等の数値に関する厳格な理由付記を求める規定は」と述べる。しかし，租税事件はむしろお金だけの問題であり，厳格どころか，連続的なインセンティヴ設計に馴染む領域であるのではなかろうか。デジタルに違法か否かではなく，理由附記不備の程度に応じて連続的に課税庁が損をするような制度設計は考えられないであろうか。

②【不服申立て便宜】についても，理由附記不備の程度の連続性に応じて納税者側にとって分かりにくいことがあったならば，そしてそれがゆえに例えば納税者側の準備に余計なコストがかかるようであるならば，それを補填するような連続的な制度設計の方が，デジタルに違法か否かを争う今の仕組みよりよくなるとは考えられまいか。

---

(32)　非連続的な制度の不公平（伝統的には効率性が論じられてきたところ）について量的表現を試みる興味深い論稿として Bradley T. Borden, Quantitative Model for Measuring Line-Drawing Inequity, 98 Iowa Law Review 971-1039 (2013) 参照。

(33)　第一次更正処分を第二次更正処分で取り消してから第三次更正処分を打つことについて最判昭和42年9月19日民集21巻7号1828頁参照。

第3章　行政手続法と租税手続－理由附記を中心として　91

6　青色申告と白色申告との違い

　理由附記不備の趣旨について①【恣意抑制】と②【不服申立て便宜】がいわれてきたところ，Ⅲ 9 大阪高判平成 25 年 1 月 18 日の【判断過程検証可能性基準】が①と②を止揚する今後の基準となると推測され，これはⅢ 8 最判平成 23 年 6 月 7 日の行政手続法上の理由附記に関する流れにも沿っている。

　①②【判断過程検証可能性基準】が支配的になるとして，では理由附記について白色申告（行政手続法上の理由附記）と青色申告との違いは解消するか。違いはありえないではないと私は推測する。①②【判断過程検証可能性基準】とⅢ 1 最判昭和 38 年 5 月 31 日の青色申告に関する③【対象者の義務と比較】は，実際上あまり異ならないと思われる。ただし，仮に①②【判断過程検証可能性基準】より③【対象者の義務と比較】が高い水準の理由附記を要請する(34)場面があるとしたら，Ⅲ 1 最判昭和 38 年 5 月 31 日は未だ活きることになる。Ⅳ 4 で述べたように，③【対象者の義務と比較】について，ゲーム論的発想を判例・裁判例はかつてより重視しない方向にあると見受けられるが，ゲーム論的発想が論理的におかしい訳ではないため，③【対象者の義務と比較】が無意味であるとまではいわなくてよかろう。他方，仮に①②【判断過程検証可能性基準】より③【対象者の義務と比較】が低い水準である場面があるとしたら，理由附記の最低ラインは①②【判断過程検証可能性基準】であろうから（租税法令が基準を下げているとは解されないであろうから），この仮定は考える意味がなかろう。そして，①②【判断過程検証可能性基準】を満たしつつ，Ⅲ 6 最判昭和 60 年 4 月 23 日の判旨（帳簿書類の記載を否認しない場面の理由附記基準の低下）が活きる場面はほぼ無い（⑨【法的

---

(34)　藤巻秀夫「行政処分における理由付記の法理——最近の判決と行政手続法要綱案を手がかりとして——」札幌法学 4 巻 1 ＝ 2 号 153 頁以下，168 頁（1993）はⅢ 5 最判昭和 60 年 1 月 22 日（旅券申請拒否処分）について「租税法の領域における以上に，処分理由は詳細かつ具体的なものでなければならないことを要求している」と述べるが，仮にⅢ 5 の基準が行政手続法上の基準であるといえるとして，行政手続法上の基準が青色申告に関する基準より高いといえるかについては躊躇を覚える。

評価と事実認定の区別】は当時からも採用されてないと読めることにも留意）と思われる。

租税手続の整備

第4章　質問・検査手続の整備：
依頼人特権を中心に

一橋大学准教授　神山　弘行

Ⅰ　は じ め に

1　本稿の検討対象

　平成23年12月改正により，質問検査の円滑化及び納税者の権利保護を目
的に，税務調査手続について見直しが行われた。質問検査手続については，
各個別法から国税通則法に集約して横断的に整備された。しかしながら，質
問検査手続を巡るいくつかの重要な問題——例えば質問検査の対象となる
「相手方の範囲」や「内容（どこまで開示すべきか）」という問題——について，
未解決又は未整理の部分が残されている状況である。

　そこで，本稿は，主にイギリス及びアメリカにおける弁護士＝依頼人特権
（attorney-client privilege）に関する近年の動向の検討を通じて，日本の質問
検査手続に関して未解決又は未整理の諸問題について考察を加えることとし
たい。なお，本稿では，国税徴収法の質問検査については，直接の考察対象
としないが，必要に応じて触れることとする[1]。

---

(1)　国税徴収法の質問検査権については，栗谷桂一「質問検査権を巡る諸問題－
　　徴収職員の質問検査権を中心として－」税大論叢64号2頁（2010年）参照。

2　本稿の構成

　本稿の構成は次の通りである。まず〔Ⅱ〕において，平成 23 年 12 月改正
における日本の質問検査手続の整備を概観した上で，残された課題について
確認を行う。続く〔Ⅲ〕では，イギリスの 2008 年の法改正の概要と判例法
の動向を検討する。具体的には，2008 年の法改正では，質問検査手続にお
ける法律専門職特権が整理されるとともに，「監査人（auditor）」及び「税務
助言者（tax advisor）」への一定の専門職特権が規定されている点について，
法律レベル及び運用レベルの双方で，検討を加える。次に〔Ⅳ〕では，アメ
リカの近年の立法及び判例法の動向について，検討を加える。具体的には，
1998 年に制定された内国歳入法典 7525 条——弁護士＝依頼人特権と（制限
付きではあるが）同様の特権を一定の租税実務家（tax practitioner）に与える
旨の規定——を中心に，立法背景及び判例法の展開を検討する。その上で，
〔Ⅴ〕において，日本法の現状について，質問検査の運用を検討するととも
に，弁護士法や税理士法において課されている秘密保持権利・義務ないし守
秘義務と質問検査の関係について導入的な検討を加える。最後に〔Ⅵ〕で，
全体を踏まえた考察を行う。

Ⅱ　質問・検査手続の整備と課題

1　平成 23 年 12 月改正の概要

　平成 23 年 12 月改正において，質問検査の円滑化及び納税者の権利を保護
することを目的に[2]，税務調査手続について見直しが行われた。質問検査権
については，各個別法から国税通則法に集約して横断的に整備された。本改
正の特徴として，次の点を指摘できよう。

　第 1 の特徴は，納税義務者等に対し，帳簿書類その他の物件の「提示」
「提出」を求めることができる旨が法律上，明記された点である（通則法 74

---

(2)　金子宏『租税法〔第 21 版〕』864 頁（弘文堂・2016 年）参照。

第 4 章　質問・検査手続の整備：依頼人特権を中心に　95

の 2 ①，74 の 3 ①，74 の 4 ①④，74 の 5 各号，74 の 6 ①）。これは，「事前通知」や「調査終了の際の手続き」など，旧来は通達で運用されていた部分を含めて，一連の税務調査手続を整備したものとされる。

　第 2 の特徴は，質問検査権を担保するための罰則が整備された点である。質問検査は，強制調査ではなく，任意調査（いわゆる行政調査）と位置づけられてきた[3]。納税者が物件の提示・提出の要求に対して正当な理由なくこれに応じず，又は虚偽記載の帳簿書類その他の物件を提示・提出した者について，1 年以下の懲役又は 50 万円以下の罰金に処することが明確化された（通則法 127 三）。

　第 3 の特徴は，質問検査権限について，「犯罪捜査のために認められたものと解してはならない」との規定を各法から集約した点にある。（通則法 74 の 8）[4]。

2　残された課題～質問検査権と依頼人特権の緊張関係～

　上述の通り，平成 23 年 12 月改正において質問検査権について整備がなされたものの，質問検査権行使の「相手方の範囲」の問題や「内容（どこまで開示すべきか）」という問題が，未解決又は未整理の状態で残っている。

　質問検査権行使の相手方の範囲については，特に反面調査の対象となる「取引関係者」の範囲及び，反面調査の条件等が問題となりうる。例えば，反面調査（取引先に対する質問検査）について，条文上は対象者のみが規定されているだけで，条件については明記されていない。そのため，①原則として本人調査を経た後に反面調査をなしうるのか，それとも反面調査後に本人調査をなしうるのか，②反面調査前に本人の承諾が必要か否かなどの点が問題となりうる[5]。

　本稿の問題関心との関係では，質問検査権の相手方に，納税者の顧問税理

（3）　最高裁昭和 63 年 12 月 20 日判決・集民 155 号 477 頁参照。
（4）　この点に関連する先行判例として，最高裁平成 16 年 1 月 20 日第二小法廷判決・刑集 58 巻 1 号 26 号参照。

士・顧問弁護士・顧問会計士が含まれうるのか，また含まれるとした場合，質問検査権に何らかの法的制約があるのかが問題となる。

　質問検査権に関する代表的な先行研究として，金子（1995）〔初出（1989）〕が存在する[6]。本稿では，金子（1995）以降のアメリカ及びイギリスの法改正と判例法の動向を中心に紹介をし，分析を加えることで，我が国における質問検査権の課題について考察をする準備作業を行うこととしたい。

Ⅲ　イギリス法の動向

1　法律専門職特権の概要[7]

⑴　イギリスにおける専門職

① 弁護士

　イギリスの法律専門職たる弁護士は，伝統的にバリスタ（barrister）とソリシタ（solicitor）の二階層に分かれている[8]。バリスタは，主要な裁判所

---

(5) 所得税の反面調査について，志場＝他共編（2016）は「当該職員が納税者に関する個別事情を総合判断して合理的に決定すべきものと考えられる（東京高判昭和 50・3・25 判時 780 号 30 頁参照）。また，反面調査を行うに際し，納税義務者本人の承諾が必要か否かについては，本人の承諾を要しないと解される。この点につき，『税務職員がなした銀行預金等の調査は，所得税法 234 条の質問検査権に基づくものであって適法かつ必要な調査であり，預金者本人の同意を必要とするものではない……。』とする判決がある（名古屋地判昭和 43・6・15 税資 53 号 23 頁）。」と述べている。志場喜徳郎＝他共編『国税通則法精解〔平成 28 年改定〕』879-880 頁（大蔵財務協会・2016 年）。
　ただし，名古屋地裁昭和 43 年判決が，銀行預金等の金融機関への調査を越えて，あらゆる取引関係者に妥当するかについては，慎重な検討が求められよう。

(6) 金子宏「アメリカにおける税務調査」『所得概念の研究』355 頁（有斐閣・1995 年）〔初出，日税研論集 9 号（1989 年）〕。

(7) イギリスにおける法律専門職特権については，宮谷俊胤「イギリスにおける法律専門職特権に関する最近の租税判例」税法学 554 号 61 頁（2005 年），宮谷俊胤「2009 年以降のイギリスの税務調査について」税法学 566 号 401 頁（2011 年）が詳しい。

(8) 田中英夫『英米法総論〔下〕』404 頁（東京大学出版会・1980 年）。なお，近年は，両者の厳密な区分は崩れつつあるとも指摘される。同上。

第4章 質問・検査手続の整備：依頼人特権を中心に 97

（上位裁判所）での弁論権を独占しており，限られた例外を除き，依頼者と直接交渉することは許されないとされる[9]。これに対して，弁論の前提となる訴訟手続の代行権は，ソリシタの独占とされている。

すなわち，依頼人から依頼を受けたソリシタは，事件の性質を勘案し，最適なバリスタに事件を依頼するという二層構造が形成されている[10]。そのため，バリスタとソリシタには機能的分化が生じる。ソリシタは，依頼者からどんな事件を持ち込まれても，一応こなしうるだけの能力，すなわち広範な知識と事案に潜む法的問題を発掘・整理する能力を持たねばならないため，イギリス医療制度における一般医（general practitioner）的な存在，言い換えれば family lawyer 的な存在であると評される[11]。これに対して，バリスタは，専門医的存在であり，特定の法分野について深い知識を備える学者的実務家と評される[12]。

② 監査人と税務助言者（tax advisor）

イギリスの質問検査権を論じる上で，弁護士に並ぶ重要な専門職として，監査人（auditor）と税務助言者（tax advisor：税務アドバイザー）をあげることができる。以下では，池田（2011）に依拠する形で，概要を述べる。

イギリスでは，「日本のように国が認定した国家資格としての税理士・会計士という制度はなく，誰でも税務アドバイザーとして税務・会計業務を行うことができる。そのため，単に納税者の税務アドバイスを行う税務アドバイザーと，税務のほか監査業務も行っている会計士に大別され」[13]ている。

税務助言者には，「英国勅許税務協会（The Chartered Institute Of Taxation：CIOT）から資格を付与された『勅許税務アドバイザー』がいる。また，会

---

(9) 同上。なおソリシタは，県裁判所（county court）などの下位裁判所（inferior court）では弁論権が認められている。

(10) 同上・408頁。

(11) 同上・408-409頁。

(12) 同上・409頁。

(13) 池田美保「英国の税務行政と税制の概要」税大ジャーナル17号187，199頁（2011年）。

計士には，勅許公認会計士協会（Association of Chartered Certified Accountants：ACCA）等から資格を付与された勅許公認会計士（Chartered Certified Accountant），勅許会計士（Chartered Accountant）が存在する。……同業者団体である会計士協会等の要求する要件を満たして会員になることで勅許会計士・勅許税務アドバイザーとして認められるシステム」[14]が形成されている。

監査報告書については，上述の「会計団体に属した会計士のうち，団体に特に認められた会計士のみが作成することができ，更にそれらの団体に登録している会計士のうち，団体から証明書の発行を受けたごく限られた会計士のみが監査報告書にサインする資格がある」[15]とされる。

また，「税務申告において会計士が作成した税務申告書を是認するとの規定もなく，税務申告書に会計士等がサインをする欄も存在しない。実務上は，納税者から提出された資料を基に会計士が税務申告書を作成し，それを納税者の責任において提出している」[16]ようである。

⑵　法律専門職特権

イギリスでは，コモン・ローにおいて，法律専門職特権（legal profession privilege：LPP）が形成されてきた[17]。

イギリスにおける弁護士＝依頼人特権は，さらに訴訟特権（litigation privilege：LP）と法的助言特権（legal advice privilege：LAP）に区別される[18]。

---

(14)　同上。
(15)　同上。当該会計士のサインには，「信用力があるとされるが，これは特に法律等で規定されているわけではない」とされる。同上。
(16)　同上。
(17)　*See, e. g.*, R v. Derby Magistrates Court, Ex p B [1996] 1 AC 487, HL；Three Rivers DC v. Governor and Company of the Bank of England（No 6）[2004] UKHL 48；[2005] 1 AC 610.
(18)　今井猛嘉「弁護士・依頼者間秘匿特権：その基礎的検討」法曹時報 67 巻 8 号 1，6 頁（2015 年）。なお，宮谷（2005）は，法律特権（legal privilege），法律専門職特権（legal professional privilege），訴訟特権（litigation privilege）又は信認義務に基づく秘匿特権（confidential communication privilege）について意味内容が統一的に用いられていない旨を指摘している。宮谷（2005）・前掲注（7）67 頁。

前者の訴訟特権は，「訴訟（litigation）のためになされた（弁護士の）助言と書面を保護するための権利」[19]とされるのに対して，後者の法的助言特権は「より一般的な権利であり，弁護士と依頼者との間で通信（コミュニケーション）がなされた場合に，弁護士がなした法的助言を，実際の訴訟又は将来予想される訴訟とは独立して保護することを可能にする」[20]権利と位置づけられている。第三者とのコミュニケーションを保護対象とする点で，訴訟特権は，法的助言特権よりも適用範囲が広い[21]。

弁護士＝依頼人特権の根拠として，次の２つが唱えられている[22]。

第１の根拠は，功利主義的な見解である[23]。具体的には「依頼者は，弁護士と相談した内容が，後に公権力に対して開示されることはないと信用できなければ，弁護士に相談することを躊躇するから，そうした恐れなく相談できることへの信頼の存在は，社会的に要請される事項である〔。〕……この信頼を前提として，弁護士が法的助言をすれば，素人（lay people）である依頼者は適用可能な法準則を適切に知ることが可能になり，ひいては，法の適正な執行（the proper administration of justice）が社会的に促進される」[24]という見解である。

この立場に対しては，「過去の違反行為について弁護士から法的助言を得ても，当該行為につきコンプライアンス（法令遵守）のレベルが上がる可能性はないから，弁護士・依頼者間秘匿特権をその社会的有益性の観点から基礎付ける場合，過去の違反行為に係る法的助言を特権的に保護することはできないはず」[25]との批判がある。ただし，この批判は，過去の違反行為への

---

(19)　今井・前掲注（18）6頁。なお，弁護士の助言でも，経営判断に関する助言等は，同特権の保護範囲外とされる。同上・7頁。

(20)　同上。

(21)　ANDREW HIGGINS, LEGAL PROFESSIONAL PRIVILEGE FOR CORPORATIONS: A GUIDE TO FOUR MAJOR COMMON LAW JURISDICTIONS, 9-10 (Oxford University Press, 2014).

(22)　今井・前掲注（18）8-13頁参照。

(23)　*See*, Higgins (2014), *supra* note 21, at 2.

(24)　今井・前掲注（18）8頁。

法的助言については該当するが，それ以外の局面——例えば行為に移す前段階である意思決定の段階において，法的助言を得ることに対する保護——に対しては，的外れということになろう。

第2の根拠は，公平な裁判を受ける権利（the right to fair trial）及び私生活の尊重を求める権利（the right to respect for private life）に依拠する権利主義的な見解である。前者の公平な裁判を受ける権利は，手続法的構成であり，防御権（the right of defense），法的助言を求める権利（the right to legal assistance），自己負罪拒否特権（the privilege against self-incrimination）から構成される[26]。

2 質問検査権の変遷と専門職特権[27]

(1) 分析視座

イギリスにおける質問検査権の法令とそれに関する法律専門職特権（LPP）の法令の規定は，2005年の英国歳入関税庁（HMRC）の設立と，2008年の改正を境に，それ以前の状況とそれ以後の状況に区分することができる。本稿では，主に2008年改正以降の状況を中心に検討を加える。

現在のイギリスにおける課税庁の質問検査は，次の2つの調査方法から構成されている。第1は，照会調査通知書（notice of enquiry）により文書又は情報を収集する方法である。第2は，情報提供通知書（information notice）により情報の提供又は文書の提出を求める方法である。前者の照会調査通知書による調査は，ある課税年度の申告書に対する税額確定処分の一環であるのに対して，後者の情報提供通知書による調査は，申告期限前の記録等の調査（事前調査）という性格も帯びている点で異なるとされる[28]。

税務調査に関する2008年改正及び2009年改正の紹介については，既に宮

---

(25)　同上・9頁，脚注44。

(26)　同上。*Also see*, Higgins, *supra* note 21, at 2.

(27)　関連法令の変遷については，後述〔Ⅲ-4(2)〕のプルデンシャル最高裁判決に依拠している。邦語訳については，宮谷（2011）・前掲注（7）を参考にした。

(28)　宮谷（2011）・前掲注（7）406頁参照。

第4章　質問・検査手続の整備：依頼人特権を中心に　101

谷（2011）があり，一連の改正において，専門職特権の対象となる情報又は文書の範囲が，条文上必ずしも明確ではない旨を指摘している[29]。本稿では，法令のみならず，歳入関税庁が発行している実務運営指針や内部マニュアルも分析することで，歳入関税庁の執行態様を踏まえて，質問検査と専門職特権の関係について考察の深化を試みる。

(2)　2008年改正前

歳入関税庁の前身である内国歳入庁（Inland Revenue）の質問検査権については，Taxes Management Act 1970〔以下 TMA1970 とよぶ〕20条が，税務調査官（tax inspector）による文書等の提出要請権を明記した。

続いて，Finance Act 1976〔以下 FA1976 とよぶ〕により 20条(3)が追加され，要請対象を納税者本人から，その他の第三者（any other person）にまで拡大した。また，TAM1970 に 20A 条が追加され，税務会計士（tax accountant）に対する質問検査権も明文化された[30]。FA1976 では，TMA1970 の既存の 20条にも修正が加えられた[31]。例えば，同法 20条(1)は，括弧書きを追加し「調査官の合理的見解において（in the inspector's reasonable opinion）」情報又は文書の提出を求めることができる旨が追加されている。なお，TMA1970 に基礎を置く情報提供権（information power）は，納税者が申告書を提出していない場合には，射程が及んでいなかったとされる[32]。

FA1976 では，内国歳入庁の質問検査権〔TMA1970, 20条(3)及び 20A 条(1)〕に対して，法律専門職特権による例外を規定した〔TMA1970, 20B 条(8)〕[33]。また税務会計士に関しては，質問検査権〔TAM1970, 20条(3)〕に対して，文書の所有権に基づく（制限的な）特権の規定も整備した〔TMA1970, 20B 条(9)〕[34]。その後 Finance Act 2000 は，上記 20条の対象を拡

---

(29)　同上・421頁参照。

(30)　FA1976, Sch 6, Section 57.

(31)　FA1976, Sch 6, Section 57.

(32)　KEITH M GORDON & XIMENA MONTES MANZANO EDS., TILEY & COLLISON'S UK TAX GUIDE, 3.53 (30th ed. Tolley 2012).

(33)　FA1976, Sch 6, Section 57.

大し，法的助言特権（LAP）の対象を明確化した[35]。

なお，従前のイギリスの税務調査においては——悪質な脱税等に対する税務調査や付加価値税調査を例外とすれば——納税者の居所・事業所を直接訪問した上で，帳簿等を確認する実施調査はあまり行われていなかったとされる[36]。

(3) 2008年改正後

① 質問検査権の強化

2005年4月に内国歳入庁（Inland Revenue）と関税消費税庁（Her Majesty's Customs and Excise）が合併し，歳入関税庁（Her Majesty's Revenue and Customs：HMRC）が設立された。Finance Act 2008及びFinance Act 2009により，歳入関税庁の調査権限が強化され，帳簿や資産等を調査できるようになるとともに，第三者に対して情報提供を求める権利が明確化された[37]。

改正の特徴として，「納税者の税務ポジションを調査する目的で，歳入関税庁職員によって，情報又は文書が合理的に要求される場合」には，歳入関税庁職員は，情報の提供（provide information）又は文書の提示（produce document）を要求する旨の通知を発することが規定された点をあげることができる[38]。FA2008では，税務調査が納税義務者等の「税務ポジション」を照会するように改正された。そして，税務ポジションには「過去，現在及び将来の租税債務」が含まれる旨が明記された[39]。

なお，本人調査[40]と第三者への調査（≒反面調査）[41]については，手続的

---

(34) FA1976, Sch 6, Section 57.

(35) FA2000, Sch 1 AA, Para 5.

(36) 池田・前掲注（13）194頁。

(37) *See*, JOHN TILEY & GLEN LOUTZENHISER, REVENUE LAW: INTRODUCTION TO UK TAX LAW; INCOME TAX; CAPITAL GAINS TAX; INHERITANCE TAX, 92 (7 th ed., Hart Publishing, 2012)；池田・前掲注（13）194-195頁。

(38) 本人調査についてはFA2008, Sch 36, Para 1(1)が，第三者への調査（≒反面調査）についてはFA2008, Sch 36, Para 2(1)がそれぞれ規定を置いている。

(39) FA2008, Sch 36, Para 64(1)(a).

(40) FA2008, Sch 36 Para 1(1).

第4章　質問・検査手続の整備：依頼人特権を中心に　103

要件が異なっている。第三者への通知書の交付に際しては，歳入関税庁の独断で行うことは認められておらず，「納税者本人の同意」又は「第一段階審判所（First-tire Tribunal）の承認」が要求されている[42]。また，第三者に通知書を交付する場合には，原則として納税者名が特定されていることが必要であり，納税者名が特定されていない場合は，第一段階審判所の承認が必要とされている[43]。

② 法律専門職特権の規定

　FA2008 では歳入関税庁の質問検査権の強化に対応する形で，法律専門職特権及びその他の専門職特権についても，従来の規定を廃止して，新たな規定が制定された[44]。

　法律専門職特権については，情報提供通知書によって，特権の適用対象となる情報の提供及び文書の提示を求めてはいけない旨が明記されている[45]。法律専門職特権の対象は，法律専門職助言者（professional legal advisor）と依頼人との間で交わされた情報又は文書が訴訟手続において法律専門職特権の主張が容認されるような当該情報又は文書とされる[46]。どのような情報又は文書が法律専門職特権の対象になるのかについて論争が生じた場合に備えて，歳入関税委員会には，第一段階審判所で解決するための規則を制定することが認められた[47]。

---

(41)　FA2008, Sch 36 Para 2(1).
(42)　FA2008, Sch 36, Para 3.
(43)　FA2008, Sch 36, Para 2(2).
(44)　FA2008, Sch 36, Para 23-27.
(45)　FA2008, Sch 36, Para 23(1).
(46)　FA2008, Sch 36, Para 23(2).
(47)　FA2008, Sch 36, Para 23(3).
　　　第一段階審判所における解決に関する手続規則については，宮谷（2011）・前掲注（7）419-420 頁が詳しい。本手続規則の特徴は，「歳入関税庁職員が第一段階審判所の決定についての情報を事前に調べることができないことを保障することによって，情報提供者を保護することにあり，かつ，合意された文書が取り換えられることがないことを保障することによって歳入関税庁を保護することにある」とされる。同上・420 頁。

③　監査人及び税務助言者の特権

　FA2008 では，監査人（auditor）[48]と税務助言者（tax advisor）[49]について
も関連規定が整備された。監査人や税務助言者に特徴的なのは，法律専門職
とは異なり，一定の制約が条文上明記されている点である[50]。

イ　特権の規定

　FA2008 は，監査人に関して次の規定を定めている。法令上，監査人とし
て任命された者は，当該法令の下での職務遂行と関連して保持される情報の
提供を求められることはなく，監査人の財産たる文書及び監査人の職務遂行
と関連して作成された文書の提示を求められることもない旨を規定してい
る[51]。

　税務助言者については，「関連コミュニケーション（relevant communica-
tions）」に関する情報の提供を求められることはなく，税務助言者の財産た
る文書及び「関連コミュニケーション」を含む文書の提示を求められること
もない旨が規定されている[52]。保護の対象となる「関連コミュニケーショ
ン」とは，税務について助言を与える又は助言を受ける目的でなされる，租
税助言者と任命者の間でのコミュニケーション，又は税務助言者と委任関係
にあるその他の税務助言者の間でのコミュニケーションを意味する[53]。税
務助言者とは，他人の税務について助言を与えるために（直接又は間接に）任
命される者を指す[54]。

ロ　特権の制限規定

　法律専門職特権とは異なり，上述の監査人及び税務助言者への特権につい
ては，法令上制限が課されている。情報提供通知書を受け取る監査人又は税

---

(48)　FA2008, Sch 36, Para 24.
(49)　FA2008, Sch 36, Para 25.
(50)　FA2008, Sch 36, Para 26.
(51)　FA2008, Sch 36, Para 24(1).
(52)　FA2008, Sch 36, Para 25(1).
(53)　FA2008, Sch 36, Para 25(3).
(54)　FA2008, Sch 36, Para 25(3).

第 4 章　質問・検査手続の整備：依頼人特権を中心に　105

務助言者が，税務会計士（tax accountant）として，歳入関税庁に提出するため又は当該準備のために，依頼人を補助して作出した情報若しくは文書，又はそれらの情報を含む文書については，上記の保護〔Para 24（1）及び Para 25（1）〕を受けない旨が規定されている[55]。

この制限規定については，「いかなる情報又は文書が当該特権の対象物件になるのか，具体的には明らかにされていない」[56]とも評されるように，制限規定の対象（射程）が必ずしも明らかではない。そこで，専門職特権の外延を理解するためにも，歳入関税庁がどのような解釈を採用しているかについて，同庁が発行している実務指針等を分析することとしたい。

3　歳入関税庁の立場

(1)　実務指針

歳入関税庁は，訴訟及び紛争解決戦略（litigation and settlement strategy）に関する職員向けの実務指針として，法律専門職特権（LPP）に対して，次のような立場をとることを公表している[57]。それは歳入関税庁が，LPP を尊重する立場をとっており，納税者が法律文書について，LPP を放棄しない場合でも，当該態度を非協力的な態度の現れとして解してはならないという立場である〔Para 13〕[58]。

法律専門職特権が専門技術的な分野であることから，詳細な指針については，次に紹介する Compliance Handbook が別途定めており，具体的な対応を理解するためには，これを参照する必要が出てくる。

---

(55)　FA2008, Sch 36, Para 26(1).

(56)　宮谷（2011）・前掲注（7）421 頁。

(57)　HM Revenue & Customs, *Resolving tax disputes: Commentary on the litigation and settlement strategy*, 25 (Nov. 2013). なお，同指針の 2011 年版の解説として，片山・後掲注（64）22-24 頁参照。

(58)　Para 13 は，"HMRC should not interpret a decision by a customer not to waive LPP over a legal document(s) as a sign of non-collaboration." と明示的に述べている。

(2) 歳入関税庁の Compliance Handbook

先述の実務指針において，LPP は複雑な分野であることから，技術的かつ運営上の指針については，内部向けマニュアルである HMRC Internal manual：Compliance Handbook〔以下，CH とよぶ〕が詳細を定めている[59]。

このマニュアルは，検査（inspection）において，書類や情報を収集する際に制限が課せられる類型として，下記のものを列挙している[60]。

◆ 古い書類〔CH22140〕

◆ 訴訟資料〔CH22160〕

◆ 個人的な記録〔CH22180〕

◆ 報道資料〔CH22220〕

◆ 法的特権情報又は書類〔CH22240〕

◆ 監査人の法定監査書〔CH22280〕

◆ 税務助言者の書類〔CH22300〕

◆ 会計士と税務助言者の書類に関する例外〔CH22340〕

本稿では，紙幅の制約から，法的特権情報又は書類〔CH22240〕，監査人の法定監査書〔CH22280〕，税務助言者の書類〔CH22300〕，会計士（accountant）と税務助言者の書類に関する例外〔CH22340〕に絞って紹介をすることとしたい。

まず，法的特権情報又は書類について定める CH22240 は，下記項目から構成されている。

CH22242　Overview

CH22244　What is legal professional privilege

CH22246　How does it restrict what you can ask for

---

(59) Compliance Handbook は，FA2007 及び FA2013 に規定された法令遵守と罰則等に関する指針を定めている。最新版（2015 年 9 月 17 日改訂）の全文は，HMRC の Web サイトで公開されている〔http://www.hmrc.gov.uk/manuals/chmanual/Index.htm〕。

(60) HMRC, Compliance Handbook, CH 22100-CH 22340.

CH22248　Wording of informal requests

CH22250　Wording of notices

CH22252　Testing legal advice privilege

CH22254　How LPP disputes are resolved

　LPP については，法律専門職と依頼人の間の情報伝達につき，開示から保護するための重要なコモン・ロー上の権利であるとした上で，法的助言特権（LAP）と訴訟特権（LP）から構成される点を確認している〔CH22244〕。その上で，LPP は，弁護士＝依頼人間にのみ適用され，会計士＝依頼人間には適用されない旨が規定されている〔CH22244〕。そして，歳入関税庁がLPP の対象となる可能性がある文書又は情報の提供を要請する場合，所定の文言の通知をしなければならない旨が規定されている〔CH22250〕。

　続けて CH22266 は，CH22244 を受ける形で，税務助言が誰から与えられた助言かによって，質問検査権の範囲が異なりうる点につき，次のように述べている[61]。

　　要求できる内容に影響を与えるため，あなた（筆者注：歳入関税庁職員）は，調査対象となっている納税者に対して誰が助言を与えたかについて考慮に入れなければならない。

◆　*法律専門職からの助言*

　　もしも助言が，ソリシタ，弁護士，リーガル・カウンセルなどの法律専門職から与えられていた場合，法的特権が付与されている項目について納税者に対して提出を求めることはできない。助言が法的特権を享受するためには，訴訟特権（LP）又は法的助言特権（LAP）の 2 種類のうち一方のカテゴリーに該当しなければならない。

◆　*法律専門職以外からの助言*

　　もしも助言が法律専門職からではなく，当該納税者の税務に関して

---

(61)　Id. CH 22266.

助言を与えるべく任命された者——すなわち会計士，エージェント，税務助言者（tax advisor），租税回避プロモーター——から与えられていた場合，当該助言は会計士が守秘義務の対象として扱うのと同様に取り扱いに慎重を要するものであるが，当該助言は法的特権の保護対象ではない。

　なお，以下で述べるように，会計士及び税務助言者の書類については，一定の保護があるものの〔CH22280, CH22300〕，LPP ほど強力なものではなく，保護が制限されている。

　次に，監査人の法定監査書について定める CH22280 では，「一般的ルールとして，会計士は監査を遂行する目的で創出された情報等に関して，情報提供や書類作成を求められることはない」と規定されている。

　さらに，税務助言者については，CH22300 が税務助言者の書類について，一連の規定を置いている。まず，「一般的ルールとして，税務助言者（自発的な sector advisor を含む）は，他人（通常は依頼人）の税務（tax affairs）について助言を与える又は得ることが目的である情報等に関して，情報提供や書類作成を求めることはできない」と規定している〔CH22300〕。その上で，「この保護は，課税庁職員が税務助言者に通知をした場合にのみ適用される。この保護は，税務ポジションについて調査されている当該納税者には適用されない」旨を規定している〔CH22300〕。依頼人の秘密に関して，「税務助言者は，依頼人との守秘義務違反を理由に，課税庁からの通知に従うことを拒否してもよい」としつつ，「税務助言者が本来は保護される情報や書類について提出を求められる状況がある」とする〔CH22300〕。

　なお，上述の会計士の書類〔CH22280〕と税務助言者の書類〔CH22300〕に関する例外として，CH22340 は次のように述べている。

*　CH22280 で言及した会計士に与えられる保護及び，CH22300 で言及した税務助言者に与えられる保護は，特定の状況下においては適用されない。特定の状況下とは，以下の場合である。*

*　・会計士又は税務助言者が，納税者の決算書，確定申告書，その他歳*

入関税庁に提出された情報又は書類に関して，作成ないし提供を補助した場合。

・当該文書が決算，申告又は歳入関税庁に提出されたその他の情報等について説明するものである場合。

(中略)

この例外は，あなた（筆者注：歳入関税庁職員）が，どのように特定の記載事項に到達したかを示す情報を得ることを許可する。あなたは，何故，特定の方法によって当該記載事項に到達したかを示す情報を得ることはできない。例えば，納税申告において用いられた級数法 *(sum of digits)* 評価の詳細な計算について，税務助言者から得ることはできるが，他の評価方法ではなく，何故，級数法が選択されたかの理由を明らかにする情報について得ることはできない。

上記のように，歳入関税庁の内部マニュアルのレベルでは，会計士や税務助言者の守秘義務は，税務（tax affairs）に関する情報である限りにおいて，法律専門職特権の射程外であり，保護されないという理解がなされていることを読み取ることができる。

4 関連裁判例

(1) 法律職専門特権

制定法上の報告義務と法律専門職特権（LPP）の関係が問題となった事案として，*Bowman v. Fels* 事件[62]がある。Proceeds of Crime Act 2002 は，弁護士や会計士等に対して，その依頼者がマネーロンダリング等に関与している疑いを抱いた場合，依頼者に通告することなく，当局に報告する義務を課しており，義務に違反した場合には罰則も設けられていた[63]。

本件において，控訴院（Court of Appeals）は，Proceeds of Criminal Act 2002 の 328 条の文言に照らして，議会が制定法上の報告義務を LPP に優越

---

(62) Bowman v. Fels, [2005] EWCA Civ 226, [2005] 1 WLR 3083.
(63) Proceeds of Crime Act 2002, Section 327-340.

（override）させることを明示的に表現していないこと等を根拠に，当該報告
義務が LPP に優越しない旨の判示を下した。

⑵　会計士と法的助言特権（LAP）の関係

　法律専門職特権（LPP）は，原則として弁護士＝依頼人間にのみ適用され
るところ，会計士＝依頼人間にも適用されるか否かについて，イギリスの最
高裁が明示的に判断を下した事案として，*Prudential* 事件がある[64]。

　本件の争点は，納税義務者に関連して書類の提出を求める租税検査官（in-
spector）による所定の通知を受領した法人（プルデンシャル社）が，租税回避
スキームに関する法的助言を会計事務所（PwC）〔＝会計士〕から得ていた
場合に，当該書類について法的助言特権（LAP）が適用されるとして，書類
提出を拒否できるか否かが問題となった[65]。

　第一審及び控訴審とも，Wilden Pump Engineering Co. v. Fusfeld
（［1985］FSR 159）に従い，LAP が適用される法的助言は，法律専門職から
のものに限定される旨の判断を下し，納税者敗訴の判断を下した（請求棄却）。

　そして，最高裁の多数意見（5対2）（Loard Neuberger 判事が執筆）も，
LAP を弁護士以外の専門家——それが法的助言を提供する資格を有する者
であっても——により提供されたアドバイスにまで拡大するべきではない旨
を判示した[66]。多数意見は，次の3つの理由から，「プルデンシャルが要求
する内容は，司法ではなく議会が扱うべき内容」であるとした[67]。

　第1は，プルデンシャルの主張を認めると，現在明確で良く理解された原

---

(64)　*R（on the application of Prudential plc and another）（Appellants）v Spe-
　　cial Commissioner of Income Tax and another（Respondents）*，［2013］
　　UKSC 1, *On appeal from:*［*2010*］*EWCA Civ 1094. Also see*, U.K. Su-
　　preme Court, *Press Summery*（23 January 2013）.
　　プルデンシャル事件の分析については，片山直子「公認会計士への法的助言
　　秘匿特権（Legal Advice Privilege）の適用拡大の可否」和歌山大学経済理論
　　373号17頁（2013年）に依拠するところが大きい。
(65)　なお，本件事案は2004年に発生している。
(66)　2013 UKSC 1, Para 51.
(67)　Id. Para 52.

則を，不明確な原則にしてしまう恐れがあるという理由である。具体的には，「専門家」の範囲について，都市計画者，エンジニア，年金アドバイザー，保険数理士，監査人，建築家，測量士などが含まれるか否かが問題となってしまい，外延が不明確になってしまう。また，法的助言が補助的なものに過ぎない場合にも LAP が適用されるのかが問題になってしまうというのである。

　第 2 は，LAP を弁護士以外にも拡大するかは，議会に任されるべき政策問題だという理由である。過去にいくつかの議会の委員会では，LAP の拡大について議論及び提案がされているが，議会は，税務に関する助言を提供する会計士にまで，LAP を拡大しないという立場を明確に選択している[68]。LAP に関する現在の制限について，当該制限を変更すべきという「差し迫った必要性（pressing need）」があれば，裁判所は判例法を変更することもあり得るが，「差し迫った必要性」に関する証拠がないと判断している[69]。

　第 3 は，議会が LAP に関連する法律を既に制定しており，裁判所が法を拡大することは，不適切と考えられるという理由である。議会は，LAP を拡大する際に[70]，同特権の適用が法律専門職による助言に限定されるという前提に立っているというのである[71]。さらに，議会が，2008 年に今回の分野で，LAP は弁護士に限定される旨の立法を行っているという点も指摘している。

---

(68)　Id. Para 62.

(69)　Id. Para 67.

(70)　LAP の拡大により，狭義の法律家（バリスタ，ソリシタ，外国弁護士等）に限らず，弁理士，認定不動産取引士，認定調停人（authorized advocate）も対象に含まれるようになったと指摘されている。片山・前掲注（64）31 頁，注 69 参照。

(71)　2013 UKSC 1, Para 68.

Ⅳ　アメリカ法の動向

1　伝統的な特権の姿

(1)　概要

アメリカにおける税務調査での質問検査と専門職特権の内容と変遷については，主要な先行研究である金子（1995）が，既に詳細な分析を加えている。そこで，本稿では，〔Ⅳ-1〕においてアメリカにおける特権の概要を確認した上で，続く〔Ⅳ-2〕において近年の進展について検討を加えることとしたい。

差し当たり，アメリカの質問検査の特徴として，次の点を確認しておく。内国歳入法典に基づく質問検査は，納税者等がそれに応じない場合につき罰則がなく，任意調査の性質を持っているとされる[72]。アメリカの制度的特徴として，納税者が質問検査に応じない場合に対抗するべく，サモンズの手続[73]により，裁判所の判断を介した上で，間接強制による履行確保が組み込まれている点をあげることができる[74]。

納税者がサモンズに応じない場合，懲役又は罰金が科されるとともに[75]，連邦地方裁判所に執行を申し立てた上で，裁判所の命令が発せられる。納税者が，裁判所の当該命令に従わない場合，裁判所侮辱（contempt of court）に問われ，収監又は罰金に服することになる[76]。このように，アメリカの質問検査の特徴であるサモンズの手続は，執行が裁判所の判断に委ねられており，これは「アメリカにおける伝統的な司法優位の考え方，すなわち行政権は司法権の承認なしに私人に強制を加えることはできない」[77]という考え方

---

(72)　金子・前掲注（6）374 頁参照。
(73)　内国歳入法典 7602 条(a).
(74)　金子・前掲注（6）375 頁。
(75)　内国歳入法典 7210 条。
(76)　金子・前掲注（6）375 頁。
(77)　同上・376 頁。

第4章　質問・検査手続の整備：依頼人特権を中心に　113

に由来していると解されている。

　一方，納税者の税務調査のために，その顧問弁護士にサモンズが発せられた場合，弁護士は弁護士＝依頼人特権を根拠に，答弁や文書提出を拒否できるとされる[78]。ただし，特権の保護対象は，コンフィデンシャルな情報伝達に限られ，弁護士によるサモンズの全面的拒絶は許されないと解されている[79]。保護対象となる情報伝達の範囲については，主に「法律意見，法的役務，または法的手段の補佐を得ること」を目的としており，犯罪や不法行為を犯すことを目的としていない旨を判示した *United Shoe Machinery* 事件の判決がある[80]。

(2)　2つの特権

　一般論として，アメリカでは開示（discovery）の義務から除外される特権として，①「秘匿特権」と②「ワーク・プロダクト（work product）」の2類型が存在している。

　第1の秘匿特権は，コモン・ロー上，認められてきたものであり，配偶者間（spouses），弁護士＝依頼者間（attorney-client），医師＝患者間（doctor-patient），聖職者＝信者間（priest-penitent）が典型例とされる[81]。弁護士＝依頼人間の秘匿特権は，「弁護士と依頼者との間のコミュニケーションが法的助言を得ることを意図していて代理の対象である範囲の法的論点を含んでいる限り，それをディスカバリー手続から保護するもの」[82]とされる。

　この秘匿特権は，絶対的な権利であり，例外は認められないとされる[83]。そのため，新たな特権を承認することには消極的な傾向にあるといわれ

---

(78)　同上・401頁。

(79)　同上。

(80)　*See*, United States v. United Shoe Machinery Corp, 89 F Supp 357, 358-359 (1950). 金子・前掲注 (6) 401-402頁。

(81)　浅香吉幹『アメリカ民事手続法』85頁（弘文堂・2000年）。なお，憲法上認められている自己負罪拒否特権も秘匿特権に含まれる。

(82)　スコット・D・ハモンド＝矢吹公敏「日本における弁護士・依頼間秘匿特権の導入（上）」NBL 1067号4, 8-9頁（2016年）。

(83)　浅香・前掲注 (81) 85頁。

る[84]。この点に関する先例として，（独立して外部監査・納税申告等を行う）公認会計士に依頼人特権が認められない旨の判断を下した *Couch* 事件の最高裁判決がある[85]。このように，「公認会計士（certified public accountant）と依頼者間，ジャーナリストとニュース・ソース間は，特に州制定法での特則のない限り，一般には秘匿特権を認められていない」[86]とされる。

なお，会計士が独立の立場ではなく，弁護士の使用人として活動又は弁護士の委託の下に補助的活動をする場合については，依頼人特権の適用が会計士にも及びうると解されている[87]。

また，弁護士＝依頼人特権を享受できる「依頼者」の範囲については，支配グループのみならず，従業員も含まれるとした *Upjohn* 事件の連邦最高裁判決が存在している[88]。

(3) ワーク・プロダクトの法理

第2のワーク・プロダクトの法理（作業成果免責法理）は，*Hickman* 事件の最高裁判決[89]で確立され，その後，連邦民事訴訟規則26条(b)(3)項において明文化された法理である[90]。この法理は，当事者や弁護士その他の関係者が訴訟のために作成した文書等については，相手方の開示請求から保護

---

(84)　同上。ただし，「社内弁護士が法的問題に関して会社の役員や従業員と交わしたコミュニケイション……については秘匿特権が認められる」ようである。同上。

(85)　*Couch v. United States*, 409 U. S. 322 (1973). 同事件については，金子・前掲注 (6) 408 頁参照。

(86)　浅香・前掲注 (81) 85 頁。

(87)　この点に関する先行裁判例として，*Kovel* 事件の第2区巡回高等裁判所判決がある〔United States v. Kovel, 296 F. 2d 918 (2nd Cir. 1961)〕。金子・前掲注 (6) 412-413 頁。*Also see*, SUSAN A. BERSON, FEDERAL TAX LITIGATION, §1.08[3][q][vi] (Law Journal Press, 2008); Lluberes v. Uncommon Prods., LLC. 663 F. 3d 6 (2011).

(88)　*Upjohn v United States*, 449 US 383, 387-88, 396 (1981). 同事件については，金子・前掲注 (6) 402-403 頁が詳しい。

(89)　Hickman v. Taylor, 329 U. S. 495 (1947). 金子・前掲注 (6) 404-406 頁参照。

(90)　金子・前掲注 (6) 404-407 頁。浅香・前掲注 (81) 86 頁。

第4章　質問・検査手続の整備：依頼人特権を中心に　115

するというものである。

　具体的な保護対象は，「弁護士が訴訟に備えてまたは予期して準備した面談，書類，メモ，通信，報告，心理的な印象，個人的な信念，その他弁護士による成果を反映した無数のもの」[91]とされ，プライバシーとして，相手方当事者やその弁護士による不必要な干渉からの保護に値するものとされる[92]。なお，本法理の下では，訴訟準備に関係しない通常の事業における文書等については保護されない[93]。

　ワーク・プロダクトの法理の特徴として，弁護士＝依頼人間の秘匿特権よりも広い範囲を保護する点にある[94]。一方で，絶対的な保護の秘匿特権とは異なり，ワーク・プロダクトの法理の下では，「相手方が『事件について準備をするのに当該文書が実質的に必要であり，過度の困難なしに，他の方法で実質的に同等のものを得ることはできないことを示』した場合，その保護は覆される可能性」[95]があるため，制限的な保護と解されている。

　なお，ワーク・プロダクトの法理の射程に関しては，（独立して会計監査・納税申告等を行う）公認会計士に対して，同法理の適用を否定した*Arthur Young*事件の最高裁判決がある[96]。ただし，文書が訴訟準備のために弁護士の指示に基づいて作成されたものである場合には，ワーク・プロダクトの法理の適用対象になりうると解されている[97]。

⑷　秘匿特権とワーク・プロダクトの法理の異同

　弁護士＝依頼人間の秘匿特権とワーク・プロダクトの法理は，弁護士に一

---

(91)　Hickman v. Taylor, 329 U.S. 495, 510-511 (1947). ハモンド他・前掲注
　　　(82) 9頁。
(92)　ハモンド＝他・前掲注（82）9頁。
(93)　Berson, *supra* note 87, §1.08[3][q][vii].
(94)　*See*, Berson, *supra* note 87, §1.08[3][q][vii]. ハモンド他・前掲注（82）
　　　9頁参照。
(95)　ハモンド＝他・前掲注（82）9頁。
(96)　United States v. Arthur Young & Company, 465 U.S. 805 (1984).
(97)　*See*, Bernard Corp v. Commissioner, 104 T.C. 677, 693 (1995)；Berson,
　　　supra note 87, §1.08[3][q][vii].

定の資料不開示の特権を認める点では共通している[98]。しかし，秘匿特権が弁護士と依頼人の間の情報伝達を保護対象としているのに対して，ワーク・プロダクトの法理は「弁護士が弁護活動の一環として収集した資料や作成した文書，さらには弁護士の内心の印象，記録，意見等を保護の対象」[99]としている点で，機能的な差異があるといわれる[100]。

2　近年の動向：拡張と制限

(1)　内国歳入法典 7525 条による特権の拡張：租税実務家特権

① 立法の背景

　1998 年に内国歳入法典 7525 条が制定され，コモン・ロー上の弁護士＝依頼人特権と「同様の特権」が，弁護士以外の所定の租税実務家（tax practitioner）に，拡張適用されることとなった[101]。

　内国歳入法典 7525 条の導入以前は，多くの税務サービスにおいて，会計士が多くの部分を担うことに成功しつつあったが，弁護士＝依頼人特権が弁護士にのみ認められる点において，弁護士に有利な点が残されていた[102]。

---

(98)　金子・前掲注 (6) 407 頁。

(99)　同上。

(100)　同上。

(101)　内国歳入法典 7525 条(a)(1). 内国国歳入法典 7525 条に関する分析として，*See, e. g.* Alyson Petroni, *Unpacking the Accountant-Client Privilege Under I. R. C. Section 7525*, 18 Va. Tax Rev. 843, 844 (1999); Shane Jasmine Young, *NOTE: Pierce the Privilege or Give'Em Shelter? The Applicability of Privilege in Tax Shelter Cases*, 5 Nev. L. J. 767 (2005); John Gergacz, *Using The Attorney-Client Privilege as a Guide for Interpreting I. R. C.* §7525, 6 Hous. Bus. & Tax L. J. 241 (2006); Robert J. Tepper, *New Mexico's Accountant-Client Privilege*, 37 N. M. L. Rev. 387 (2007); Keith Kendall, *Designing Privilege for the Tax Profession: Comparing I.R.C.* §7525 *with New Zealand's Non-Disclosure Right*, 11 Hous. Bus. & Tax L. J. 74 (2011); Jared T. Meier, *Comment: Understanding the Statutory Tax Practitioner Privilege: What Is Tax Shelter "Promotion"?*, 78 U. Chi. L. Rev. 671 (2011). 上記の分析については，弁護士には 7525 条を廃止すべき旨の主張をするインセンティブ構造があることに留意をする必要がある。

すなわち，依頼が犯罪又は詐欺（fraud）に関するものである場合は，特権の保護対象にならないものの[103]，犯罪又は詐欺でなければ，弁護士は，内国歳入庁のサモンズに対抗できる。そのため弁護士は，税務サービスの市場において，会計士等と比較して優位な状況を保持し続けていた[104]。とりわけ，一連の最高裁判決及び下級審裁判例において，会計士に弁護士＝依頼人特権等の適用が認められない判断が下されると，会計士業界は，立法による特権の適用対象拡張を図る戦略に転換したといわれる[105]。

なお，本条の立法趣旨は，全く同じ租税実務を担当する弁護士と非弁護士の間の均衡（parity）を達成することにあったと指摘されている[106]。

② 内国歳入法典 7525 条の構造

内国歳入法典 7525 条(a)(1)は，「税務助言（tax advice）に関して，納税者と弁護士の間の情報伝達に適用されるコモン・ロー上の秘匿特権と同じ保護（the same common law protection）が，納税者と連邦認定租税実務家（federally authorized tax practitioner）の間の情報伝達について，もし当該情報伝達が納税者と弁護士間の間でなされていたのであれば特権によって保護される限りにおいて，適用される」と規定している。なお，内国歳入法典 7525 条は，弁護士＝依頼人特権の拡張のみを意図しており，ワーク・プロダクトの法理の拡張は意図していないとされる[107]。

保護の対象は，「税務助言（tax advice）」であり，これにはタックス・プランニング（候補取引の比較検討）に関する文書や税務訴訟が含まれると解する

---

(102)　Meier, *supra* note 101, at 677.

(103)　*See*, United States v. United Shoe Machinery Corp, 89 F Supp 357 (1950)；In re Antitrust Grand Jury, 805 F2nd 155 (6th Cir. 1986).

(104)　Meier, *supra* note 101, at 677.

(105)　Id. at 678.

(106)　Id. at 679. *Also see*, Internal Revenue Service Restructuring and Reform Act of 1997, HR Rep No 105-364, 105th Cong, 1st Sess 66 (1997)；Internal Revenue Service Restructuring and Reform Act of 1998, S Rep No 105-174, 105th Cong, 2d Sess 70 (1998).

(107)　*See*, Berson, *supra* note 87, §13.09 A[2][b]. なお，弁護士＝依頼者間特権により保護される要件を満たせば，同特権で保護される。

見解がある(108)。当該保護は，非法律的作業（nonlegal work）には適用され
ず，会計上の助言や確定申告の準備などは保護の対象外と解されているよう
である(109)。

特権付与の適用対象者となるのは，連邦認定租税実務家（federally autho-
rized tax practitioner；FATP）であり，これには，公認会計士（certified public
accountant）や登録税理士（enrolled agents），登録年金数理士（enrolled actuar-
ies）が含まれる(110)。

ただし，弁護士＝依頼人特権との相違点として，本特権の適用には次の3
つの制限が課されている点が特徴的である。第1の制限は，非刑事の租税案
件にのみに適用される点である(111)。第2の制限は，タックス・シェルター
〔内国歳入法典6662条〕のプロモーション（promotion）に関する情報伝達に
は適用されない点である(112)。第3の制限は，確定申告の準備に関する情報
伝達等については，従前の通り，特権の対象外と解されている点である(113)。

内国歳入法典7525条による特権拡張の影響として，内国歳入庁による濫
用の恐れが指摘されている。すなわち，内国歳入法典7525条による秘匿特
権は，連邦政府（内国歳入庁）との間の租税手続に関する規定であり，州政
府との間の租税手続や，非租税事案の民事手続においては適用されない。そ
のため，内国歳入庁は，これらの手続における公表資料等を参照することが

---

(108) Meier, *supra* note 101, at 678. *See, Valero Energy Corp. v. United States,*
   569 F. 3d 626, 630 (2009).
(109) *See*, Berson, *supra* note 87, §1.08[3][q][vi], §13.09 A[2][b].
(110) *See*, 内国歳入法典7525条(a)(3)；31 U. S. Code §330；Treasury Circular
   230. *Also see*, Petroni, *supra* note 101, at 844. アメリカにおける近年の税
   務専門職の変遷については，例えば，石村耕治「アメリカで新たに誕生した
   税務専門職制度－登録納税申告書作成士（RTRP）－」獨協法学92号267頁
   （2013年）参照。
(111) 内国歳入法典7525条(a)(2)。
(112) 内国歳入法典7525条(b)。
(113) Petroni, *supra* note 101, at 846；Berson, *supra* note 87, §13.09 A[2].
   Also see, United States v. Kpmg Llp, 237 F. Supp. 2d 35 (2002)；*United
   States v. Frederick,* 182 F. 3d 496, 500 (1999)；Meier, *supra* note 101, at
   678.

第4章　質問・検査手続の整備：依頼人特権を中心に　119

できるというのである(114)。さらに，内国歳入庁に，非刑事の租税事案を
（特権の適用対象外となる）刑事事案に転換させるインセンティブを，法が構
造的に与えてしまうことを示唆している(115)。

(2)　関連裁判例

　内国歳入法典7525条を巡る裁判例として，次のものが存在する。

　まず，同条の租税実務家特権の適用範囲については，企業内弁護士から役
員への助言にも適用されるとした*Eaton*事件における連邦地裁判決(116)があ
る。

　タックス・シェルターのプロモーション（promotion）該当性に関する解釈
問題として，日常的な助言（routine advice）が，当該プロモーションに該当
するか否かで裁判例が分かれている。

　まず，日常的な助言が当該プロモーションに該当しない——従って適用除
外規定（内国歳入法典7525条（b））に該当せず特権を享受できる——旨の判
決を下した裁判例として，*Countryside*事件における租税裁判所判決(117)が
ある。この事案において，租税裁判所は，内国歳入法典7525条の立法経緯
に着目をしていたとも指摘されている(118)。

　一方で，長期的な助言者（long-term advisors）から与えられる助言が当該
プロモーションに該当する可能性がある旨を判示した裁判例として，*Valero*
*Energy*事件における連邦第7巡回区控訴裁判所判決(119)がある。本件にお
いて，連邦第7巡回区控訴裁判所は，上記の租税裁判所とは異なり，タック
ス・シェルター規制の趣旨を重視したとの指摘もなされている(120)。

---

(114)　Petroni, *supra* note 101, at 864.

(115)　Id. at 865.

(116)　*United States v. Eaton Corp.*, 110 A.F.T.R.2d (RIA) 5638 (2012).

(117)　*Countryside Ltd. P'ship v. Comm'r*, 132 T.C. 347 (2009).

(118)　Meier, *supra* note 101, at 681-683, 684.

(119)　*Valero Energy Corp. v. United States*, 569 F.3d 626 (7th Cir. 2009).

(120)　Meier, *supra* note 101, at 683-684.

V　日本法への示唆

1　本節の目的

　日本においては，英米法系のように強固な弁護士＝依頼人特権は存在しない[121]。しかし，質問検査権と専門職の守秘義務の緊張関係が問題とならないわけではない[122]。

　本節〔V〕では，紙幅の都合上，今後の本格的な検討のための準備作業を中心に行う。まず，〔V-2〕において，日本における質問検査権の運用状況について確認をする。続く〔V-3〕では，刑法，弁護士法，税理士法に関する秘密保持義務ないし守秘義務に関する議論状況及び判例動向について，検討を加えることとする。

2　日本における質問検査権の運用

⑴　法令解釈通達

　平成23年12月改正を受けて，国税庁は通則法74条の2から通則法74条の6における質問検査権に関して，次の法令解釈通達を発している[123]。

　【質問検査等の相手方となる者の範囲】

　1-4　法第74条の2から法第74条の6までの各条の規定による当該職員の質問検査権は，それぞれ各条に規定する者のほか，調査のために必要がある場合には，これらの者の代理人，使用人その他の従業者についても及ぶことに留意する。

---

(121)　日本の公正取引委員会の行政調査手続における弁護士・依頼者間秘匿特権の創設を巡る諸論点については，スコット・D・ハモンド＝矢吹公敏「日本における弁護士・依頼者間秘匿特権の導入（上）（下）」NBL 1067号4頁，1068号31頁（2016年）参照。

(122)　特定職業人の守秘義務と質問検査権に関する主な見解は，栗谷・前掲注（1）84-86頁・脚注113が詳しい。

(123)　課総5-9。

第4章　質問・検査手続の整備：依頼人特権を中心に　121

【質問検査等の対象となる「帳簿書類その他の物件」の範囲】

1-5　法第74条の2から法第74条の6までの各条に規定する「帳簿書類その他の物件」には，国税に関する法令の規定により備付け，記帳又は保存をしなければならないこととされている帳簿書類のほか，各条に規定する国税に関する調査又は法第74条の3に規定する徴収の目的を達成するために必要と認められる帳簿書類その他の物件も含まれることに留意する。

(注)　「帳簿書類その他の物件」には，国外において保存するものも含まれることに留意する。

⑵　税務調査手続に関するFAQ

　国税通則法の改正を受ける形で，通達とは別に，納税者向けに「税務調査手続に関するFAQ（一般納税者向け）」[124]と題する情報を提供している。本稿のテーマと密接に関係するのは次の問7（私物たる帳簿書類），問8（職業上の守秘義務との関係）及び問23（反面調査）である。

　【問7】法人税の調査の過程で帳簿書類等の提示・提出を求められることがありますが，対象となる帳簿書類等が私物である場合には求めを断ることができますか。

　【A】法令上，調査担当者は，調査について必要があるときは，帳簿書類等の提示・提出を求め，これを検査することができるものとされています。この場合に，例えば，法人税の調査において，その法人の代表者名義の個人預金について事業関連性が疑われる場合にその通帳の提示・提出を求めることは，法令上認められた質問検査等の範囲に含まれるものと考えられます。（以下略）

　【問8】調査対象となる納税者の方について，医師，弁護士のように職業上の守秘義務が課されている場合や宗教法人のように個人の信教に関

---

(124)　国税庁「税務調査手続に関するFAQ（一般納税者向け）」（2016年4月改訂）。国税庁Webサイトにて利用可能 https://www.nta.go.jp/sonota/sonota/osirase/data/h24/nozeikankyo/pdf/02.pdf（最終訪問日2016年10月26日）。

する情報を保有している場合，業務上の秘密に関する帳簿書類等の提示・提出を拒むことはできますか。

【A】調査担当者は，調査について必要があると判断した場合には，業務上の秘密に関する帳簿書類等であっても，納税者の方の理解と協力の下，その承諾を得て，そのような帳簿書類等を提示・提出いただく場合があります。いずれの場合においても，調査のために必要な範囲でお願いしているものであり，法令上認められた質問検査等の範囲に含まれるものです。調査担当者には調査を通じて知った秘密を漏らしてはならない義務が課されていますので，調査へのご協力をお願いします。

【問 23】取引先等に対する調査を実地の調査として行う場合には，事前通知は行われないのですか。

【A】（前略）反面調査の場合には，事前通知に関する法令上の規定はありませんが，運用上，原則として，あらかじめその対象者の方へ連絡を行うこととしています。

上記【問 8】において，「納税者の……承諾を得て」と回答していることから，任意調査たる質問検査の段階では，納税者本人の承諾が必要であることを認識した運用となっていることが確認できる。回答の後段において，調査担当者の守秘義務について言及しているが，調査担当者が守秘義務を負っているとしても，それを根拠に当該職業人の秘密保持義務が解除されると解することは「論理の飛躍」であり，慎重な判断が必要であろう。その意味で，上記回答には注意が必要であると考えられる。

また，【問 23】において，「あらかじめその対象者の方へ連絡を行う」と回答しているが，「その対象者」が反面調査の対象者であるとすれば，納税者本人に対して（承諾はおろか）事前通知すら不要という運用が行われている可能性が否定できない。この点については，実態調査が必要であろう。

3 専門職の守秘義務と質問検査権の緊張関係

(1) 概観

改正前の議論ではあるが，田中二郎名誉教授は，専門職の守秘義務（弁護士法23条，司法書士法10条，税理士法38条，刑法134条，民訴281条等）の関係につき，「この秘密の範囲は明確でなく，種々の秘密が考えられるが，税務調査に必要とされる範囲内の事項については，特定職業人の守秘義務が解除されるとともに，税務調査に直接関係のない秘密については，税務職員の質問検査権の行使は許されないと解すべきであろう」[125]と指摘している。

そこで本稿では，紙幅の制約に鑑み，刑法134条1項（秘密漏示罪），弁護士法23条（秘密保持の権利及び義務），税理士法38条（守秘義務）に焦点を絞って，裁判例の動向を含めて検討を進めることとしたい。

(2) 刑法の秘密漏示罪

① 法の趣旨

刑法134条1項は，「医師，薬剤師，医薬品販売業者，助産師，弁護士，弁護人，公証人又はこれらの職にあった者が，正当な理由がないのに，その業務上取り扱ったことについて知り得た人の秘密を漏らしたときは，六月以下の懲役又は十万円以下の罰金に処する」と規定している[126]。同条の保護法益は，私生活の平穏を保護するという個人的法益と解するのが通説的な理解である[127]。また，同時にプライバシーの権利を保護する側面を持っていると解する見解が有力である[128]。これは，先述のイギリスの法律専門職特権の2つの根拠との関係では，権利主義的見解に親和的な見方といえるかもしれない。

---

(125) 田中二郎『租税法〔第3版〕』223頁（有斐閣・1990年）。

(126) 刑法134条2項は，「宗教，祈祷若しくは祭祀の職にある者又はこれらの職にあった者が，正当な理由がないのに，その業務上取り扱ったことについて知り得た人の秘密を漏らしたときも，前項と同様とする」と規定している。

(127) 大塚仁＝他編著『大コンメンタール刑法〔第3版〕第7巻』345頁（青林書院・2014年），団藤重光編『注釈刑法（3）各則（1）』254頁（有斐閣・1965年）参照。

(128) 大塚＝他・前掲注（127）345頁。

② 違法性阻却事由たる「正当な理由」

刑法 134 条 1 項については，最高裁平成 17 年 7 月 19 日決定・刑集 59 巻
6 号 600 頁が，重要な先例として存在する。本件は（国家公務員たる）医師が，
治療のため救急患者の尿を採取して覚せい剤反応があったため，所轄警察署
に通報したところ，同医師の守秘義務違反が問題となった事案である[129]。
最高裁は，「医師が，必要な治療又は検査の過程で採取した患者の尿から違
法な薬物の成分を検出した場合に，これを捜査機関に通報することは，正当
行為として許容されるものであって，医師の守秘義務に違反しないというべ
きである」との判断を下した。

取材協力行為に対しては，「取材協力であることから直ちにその違法性が
阻却されると考えるべきではなく，取材行為の目的，手段及び方法に係る正
当性，取材協力行為を行った者の立場，目的，同行為の態様等と，漏示対象
となる秘密の内容や秘密の主体が受ける不利益を具体的に考慮し，取材協力
行為として『正当な理由』があるといえるかどうかを判断すべきものと解す
るのが相当である」との判断枠組みを提示した上で，正当な理由を認めなか
った奈良地裁平成 21 年 4 月 15 日判決・判時 2048 号 135 頁がある。

(3) 弁護士法上の秘密保持の権利・義務

① 法の趣旨

弁護士法 23 条は，「弁護士又は弁護士であつた者は，その職務上知り得た
秘密を保持する権利を有し，義務を負う。但し，法律に別段の定めがある場
合は，この限りでない」として，弁護士の秘密保持の権利及び義務を定めて
いる。この権利・義務の趣旨については，「依頼者は，法律事件について，
秘密に関する事項を打ち明けて弁護士に法律事務を委任するものであるから，
職務上知り得た秘密を他に漏らさないことは，弁護士の義務として最も重要
視されるものであり，またこの義務が遵守されることによって，弁護士の職

---

(129) 前提事実として，患者本人は麻酔による睡眠中であったため本人の同意はな
　　　く，医師は警察に報告する旨を患者の両親に説明し，両親も最終的にこれを
　　　了承した様子であったことが認定されている。

業の存立が保障される」⁽¹³⁰⁾旨が指摘されている。このような理解は，先述の法律専門職特権の２つの根拠のうち，功利主義的根拠に近い立場と解することができる。なお，弁護士の秘密保持義務については，刑法 134 条 1 項（秘密漏示罪）により，刑罰で裏付けがなされていると考えられている[131]。

② 権利・義務の解除事由たる「法律に別段の定めがある場合」

弁護士法 23 条の秘密保持の権利・義務は，「法律に別段の定めがある場合は，この限りでない」と規定されていることから，制限的なものといわれる[132]。秘密保持の義務・権利が解除される「法律に別段の定めがある場合」とは，民訴法 197 条 2 項，刑訴法 105 条但書，同法 149 条但書の場合が該当すると解されている[133]。なお，弁護士職務基本規程 23 条が「正当な理由なく……秘密を他に漏らし，又は利用してはならない」と規定しており，ここでは「正当な理由」の文言が使用されている。

弁護士法は，刑法 134 条とは異なり「正当な理由」がある場合に，秘密保持義務が解除される旨の明文の規定がないため，正当な理由がある場合に弁護士法 23 条違反に問われるか否かが問題となりうる。

この点，「弁護士が秘密保持義務に違反するためには，職務上知りえた秘密があること，その秘密を正当な事由がないのに未だ知らない第三者に知らしめることの二要件を必要とし，その要件の有無は一般的，抽象的に判断できるものではなく，個別的，具体的に判断すべき性質のものである」旨を判示した仙台高裁昭和 46 年 2 月 4 日判決・下民集 22 巻 1・2 号 81 頁を根拠に，正当な理由がある場合には，秘密を漏らしても弁護士法 23 条違反にならないと解する有力な見解がある[134]。

---

(130) 日本弁護士連合会調査室編著『条解弁護士法〔第 4 版〕』155 頁（弘文堂・2007 年）。

(131) 同上。

(132) 同上・157 頁。

(133) 同上。

(134) 同上・157-158 頁。日本弁護士連合会弁護士倫理委員会編著『解説「弁護士職務基本規定」第 2 版』55 頁（2012 年）参照。

(4) 税理士法上の守秘義務

① 法の趣旨

　税理士法 38 条は、「税理士は、正当な理由がなくて、税理士業務に関して知り得た秘密を他に洩らし、又は窃用してはならない」と規定し、税理士に守秘義務を課している。同法の趣旨は、「税理士業務の遂行に当たって、納税義務者の資産、負債の状況、資金繰り、取引きの内容等々の……他人に知られたくない秘密に接する機会が極めて多い。また、納税義務者としても、税理士を信頼し、そうした秘密にかかわる事柄の詳細について真実を明らかにしてこそ、適切な納税義務の実現が図られることに」[135] なり、税理士と納税者の信頼関係構築に資することにあると説明されることがある。これも、先述の法律専門職特権の 2 つの根拠と比較すると、権利主義的根拠というよりも、功利主義的根拠に近い考え方だと解される。

② 守秘義務の解除事由たる「正当な理由」

　日本において、質問検査と守秘義務違反が問題となった直接の判例・下級審裁判例は存在しない。関連裁判例として、大阪高裁平成 26 年 8 月 28 日判決・判時 2243 号 35 頁〔以下、大阪高判平成 26 年とよぶ〕が存在する。本件は、税理士が弁護士会照会（弁護士法 23 条の 2）に応じて、依頼人である納税義務者の確定申告書等の写しを電子データの形式で提供したことが、当該税理士の守秘義務（税理士法 38 条）違反となり、依頼人（納税義務者）に対して不法行為責任を負うかが争われた事案であり、税理士の不法行為責任を認める旨の判断を下した判決である[136]。

　大阪高判平成 26 年は、弁護士会照会（23 条照会）について、法律上原則として報告する公的な義務を負うと解した上で、次のように判示をしている。

　　「23 条照会を受けた者は、どのような場合でも報告義務を負うと解する

---

(135)　日本税理士会連合会編『新税理士法〔二訂版〕』133 頁（税務経理協会・2007 年）。

(136)　本事件については、岩﨑政明「弁護士会照会に対する回答報告と守秘義務違反」横浜法学 24 巻 1 号 3 頁（2015 年）が詳しい。

のは相当ではなく，正当な理由がある場合には，報告を拒絶できると解すべきである。そして，正当な理由がある場合とは，照会に対する報告を拒絶することによって保護すべき権利利益が存在し，報告が得られないことによる不利益と照会に応じて報告することによる不利益とを比較衡量して，後者の不利益が勝ると認められる場合をいうものと解するのが相当である。この比較衡量は，23条照会の制度の趣旨に照らし，保護すべき権利利益の内容や照会の必要性，照会事項の適否を含め，個々の事案に応じて具体的に行わなければならない」。

その上で，税理士法38条の守秘義務について，以下のように述べた。

「税理士の守秘義務の例外としての『正当な理由』（税理士法38条）とは，本人の許諾又は法令に基づく義務があることをいうと解されるところ，一般には23条照会に対する報告義務も『法令に基づく義務』に当たると解される」。

「もっとも，23条照会に対する報告義務は絶対的なものではなく，被照会者は正当な理由があるときは報告を拒絶することができると解されることは上記……のとおりである。そして，税理士の保持する納税義務者の情報にプライバシーに関する事項が含まれている場合，当該事項をみだりに第三者に開示されないという納税義務者の利益も保護すべき重要な利益に当たると解される。したがって，税理士は，23条照会によって納税義務者のプライバシーに関する事項について報告を求められた場合，正当な理由があるときは，報告を拒絶すべきであり，それにもかかわらず照会に応じて報告したときは，税理士法38条の守秘義務に違反するものというべきである。そして，税理士が故意又は過失により，守秘義務に違反して納税義務者に関する情報を第三者（照会した弁護士会及び照会申出をした弁護士）に開示した場合には，当該納税義務者に対して不法行為責任を負うものと解される」。

大阪高判平成26年は，税務調査の受忍義務に関する事例ではないが，「税理士等の守秘義務」と「法律上の報告義務」の緊張関係を考える上で参考に

なる。本判決は，23条照会に応じる場合の利益と不利益を，個別具体的に比較衡量するという判断枠組みを提示していると整理できる。

VI　若干の考察

1　イギリス型展開とアメリカ型展開

コモン・ロー上，法律家（弁護士）にのみ認められてきた法律専門職特権（弁護士＝依頼人特権）を，税務助言に携わる他の専門家（会計士や税理士）に認めるかについて，イギリスとアメリカを比較すると次の点を指摘することができる。

弁護士＝依頼人特権が，コモン・ロー上発展してきた経緯に鑑みれば，適用対象を裁判所が他の専門職に拡大することは，（それが望ましいか否かは別として）理論上可能との指摘がある[137]。しかし，イギリスにおける *Prudential* 事件の最高裁判決が理由付けで述べていたように，裁判所は，特権の適用対象の拡大に関しては司法府よりも立法府の判断に馴染む旨の判断を下す傾向がある――積極的な拡張を回避する傾向がある――と指摘される[138]。

イギリスでは，法律専門職特権が弁護士＝依頼人間にのみ認められる特権という位置づけであり，税務助言者については，FA2008及びFA2009において，別の条文により，財産権等に基づく制限的な保護が認められたにすぎなかった。税務調査においても，保護対象から明確に除外されていた。

アメリカでは，内国歳入法典7525条の制定により，原則としてコモン・ロー上の特権と同じ内容の保護を連邦認定租税実務家（FATP）にも与える旨の規定が導入された。ただし，一定の制約を受けるという点では，イギリスと同様であった。アメリカでは，会計士業界のロビー活動により，内国歳入法典7525条が導入された経緯もあり，原則規定では，コモン・ローと同じ特権を与える構造になっているが，例外規定によって，刑事事案だけでな

---

(137)　*See*, Higgins, *supra* note 21, at 95.
(138)　Id.

く，タックス・シェルターのプロモーションや確定申告関連業務に関しても特権の保護を与えない構造になっている。

このように，伝統的に強固な法律専門職特権が存在するイギリス及びアメリカにおいては，税務調査の局面において，他の税務専門職に対して，法律専門職特権と同様の水準の保護を与えることには慎重であることが伺える。原則規定において非弁護士にも強力な特権を認めるアメリカ型の立法と，原則規定の段階で弁護士と非弁護士を明確に区別した上で限定的な特権を付与するイギリス型の立法で，保護の範囲に関してどのような差異が生じるかについては，今後の判例の集積が待たれるところである。この点については，今後も注視していくこととしたい。

2　質問検査権の機能的分析の必要性

本稿では，主に質問検査権に関する制定法及び判例法の動向を中心に紹介し，検討を加えた。伝統的に強固な権利として弁護士＝依頼人特権を確立してきたイギリス法やアメリカ法とは異なり，日本法においては，同様の特権は認められてこなかった。

そのため，日本において質問検査権に対抗するための権利として専門職の秘匿特権等の導入を議論する際には，比較法分析等を通じた「普遍的な権利の探究」という権利論的分析に加えて，納税者保護の法理に関する「機能的な分析」が有益であると考える――具体的には，ゲーム理論や行動経済学等の知見を活用した納税者と課税庁の行動分析が考えられる――。機能的な分析では，各プレイヤー（納税者，弁護士・税理士・会計士，課税庁）などの戦略的行動を考察した上で〔事実解明的分析〕，社会的目的を達成するための最適な租税手続の仕組みを探求することになる〔規範的分析〕。

例えば，アメリカでは，内国歳入法典 7525 条により特権が拡張されたものの，非刑事の租税手続を刑事手続に転換させるインセンティブを法が内国歳入庁に与えていた〔IV.2.(1)②参照〕。

また，イギリスでは，第三者調査において，本人の同意ないし第一段階審

判所の承諾が必要とされていた〔Ⅲ.2.(3)参照〕。一方，日本では反面調査は納税者本人の同意ないし審判所の承諾は必要とされていない〔Ⅴ.2.参照〕。イギリスの第一段階審判所の判断が，歳入関税庁からどの程度独立しているかにつき，実証的な検討を要するが，仮に一定程度の独立性が確保されているのだとすれば，納税者と課税庁のゲーム構造が日本とは異なる可能性が出てくる。

　なお，経済学の知見を活用する際には，次の点にも留意する必要がある。租税手続等に関する従来の分析は，事前に帰結と確率が判明している「リスク」の状況を想定したモデルに依拠していることが多い。しかし，現実の税務執行過程においては，調査対象になるか否か，税務ポジションが否認されるか否かなどについて，事前に確率等が判っていない「不確実性（uncertainty）」の状況下にあると考えるのが自然であろう。そのため，不確実性の状況での意志決定を分析するモデルを租税手続の分析に導入することで，従来とは異なる知見を得られる可能性がある。本稿では，紙幅の制約上，機能的分析について十分な議論が展開できないが，今後の検討課題としたい[139]。

Ⅶ　結　　び

　本稿では，質問検査権と秘匿特権（ないし守秘義務）との関係について，イギリス法及びアメリカ法を題材に，近年の立法及び判例法の動向について，検討を加えた。その上で，日本法についての検討のための準備的作業を行った。

　質問検査権を含む租税手続法の研究には，比較法研究の分析視座が有益であることは，疑いがないであろう。しかし，権利保護等の「法の目的」を実

---

(139)　このような観点から，税務執行過程及び租税法律主義の機能を分析する試みとして，神山弘行「税務執行の不確実性と納税者行動：租税法律主義の機能」フィナンシャル・レビュー 129 号『特集：租税法律主義の総合的検討』（2017年公刊予定）参照。

第4章 質問・検査手続の整備：依頼人特権を中心に　131

効的に確保するためには，法の執行過程にも配慮した機能的な分析も必要となる。そうでなければ，法の目的は「絵に描いた餅」と化す恐れがある。

　租税法理論は，租税実体法の分野に関して，経済学的視点を活用する形で，著しい発展を遂げてきた。今後は，租税手続法の分野についても，直観ないし経験則等に基づく議論ではなく，隣接社会科学（ゲーム理論や行動経済学など）の知見も活用しつつ，客観的かつ実証的な分析を加えることが肝要であると考える。伝統的な権利論的な分析に加えて，機能的分析を追加することで，「法の支配」に基づく適切な租税手続の執行がより確かなものになろう。

租税手続の整備

第5章　租税不服申立制度の課題
－国税不服審判所の組織と運営のあり方を中心に－

中央大学教授　**玉國　文敏**

は　じ　め　に

　国税不服審判所は，昭和45年（1970年）に発足して以来，半世紀を経よ
うとしている。国税通則法の改正により，旧協議団の制度から切り替わって
国税不服審判所が設置されたことはわが国の国税不服審査制度のみならず，
租税救済法の歴史にとっても，エポック・メイキングな出来事であった。そ
れとともに，その後の運用状況を見ると，国税不服審判所はそれなりの役割
を果たしてきたことを窺うことが出来る。たとえば，近時において国税通則
法に基づき提起された審査請求事件のうち，平成23年度中には3,156件が
処理され，そのうち550件が認容されている（認容率は19.7%）。平成26年
度中には2,998件が処理され，そのうち284件が認容され，認容率は，9.5
％となっている[1]。

　国税不服審判所は，国民の救済制度としてわが国社会に定着し，納税者の
権利救済・権利保護のための制度として機能してきたが，上の数字に表れて

---

(1)　総務省「平成23年度における行政不服審査法等の施行状況に関する調査結果」
　　（平成25年8月）および「平成26年度における行政不服審査法等の施行状況
　　に関する調査結果」平成27年12月）。

いるように，一定の成果は挙げてきたと評価しうるのではなかろうか[2]。

　もっとも，制度の実施後約45年を経て，国税通則法上の国税不服審査についても，種々の制度疲労が目立つようになってきた[3]。とりわけ一般的な行政不服審査制度については改正の機運が盛り上がり，平成26年に行政不服審査法が全面改正されたのを機会に，同年には「行政不服審査法の施行に伴う関係法律の整備等に関する法律」（平成26年法律第69号）が定められ，国税通則法の不服審査に係る規定（第八章一節）も全面的に見直されるに至っている。

　本稿では，平成26年の法改正に至る租税不服審査制度をめぐる沿革を概観した上で，国税不服審判所の組織と運営のあり方を中心に，現在の制度における租税不服申立制度の課題と問題点を検討し，若干の将来的展望を考察していきたい。

---

(2)　「国税不服審判所の15年」と題するジュリスト特集号において，南博方教授は，審査請求人の言い分が認められたケースが，サラリーマン減税事件を除く処理件数中，第一期で48%，第二期33%，第三期30%（却下・取り下げ件数を除くとそれぞれ58%，37%，34%）に及んでいることを指摘すると共に，「審判所のフィルター効（前審機能）により，訴訟の提起が減少し，かつ，審判所段階での審査が十分に尽くされているため，裁判所の審理が容易化し，その負担軽減と裁判の促進に役立っている」と評価する（南「国税不服審判所の実績と課題」ジュリスト837号51頁）。さらに同教授は，平成5年（1993年）に発表した論文で，行政管理庁行政管理局の調査（「行政不服審査法施行状況調査」昭和43年度～昭和56年度）に依拠して，行政不服申立制度の救済率が著しく低いことを指摘し，「不服審査の組織および手続きにおけるシステムそのものに問題がある」ことを示唆する一方で，「圧倒的に数が多く，しかも救済率の高い（その当時は約20%）」国税関係事件が行政不服申立制度全体の統計数値に含まれていたことを指摘する。南「行政不服審査の理想と現実」芦部信喜先生古稀祝賀『現代立憲主義の展開（下）』（有斐閣・1993）566頁以下。

(3)　三木教授は，国税不服審判所の従来の状況について，「不十分とはいえ，第三者性が反映し，その限りで，通常の行政領域の権利救済制度よりも相対的に公正さをもたらそうとしていた領域であった」と評価する。三木義一「租税手続上の納税者の権利保護」租税法研究37号9頁。その一方で同教授は，審判の公正性・第三者性を中核とする行政審法改正の動きの中で，租税救済制度が「行政領域の中で最も遅れた領域に後退してしまった」との感想を述べている（同12頁）。

1 戦後における国税不服審査制度の沿革と展開

(1) 協議団制度の発足

戦後の租税不服申立制度の沿革を考えるに当たっては，シャウプ勧告を受けて発足した協議団制度について，まず触れる必要がある。

わが国の場合，第二次世界大戦前においても，明治23年に訴願法（明治23年法律第105号）が制定されており，「租税及手数料ノ賦課ニ関スル事件」や「租税滞納処分ニ関スル事件」についても「訴願」を提起することが認められてきた（訴願法1条）。ただし，訴願は，あくまでも行政庁内部の自己統制手段であり，執行者が同時に不服申立ての裁決を行うというたてまえに立った制度であった[4]。これに対して，シャウプ使節団の報告書は，従来の日本の租税不服申立制度について，二点について問題があることを指摘した[5]。

「所得税納税者は，更正決定に異議を申立てることを許されている現行の方法に対して二つの重要な不平を有している。第一は，高級行政官庁，また裁判所へ提訴することを許される前に納税しなければならないこと。第二に，通常異議申立は，かれの更正決定を行ったと同じ税務官吏に対してなされるから，（納税者の方から見れば）その官吏は同情をもって且つ公平な立場でその訴えに耳をかさないだろうということである。」

同報告書は，「納税者が納税せずに提訴することを一般に認めることは，日本の制度の将来の目標として，絶えず念頭に置くべきである」とした上で，「税務署内または数税務署の県単位に付属設置される特別の協議団に事件を

---

(4) 田中二郎博士は，どちらかというと訴願制度は，「行政監督の制度と相俟って，行政庁の反省を促すことによって，行政の適正な運営を確保することに主眼を置いて考える」ことに主眼を置いていたとする。田中『行政法上巻（全訂第2版）』（有斐閣・1985）232頁。

(5) シャウプ使節団日本税制報告書第Ⅱ巻219頁。福田幸弘監修『シャウプの税制勧告』（霞出版社・1985）252頁。南博方教授は，わが国の行政不服申立制度が「元来，処分庁に対する異議申立てと上級行政庁に対する訴願（審査請求）との二つから成り立っており，国税に関する不服申立においても例外ではなかった。」ことを指摘する。南博方「国税不服審判所の現状と展望」租税法研究第1号87頁。

持出すことを許されるべきである」とし，さらに次のように述べて，協議団の発足を提案した[6]。

「異議申立は，特に問題の額が余り大きくない場合には，できるだけ敏速にそして非公式に処理するため，あらゆる努力が傾注されるべきである。

　もし調査官とのこのような討議が事件を解決するに至らなければ，更に行政的考慮による手段に訴える必要がある。未解決の異議申立事件を考慮し且つ決定する機能をもつ税務官吏よりなる協議団を作ることを提案する。協議団は，税務官吏の中で比較的に有能で年長の，経験の豊富なものから選出されるであろう。……協議団はできるだけ調査官以外のものによって構成されるべきで……（納税者の）提訴は，最初の更正決定または調査の過程と関係のない全然異なった税務官吏の団体によって考慮されているということが保証されなければならない。」

この勧告に基づき，翌年の昭和25年に，「所得税，法人税，相続税，再評価税，富裕税の『異議処理機構』として」[7]協議団が設置されることになった。

(2)　行政不服審査法の制定と協議団制度

昭和37年（1962年）になされた訴願法や行政事件訴訟特例法の廃止と行政不服審査法・行政事件訴訟法の制定は，租税不服審査についても，極めて大きな影響を与えうる制度改革であった。行政不服審査法の制定に先立つ昭和36年7月の政府税制調査会答申の説明でも，「行政不服審査法案は……現行訴願法を全面的に改め，不服申立人の権利利益の救済に重点を置きながら規定の整備を図ることとしているばかりでなく，行政不服審査手続に関する基本法としてすべての行政不服申立制度を対象とするものである。」こと，および，「国税通則法における租税不服申立制度もまた基本的にはこの基本

---

(6)　シャウプ使節団日本税制報告書第Ⅳ巻D29。福田幸弘監修『シャウプの税制勧告』（霞出版社・1985）389頁。

(7)　久米眞司「国税不服審判所の概要及び特色」（国税不服審判所編『国税不服審判所の現状と展望』[判例タイムズ社・2006]所収）12頁。

第 5 章　租税不服申立制度の課題　137

法によることが当然である」旨が指摘されていた[8]。

　ところが，国税不服審査制度としての協議団制度は，そのまま存置され，制度の抜本的改革は，昭和45年（1970年）の国税不服審判所の発足に至るまで先送りをされることになった[9]。その理由の一つとして，前掲答申の説明は，以下のような記述をしている。

　「税務不服申立制度には他の行政分野における不服審査手続にみられない特異なものがあり，したがって，一般法たる行政不服審査法にどうしてもよりがたい部面については規定を国税通則法に設けて一般法の例外となることを明記することは，これまた当然許されるものであり，かつ，必要なことと考えた。たとえば，賦課の処分が大量的集中的に行われ，しかも一定の期間をおいて回帰的にそれがされること等はその特異性の著しい例である。このような特異な面について対処すべき規定を，基本法たる行政不服審査法に望むことは本来無理なことである。」[10]

　税制調査会においては，昭和43年7月の「税制簡素化についての第三次答申」で納税者の権利救済制度改善のための具体的措置が論じられ，そこにおいて国税不服審査制度の改革も取り上げられている[11]。同答申では，協議団制度が「納税者の正当な権利を救済することを通じてわが国における申告納税制度の定着と納税秩序の正常化に少なからぬ貢献をしてきた」ことに一定の評価を与えながらも，「協議団が国税局長の指揮下にあり，かつ，国税局長が協議団の議決に基づくにせよ裁決権を保持しているという形をとっ

---

(8)　昭和36年7月「国税通則法の制定に関する答申（税制調査会第二次答申）及びその説明」24頁。

(9)　前掲注（8）の答申では，「協議団の制度は，税務訴訟に特有なもので，行政不服審査法案においてもこのような制度は存しないが，事案の公平な審理を図るのに妥当な制度と認められるので，これを引き続き維持する」こととした旨を指摘する（同24頁）。もっとも，同答申では，併せて，「（協議団制度の-筆者-）設立の本旨にかんがみ，その第三者的性格を制度上明らかにする」ことや事務運営の効率化を考慮して，名称の変更や審査の裁決について「審査団の審査意見を尊重する趣旨が一層明らかになるよう規定の仕方を検討する」ことなどを提案している。

(10)　前掲注（8）答申の説明117頁。

ている以上，公正な裁決として納税者の納得を得ることが難しいという批判
がある」ことや，「協議団が執行機関である国税局長の下にある限り，個別
事案について通達と異なる取扱いをすることは困難である」ことなどから，
「協議団に代わるものとして，国税庁の附属機関として自ら裁決権を有する
国税不服審判所を設ける」提案をすることにした旨を明らかにしている[12]。

　この答申の後，昭和45年の国税通則法の改正によって，国税不服審査制
度は大きな転換期を迎えることになった。

⑶　協議団の廃止と国税不服審判所の発足

　協議団制度は，昭和45年（1970年）の国税通則法の改正で廃止され，新
たに国税に関する不服審査機関として国税不服審判所が設置された。その間
の事情としては，協議団の制度の発足以来20年を経過し，その間における
社会経済事情の変革が著しかったことや税務行政が大きく変貌したことなど
も挙げられているが，それ以上に，協議団制度に伴う欠点も種々指摘されて
いた[13]。たとえば，田中二郎博士は，当時の協議団の制度に関して，「協議
団の構成員たる協議官の身分の保障はなく，協議団の議決に拘束力もなく，

---

(11)　同答申では次のような理由から，審査請求や出訴に先立って異議申立てをする
　　制度を存置することとした。「国税に関する不服申立てが大量に，毎年度反復
　　して，しかも特定の時期に集中して行われるという性質，また，その不服の内
　　容が要件事実の認定の当否に係るものが多いこと，さらに現実において，納税
　　者の不服について簡易，迅速な救済を図るという異議申立ての目的が現行制度
　　によりかなりの程度において達成されているという事実にかえりみ，異議申立
　　ての制度は，原則として，今後も維持する」（同答申47頁）。
(12)　同答申45-6頁。その際に税制調査会は，「行政段階において税務当局から完全
　　に独立した第三者的な裁決機構」を設けるか否かについても検討を行っている。
　　税制調査会は，①わが国の憲法上の建前から租税のための特別裁判所を設ける
　　ことは許されない，②税務当局から完全に独立した準司法機関の設置について
　　は，三審級からなる司法救済に加えて「いたずらに重複の弊」を免れない，③
　　地方裁判所を省略して直接高等裁判所に出訴させることも，当時の行政，司法
　　制度のあり方から見て実現困難であろう，として，「税務当局から完全に独立
　　した第三者機関を設けることは適当でない」との結論をとっている。ただし，
　　それと同時に税制調査会は，「将来，もしわが国の行政，司法にわたる全面的
　　な制度の再検討を行なうような機会がきた場合には」，再検討をする可能性が
　　あるともしている（同45頁）。

第5章　租税不服申立制度の課題　139

また，議決そのものに対しても，決定・裁決の機関である国税庁長官・当該
国税局長の意見が影響力をもち得る」ことから，「客観的に公正な決定・裁
決機関としての信頼を得ること」の困難さがあったことを示唆している(14)。
また，国税不服審判所発足の当時税制第二課課長補佐であった内海孚氏は，
国税不服審判制度発足の経緯と国税不服審判所の性格についての説明をする
際に，国税局長の下に置かれて，協議団自身が裁決権を有しないことから主
管部からの影響を受けやすく通達により制約されることで協議団制度が批判
を受けていた事情を説明する(15)。したがって，前掲の税制調査会の第三次
答申では，①異議申立ての（前置の）制度は，原則として維持する，②審査
請求の処理機構としての協議団制度を廃止し，新たに裁決機関としての国税
不服審判所を国税庁の附属機関として新設する，③国税の不服申立期間は行
政不服審査法の建前による，等の具体的な措置が提案されていた(16)。

　このように，国税協議団時代の反省を踏まえて発足した国税不服審判所で
あったが，その一方ではしばしば「一つ穴の貉（むじな）」論で代表されるよ
うに，その独立性についてはしばしば批判の対象とされてきた(17)。

---

(13)　協議団に第三者的性格が少ないことや，通達の内容が違法又は不当であったと
　　しても納税者を救済しえないこと，さらには国税局長の裁決は，協議団の協議
　　決定または国税局主管部の審理を経て行われることになっていたが，しばしば
　　主管部の意見が採用されたことなどから，審理の公平に疑問を持たれたり人事
　　が停滞したりするなど，種々の弊害があったことが指摘されている。たとえば，
　　長谷川忠一「国税不服審判所構想管見」駒澤大学経済学部研究紀要第 27 号
　　（1969）47 頁以下，内海孚「国税不服審判制度について」税経通信 25 巻 12 号
　　62 頁，西野敏雄「国税不服審判所の運営をめぐる創設時の理念と現状の課題」
　　山田二郎先生古稀記念論文集『税法の課題と超克』（信山社・2000）559 頁以
　　下等参照。
　　　協議団創設当初は，異議申立てや審査請求の件数は，極めて高い数値を示し
　　ていたようである。（志場喜徳郎・荒井勇・山下元利・茂串俊編『国税通則法
　　精解』［昭和 55 年改訂版］（大蔵財務協会・1980）647 頁によれば，不服申立
　　ての件数は，異議申立てと審査請求を併せて 214 万 4,426 件にものぼってい
　　る）。
(14)　田中二郎「租税救済制度論－その改革をめぐって－」税務大学校論叢 1 号 21
　　頁。
(15)　内海孚「国税不服審判制度について」税経通信 25 巻 12 号 58 頁以下参照。

(4) 民主党政権下での改革

　民主党政権の下においては，プロジェクトチームを発足させて種々の税制改正に向けての討議が行われた。国税不服審判所の改革と国税の不服申立手続の見直しについては，納税環境の整備の一事項として取り上げられている。とりわけ国税の不服申立手続の見直しについては，基本的には，内閣府の行政救済制度検討チームで行われた行政不服審査法の見直しや不服申立前置の見直しの方向性を踏まえて検討する必要があった。そこで，平成23年度の税制改正大綱でも，国税不服審判所の改革について，「納税者の簡易・迅速な権利救済を図り，審理の中立性・公正性を高める観点から，行政不服審査制度全体の見直しの方向を勘案しつつ，不服申立ての手続，審判所の組織や人事のあり方について見直しを進めてい」く旨が謳われていた。

　行政不服審査法の見直しに併せた本格的改革は，平成26年の国税不服申立制度の見直しに委ねられることになったが，国税不服審査制度の観点から言えば，平成23年度の改革も注目すべき点がある。この年の改革では，納税環境整備PT（プロジェクトチーム）の報告書に基づき，国税不服審判所における審理の中立性・公正性を向上させる観点から，国税審判官への外部登

---

(16)　国税不服審判所の組織および制度については，前掲注（7）の国税不服審判所編『国税不服審判所の現状と展望』に詳しい。なお，昭和45年の国税不服審判所の発足から平成20年の国税通則法改正案提出に至る期間の国税不服審判所の状況につき，三木教授は，「行政審判からはよほど遠かったが，……一般行政の審査請求手続よりは第三者性を備えていた存在であった。」と評している（三木義一「租税手続上の納税者の権利保護」租税法研究37号9頁）。

(17)　審査裁決の審査権を国税不服審判所長がもつことにより，「国税不服審判所を執行機関から完全に切り離した」と評価する意見も見られる（たとえば，早田肇「国税通則法の改正－国税不服審判所制度を中心に」ジュリスト451号56頁以下参照）。南博方教授は，「法律上は，審判所の独立性は完全ではない」としながらも，人事権，通達発遣権，裁決指示権が濫用されたり発動されたりしたことが無い状況を指摘し，「審判所は，事実上の独立性を享有している」と評価する（南「国税不服審判所の実績と課題」ジュリスト837号52頁）。その一方では，国税不服審判所の独立性については，根強い不信と批判が寄せられてきた（手塚貴大「租税手続法の解釈と立法（三）－国税通則法改正の動向と評価」自治研究89巻10号28頁以下はこの状況を紹介する）。

第5章　租税不服申立制度の課題　141

用を拡大すること（具体的には，民間からの公募により，年15名程度採用すること，3年後の平成25年までに50名程度を民間から任用することにより，事件を担当する国税審判官の半数程度を外部登用者とすること）が方針として示された[18]。

　さらに，平成26年税制改正（平成26年3月）では，国税不服審判所長が通達の解釈をめぐって国税庁長官の解釈と異なる裁決を下す場合の取扱いについての規定（国税通則法99条）についての改正が行われている。同規定は，それまで「国税庁長官が発した通達に示されている法令の解釈と異なる解釈により裁決をするとき，又は……法令の解釈の重要な先例となると認められる裁決をするとき」は，あらかじめその意見を国税庁長官に申し出て，その指示を受けること，および，国税不服審判所長の意見とは異なって審査請求人の主張を認めない立場からの指示をする場合には，国税審議会の議決に基づき行うこととされていた。これに対して，現行の国税通則法では，同様のケースについてはあらかじめ国税庁長官に意見を通知することと共に，国税不服審判所長の意見とは異なって審査請求人の主張を認めない立場に立つときには，国税不服審判所長と共同して国税審議会へ諮問をし，国税審議会の議決に基づく裁決をするよう変更されることになった（通則99条）。

(5)　新しい租税不服申立制度を含む国税通則法の改正

　平成26年6月，行政不服審査法の改正案が成立したことにより，改正後の行政不服審査法の規定が適用されることになったが，併せて行政不服審査法の施行に伴う関係法律の整備等に関する法律（平26.6.13，法律第69号。以下「整備法」として引用）が制定され，この法律によって国税通則法の改正が

---

(18)　水野武夫「国税審査請求制度改革の意義と今後の課題」税法学574号211頁は，平成25年と平成26年の外部採用者が50名となり，実際の事件処理担当する国税審判官の約半数が外部採用者となっている事実から，これを「一定の進歩」と評する。他方では，民間登用者といっても，国税職員としての勤務後に弁護士，公認会計士，税理士等の資格を得た者も含まれていることから，「期待と現実には大きな隔たりがある」との声（三木義一「租税手続法の大改革」自由と正義63巻4号48頁）も聞かれる。
　　　この他，平成23年度の税制改正大綱では，不服申立期間の2カ月から3カ月への延長や，証拠書類の閲覧・謄写の範囲の拡大などが検討されていた。

行われた。その結果，酒税免許など，一般の行政処分と共通する処分については，一般法である行政不服審査法の規定によることとされるようになった。ただし，国税に関する処分についての審査請求に関しては，特別法である国税通則法の規定により審理・裁決をすることとされ，行政不服審査法の適用が除かれている。

　また，今回の法改正では，これまでの国税関係の不服申立制度においては原処分庁に対して行うこととされていた異議申立制度に代えて，「再調査の請求」制度が置かれることになった（通則81条以下）。それと共に，処分取消訴訟を提起する場合に従来求められていた異議申立てと審査請求のような2段階の不服申立制度の前置は必ずしも必要とされず，再調査の請求については納税者の選択に委ねられ，審査請求のみをすれば良いことになった（二審制が廃止され審査請求への一本化が図られた）。その他，従来の処分があった日の翌日から起算して原則2月以内にすることとされていた不服申立ては，3月以内に延長された（通則77条1項。不服申立期間の延長）ことや，行政不服審査法16条にならって，標準審理期間（不服申立てが到達してから当該不服申立についての決定・裁決をするまでに通常要する標準的な期間）を定めるよう努めることが求められている（通則77条の2）など，納税者の救済や便宜に配慮した改正点が見られる。

2　新制度における国税不服審判所の機能と役割

(1)　国税不服審判所の基本的性格

　国税不服審判所については，創設の当初において，その性格と機能をどのように理解すべきかに関し，かなりの議論がなされたようである。実際には，国税通則法の改正で「国税庁長官」の下に「国税不服審判所長」を置くこととされた。それと共に，大蔵省設置法（昭和24年法律第144号）の改正で同4条25号中の「協議団」を「国税不服審判所」に改め，同39条第1項を「国税庁に国税不服審判所を置く。」[19]とし，第2項を「国税不服審判所の組織，所掌事務及び権限は，国税通則法（昭和37年法律第66号）の定めるところに

よる。」と改めた。したがって，一般に，国税不服審判所は，組織的には「準司法機関」としてではなく，行政執行機関として位置づけられることになる。

ただ，機構上，国税不服審判所は国税庁の一組織ではあるが，国税不服審判所長には裁決権が与えられており，不服審判所内の合議体の議決に基づき国税不服審判所長が裁決をすることになっている。その点では，協議団の議決に基づき国税庁長官または国税局長が裁決をしていた協議団とは明らかな違いが見られ，「国税の賦課徴収を行う執行機関から分離された別個の機関」あるいは「第三者的審判機関」として，国税不服審判所を意識する向きも多くなっているのではあるまいか[20]。

このように審判所が第三者的立場に立った審判機関としての役割を果たしていることや，第三者的意識を持って審判官が審判に当たっていることについてはそれなりの評価がなされていると言える。その一方では，行政組織の一翼を担っていると同時に審判を行う二面性から，その鵺（ヌエ）的性格を問う見解が根強く残っていることも否定できない。

たとえば南教授は，創設当時，審判所が「純粋の不服審査でもなく，裁判所類似の機関でもない，そのぬえ的性格の故に協議団の二の舞になるであろうといわれた」ことを指摘する[21]。国税不服審判所15年に当たり書かれた同じ論文において南教授は，創設10周年記念講演において，審判所について「このようなぬえ的性格の制度には反対であった。」旨を述べる田中二郎博士の言葉を引用・紹介している[22]。もちろん，田中博士も，15年の歩みの中で「審判所が立派にその役割を果たしている」ことを評価し，「これで

---

(19) 国税不服審判所を国税庁に設置する場合の議論と検討状況については，座談会「国税不服審判所」ジュリスト451号29頁での早田肇氏発言に詳しい。

(20) 早田肇「国税通則法の改正」ジュリスト451号58頁，前掲注（7）国税不服審判所編「国税不服審判所の現状と展望」13頁（久米氏執筆），黒野功久「国税不服申立制度の改正」租税研究798号（2016年4月）62頁等参照。

(21) 南・前掲注（2）論文・ジュリスト837号50頁。

(22) 南・前掲論文50頁。

よい」との感想を述べるに至ったようである。南教授自身も，審判所制度を
して「わが国明治以来の不服審査制の中で成功した最初のかつ唯一の例であ
る」との高い評価を与えている[23]。

　今回の改正で，従来，「通達に示されている法令の解釈と異なる解釈によ
り裁決をするとき」や「法令の解釈の重要な先例となると認められる裁決を
するとき」には申し出て「国税庁長官の指示」を受けることとされていた国
税通則法99条は，実質的な判断を国税庁長官から国税審議会への判断に委
ねる形に変更された（国税不服審判所長と共同して国税審議会に諮問し，審議会の
議決に基づいて裁決をすることになっている。)[24]。その結果，国税不服審判所の
第三者性や独立性は，さらに強化されたと言えよう。

　その反面，「世界に類のない独自の制度」であるのかも知れないが，双面
性あるいは多面性をもつ制度には何となく胡散臭さが感じられるのであろう。
どのように制度を改正したとしても，行政組織内の機関として存在している
以上，組織の枠組みを超えることは許されない。人事の面でも，裁判所や検
察庁との交流はあるにせよ，国税関係の部局との人事交流を完全に断ち切る
ことはできないと思われる。審判所制度に全面的に信頼を寄せられない立場
の人にとっては，その胡散臭さがどうしても気に懸かるのではあるまいか。

　国税不服審判所が制度的に行政組織に属しているにせよ，運営面では，そ
の第三者性や執行からの独立性を保つべく，種々の努力を重ねていることは
否定できない。審判所がいろいろな性格をもった存在であるとしても，その
ことだけをもって，審判所の存在意義やその果たしている役割を否定するの
は早計ではなかろうか。それと共に，それぞれの人にとっての見たい側面

---

(23)　南・前掲論文50頁。

(24)　通達の法令解釈等をめぐって国税庁長官の指示が出された場合の国税審判所長
　　と国税庁長官との関係については，「（国税庁長官の）指示には国税不服審判所
　　長は従うべき」とする考え方（早田）があると同時に，指示には完全に拘束力
　　が無いことからすると，両者が一致しなかった場合の取扱いははっきりしない
　　との考え（雄川）も示されていた（前掲注（19）の座談会・ジュリスト451号
　　30頁以下における雄川，早田発言参照）。今回の改正法では，そのような場合
　　の判断もすべて基本的には国税審議会の議決に委ねることになった。

第5章　租税不服申立制度の課題　145

（あるいは見たくない側面）を見せる存在が鵺（ヌエ）であることを考えると，制度を高く評価する立場と，制度を批判する立場と，どちらの立場に立ったとしても，自分の目で見える制度の側面だけを見て判断を下しているのではないかという不安を感じざるを得ない。

(2)　国税不服審判所における審査と運営をめぐる制度と議論

（イ）　書面審理主義と口頭による意見陳述

改正法の下においても審査請求は，「審査請求に係る処分，審査請求に係る処分があったことを知った年月日（あるいは再調査決定書の謄本の送達を受けた日），審査請求の趣旨及び理由，審査請求の年月日」を記載した書面（審査請求書）を提出して行うことになっている（通則 87 条）。審査請求書を受理した国税不服審判所長は，却下する場合を除き，相当の期間を定めて審査請求の目的となった処分に係る行政機関の長から審査請求の趣旨および理由に対応する答弁書を提出させることになる（通則 93 条）。

このように審査請求が原則として書面審理主義で行うことについては，新旧制度の間に大きな違いは無い。ただし，審査請求人または参加人の申し立てにより口頭で意見を述べる機会を明確に与えることになったことは注目される（通則 95 条の 2）。

なお，松沢智教授は，自らがかつて国税不服審判所の創設期に審判官として勤務した経験に照らして，いくつかの提言を行っている[25]。その中で松沢教授は，国税不服審判所の審理方式について何ら明文規定を置いていなかった国税通則法の下でも，国税通則法 101 条が 84 条を準用していることから，「一般には書面主義を原則としながら口頭主義を併用している」と指摘する[26]。それと共に同教授は，「納税者の権利救済機関としての第三者的地位の性格を強化するため」には，「口頭主義の活発化」を図る必要があり，そのためには，審判廷の設置が必要なことを力説する[27]。十分傾聴に値す

---

(25)　松沢智「国税不服審判所の審理手続上の問題点」ジュリスト 837 号 55 頁。
(26)　松沢・前掲論文 56 頁。
(27)　松沢・前掲論文 57 頁以下。

る議論と思われる。

　さらに，松沢教授は，審判官が裁決書の作成に馴れていないことから，合議体の構成員でない分担者（審査官）に多くを委ねる傾向があることを指摘する[28]。裁判所の書記官のような有能な人材は望むべくはないとしても，今後の口頭主義の浸透と活発化に備えて，記録係や通訳者などの支援スタッフの充実が急がれるであろう。

　それらの問題と併せて，口頭審理の場に代理人（弁護士や税理士，補佐人など）の帯同がどこまで許されるかなど，今後は具体的ケースに対応した実際の処理の仕方が，多くのケースで問われる可能性も生じている。

　過去の裁判例では，審査請求の審理において原告及びその代理人から口頭意見陳述を申し立てられたのに対して，被告（国税不服審判所長）の審判官がその機会を与えずに下した裁決の違法性が争われたが，裁判所は，代理人が複数選任されている場合，その全員を口頭意見陳述の場に同席させなければならないとする明文の規定はなく，審判官が一度に同席させる代理人の人数を制限することもその裁量権の行使として許されるとして，原告の請求をいずれも棄却した事例[29]がある。新法の下での同種の事例に裁判所がどう対

---

(28)　松沢・前掲論文 59 頁。

(29)　熊本地裁平成 7 年 10 月 18 日判決・訟務月報 43 巻 4 号 1239 頁。裁判所は，審判が行われた会議室は，12 ないし 15 名ぐらいは入れる広さがあったことや，別の日に同じ場所で審査請求についての口頭意見陳述が行われたときには，代理人も含めて 11 名が全員一度に入室したことから，少なくとも会議室の広さは，本件で口頭意見陳述を希望した 9 名全員が入れる程度のものであったと認定した上で，「口頭意見陳述聴取場所が原告らの希望する 9 名を収容できる能力があるという一事から全員を入室させて右聴取を行わなければならないというものではなく，担当審判官において審査請求人らの陳述を理解し，提出された書面についての理解を補充するに有益か否か，被告側の事務処理能力，審判室の構造，収容能力等を総合的に考慮して一度に入室する意見陳述人の人数を決定することは審判官の合理的な裁量の範囲内として許されるものと解すべきであり，当該部屋の収容能力という物理的条件は決定的要因ではないというべきである。」と判示した。

　　西野・前掲注（13）571 頁は，この熊本地裁判決に関して，この事例では「手続と実体とのバランスを考えて判断すべき」とする。

第5章　租税不服申立制度の課題　147

応するのか，注目されるところである。

（ロ）　争点主義的運営

わが国の裁判例は，一般に総額主義を採用していると言われ，この点については，審査請求も同様の取扱いを受けている。

総額主義に立って判断を下した代表的な裁判例としては，最高裁（一小）昭和49年4月18日判決[30]がしばしば引用されている。同判決では，「本件決定処分は，上告人の昭和三八年における総所得金額に対する課税処分であるから，その審査手続における審査の範囲も，右総所得金額に対する課税の当否を判断するに必要な事項全般に及ぶものというべきであり，したがつて，本件審査裁決が右総所得金額を構成する所論給与所得の金額を新たに認定してこれを考慮のうえ審査請求を棄却したことには，所論の違法があるとはいえない」とし，「本件決定処分取消訴訟の訴訟物は，右総所得金額に対する課税の違法一般であり，所論給与所得の金額が，右総所得金額を構成するものである以上，原判決……の違法は認められない。」と判示した。

近時においても，審査裁決における審理の範囲が論じられた神戸地裁平成22年3月18日判決・税務訴訟資料261号順号11844において裁判所は，上記最高裁昭和49年判決を引用しながら，「国税通則法には民事訴訟法246条のように審理の範囲を当事者の申立事項に限る旨の明文の規定がないこと，審査請求人と原処分庁が対等である審理構造が採用されているわけではないこと（国税通則法95条ないし97条参照），及び，担当審判官等は審理を行うため必要があるときは職権による調査権限が認められており（同法97条），その対象は争点に関連するものに限定されていないことなどに照らすと，国税通則法の規定に基づく行政不服審判制度における審理の範囲については，原処分によって認定された総所得金額の当否を判断するに必要な事項全般に及ぶものというべきである」と判示している。

一方，「厳格な総額主義は，不服申立の自己否定につながる」との指摘[31]

---

(30)　訟務月報20巻11号175頁。この判決では，譲渡所得に審査請求外の給与所得を加算することによって原処分が維持された。

に見られるように，審判所の調査や審理が当事者の主張と立証に拘束される
とする弁論主義や，審理の範囲を当事者が提起した争点に限定しようとする
争点主義的考え方は，租税法の分野では，比較的根強く主張されている。し
かも審査請求においては，国税不服審判所が創設された国税通則法の改正に
当たり，第63回国会の参議院大蔵委員会において「政府は，国税不服審判
所の運営に当たっては，その使命が納税者の権利救済にあることに則り，総
額主義に偏することなく，争点主義の精神をいかし，その趣旨徹底に遺憾な
きを期すべきである。」との附帯決議が付された事情がある(32)。そのことな
どを受けて，国税不服審判所の審理手続上の特色として，しばしば「争点主
義的運営」が標榜されてきた。そこで，国税不服審判所の審理については，
「理論的には総額主義を基調としつつ，運営面では争点主義が採用されてい
る」(33)とされたり，「純法律論としては総額主義」で「審理のやり方として
は争点主義的な運営に努めている」(34)との説明がなされたりする所以であろ
う。

　今回の改正で，審判所の独立性はより高まったと言えるが，客観的で公正
な審理のあり方をさらに追及するならば，審判所の審理をより一層裁判所に
近づける必要がある。その具体的方策として，金子宏教授は，審理方式を原
則として口頭審理方式とすべきことと併せて，手続を原則として対審構造に
するよう提案される(35)。

　（ハ）　不服申立ての前置とその必要性

　国税不服審判所は，昭和45年の国税通則法の改正により発足したが，国
税通則法の制定と同じく昭和37年に制定された行政事件訴訟法（不服申立て
の前置については選択制を採用）の下でも，訴訟前の国税不服審査については
異議申立てと審査請求の二審制の前置が求められてきた。従来，租税法にお

---

(31)　南「行政争訟総説」『現代行政法大系4（行政争訟I）』（有斐閣・1983）18頁。
(32)　波多野弘「国税不服審査法の問題点」ジュリスト451号54頁参照。
(33)　南・前掲注（31）論文19頁。
(34)　黒野・前掲解説・注（20）63頁。
(35)　金子宏「納税環境の整備」税研154号12頁［時流］。

いて訴訟前に不服申立ての前置が求められる理由としては，①租税事件が大量かつ反復的に生じること，②訴え提起の段階で争点を整理し明確にする必要があること，③租税訴訟の多くが課税要件（事実）の認定をめぐる争いであること，などが挙げられてきた(36)。行政上の不服申立てには，納税者にとって簡易迅速な救済手段であることや，効率的な裁判所での審査に寄与するなど種々のメリットが挙げられており，訴訟の前段階において何らかの形で行政上の再チェックを経る機会を設けること，あるいはそのような制度を用意しておくことの必要性については，それほど反対する意見は無いと思われる。ただ，従来のように，全てのケースについて二段階の不服申立てを経るほどの必要性があったのかについては，検討の余地が多かったといわざるを得ない。ただし，岩﨑教授の主張(37)に見るように，租税法学者の間では，租税不服申立ての必要性を説く立場も少なくないであろう。また，金子宏教授は，裁判所への負担などが懸念されることから，前置制度自体を全面的に直ちに「実際問題としては，裁判所の処理能力の問題があるから前置主義をすぐに廃止することは困難である」ことを示唆される(38)。もっとも，前置の必要性への感じ方は，再調査や不服審査を担当する部局，担当官への信頼の寄せ方の違いによっても異なってくると思われる。

　（ニ）　審判官の構成と中立性

　平成 23 年度の税制改正では，国税不服審判所の改革問題は，当時，内閣

---

(36)　田中二郎博士は，行政争訟を前審として経ることを要求する合理的な理由の一つとして，「大量的に行われる処分であって，行政争訟によって行政の統一を図る必要があるもの」を挙げ，その例の一つに国税不服審査を挙げる。雄川一郎教授も，訴願前置制度の根拠の一つに「租税の賦課」を例として，「定期的に大量の行政行為をする場合」を挙げていた。雄川・行政争訟法（改訂版）（有斐閣・1966）。なお，前掲注（19）の座談会（ジュリスト 451 号）25 頁以下の広木重喜氏発言，渡部吉隆判事発言等参照。

(37)　岩﨑教授は，課税要件事実補足の困難性，原処分の見直し・追完や処分内容を確認する必要性，主張や争点の明確化や証拠の整理のための必要性など，多くの理由を挙げて，再調査請求前置制度の必要性を説く。岩﨑政明「租税不服審判への行政不服審査法改正の影響」ジュリスト 1360 号 18 頁以下参照。

(38)　前掲注（35）金子［時流］。

府の行政救済制度検討チームで行われていた「行政不服審査法の見直し」の方向性を踏まえて検討することとされたが，同年度の税制改正大綱で，国税不服審判所における審理の中立性・公正性を向上させる観点から，国税審判官への外部登用を拡大する方針が示され，その工程表が公表されている。それによると，①民間からの公募により，年15名程度を採用する，②3年後の平成25年までに50名程度を民間から任用する，③事件を担当する国税審判官の半数程度を外部登用者とする，ことが示されている。さらに，国税不服審判所については，内閣府・行政救済制度検討チームの検討状況を勘案しつつ，簡易・迅速な行政救済を図るとの観点も踏まえ，審理の中立性・公正性に配意して審判所の所管を含めた組織のあり方や人事のあり方の見直しについて検討を行うこととされていた。

　これらの改革が，今までより，さらに一歩，国税不服審判所を公正性と第三者性の方向に踏み出させた点では，ある程度の評価をしても良いと思われる。ただ，理想は良いとしても，適切な人材の確保などの現実的な問題に直面したときに，果たして理想どおりに事が運ぶかどうかについては，なお推移を見守る必要があろう[39]。

　（ホ）　裁決－裁判の場での行政機関の主張の制限

　裁判例において審判所の審査制度のあり方に言及した事例として，東京高裁平成18年9月28日判決[40]がある。この事例では，すし店を経営する納税者（原告・被控訴人）の所得税や消費税に係る課税処分の適法性が争われている。原審では，推計でなされた課税処分の合理性を認定するに当たって審判所が一部類似同業者の選定・入れ替えを行ったことを認定したが，控訴審では，課税庁（控訴人）から，審判所が本件裁決を行うに当たって，被告が主張する類似同業者を業態が異なるとして一部排除したことの不当性が問わ

---

(39)　国税通則法の改正に関しての特集で，山本洋一郎氏は，（税制改正大綱が示す）期待と現実には大きな隔たりがあるとする。山本「立法経緯とその教訓－本改正における日弁連のかかわり－」自由と正義63巻4号48頁。

(40)　税務訴訟資料256号順号10520

れた。

　裁判所は，次のように述べて，具体的根拠を示さず業態が異なるとする審判所の判断に事実上の拘束力を認めることには合理的な理由がない，とする控訴人の主張を退けた。

　　「国税不服審判所は，税務署長，国税局長等の税務の執行機関から独立した機関であり，法律に定められた手続を経れば国税庁長官通達に示された法令の解釈に拘束されずに裁決を行うことができ，国税不服審判所長を始め国税不服審判官等の一部が裁判官，検察官，大学教授等外部から任命されてきた実績があるというように，公平な裁決が行われるように制度設計と運用がされている側面はあるが，国税庁の附属機関であり，大多数の国税審判官等の構成員は国税庁管下の税務官署での税務行政の経験者からなり，税務行政の内，審査請求の審理裁決に当たる行政機関として，税務に関する専門知識に基づく判断をしているものであり，具体的事件の処理においては，審査請求人のみではなく原処分庁も主張を記載した書面や原処分の理由となった事実を証する書類等を含む書類を提出することができる……。このような国税庁の附属機関の税務行政機関が，専門知識と具体的事件についての原処分庁提出の主張，証拠をも検討した上で（本件においても，原処分庁である控訴人から主張を記載した書面や証拠資料が提出されている。），業態が請求人（被控訴人）と異なるとの理由を付して，特定の同業者が類似同業者として相当でないとした行政機関の最終判断に，原処分庁が不服であるからといって，同じ課税処分の裁決によって取り消されなかった部分の取消訴訟において，同じ業者を類似同業者に含めて所得または売上高の推計を行うよう主張することは，被控訴人はもとより国民一般の税務行政の統一性，一貫性についての信頼を損なうものであり，そのような主張を採用するのは相当でない。」

　この判決は，裁判所が国税庁内組織としての国税不服審判所の性格を論じると共に，審判所の判断に処分庁が従う理由を信頼面から説明した例として注目される。「国税庁の附属機関の税務行政機関」が下した最終判断という

表現には若干の違和感を覚えるが，国税不服審判所の判断が行政部内での最終判断である[41]ことを考えると，たとえその判断に不満が残るとしても，原処分庁が同一事件の訴訟において審判所の判断や理由付けと異なる主張をすることは差し控えるべきであるとする議論があっても何ら不思議ではない。ただし，判決のとる立場に対しては，裁決の拘束力の観点から批判をする考え方[42]もある。

　国税不服審判所作成の「審査請求Q＆A」によると，国税不服審判所の裁決期間は，審査請求の内容によって調査・審理に要する時間は異なるものの，平均して10ヶ月であるとされ，審査請求受理後，裁決書謄本の発送まで，原則1年以内で処理することが目標になっている[43]。

　裁判前の手続である不服審査に約1年の月日を要する点については，評価が分かれうるところであろう[44]。前述のように改正国税通則法では，「標準審理期間」の設定努力を課している（通則77条の2）が，それと共に，同法は，簡易迅速かつ公正な審理の実現のため，審査請求人，参加人及び原処分庁の審理関係人と担当審判官に対して，「審理において，相互に協力するとともに，審理手続の計画的な進行を図らなければならない」と定める（通則法92条の2）。そのほか，担当審判官は，審査請求に係る事件について，審理すべき事項が多数であり又は錯綜しているなど，事件が複雑である等の事情に鑑み，「審理手続を計画的に遂行する必要があると認める場合には」，期日や場所を指定して審理関係人を招集し，あらかじめ，審理手続の申立てに

---

(41)　前掲注（20）黒野解説63頁参照。
(42)　たとえば，小柳誠「裁決と判決の比較考察」税務大学校論叢53号195頁（210頁以下，226頁以下）は，東京高裁判決が，原処分庁が裁決と異なる判断を訴訟段階で行うことを制限している点につき，裁決の拘束力は根拠とならないことを含めて疑問を呈する。
(43)　国税不服審判所「審査請求よくある質問－Q＆A－」（平成27年10月）5頁。国税不服審判所のホームページによると，平成27年度の1年以内処理件数は，92.4％になっている（http://www.kfs.go.jp/introduction/demand.html）。
(44)　事案の内容にも拠ろうが，税務事件の複雑さや人的スタッフの状況などを考慮すると，この数値は決して悪い結果であるとは思えない。

関する意見の聴取を行うなどの審理手続の促進に関する定めを置いている（通則法 97 条の 2 第 1 項）。これらの目標を，果たしてどこまで実現しうる体制が整えられているのかについては疑問の余地があるにせよ，少なくとも審査請求人の権利救済を図る制度としての実効性を担保する制度的心構えは示されたと言えよう。

なお，国税不服審判所では，「納税者の正当な権利利益の救済を図るとともに，税務行政の適正な運営の確保に資するとの観点」から，先例となる（と国税不服審判所が判断した）裁決例を公表している[45]。国民への裁判の公開が憲法上求められている租税訴訟とは異なり，プライバシー保護等の見地から，裁決例の公表に当たって，「個人」である納税者や関係当事者名（あるいは当事者が容易に推知されうるような情報）を秘匿する必要があることはある程度やむを得ないと言わざるを得ない。ただし，ややもすると審査裁決の判断に直接関わると思われる数値・情報を含めて，時に過剰とも思われるほど，伏せ字などを用いているように感じるのは，果たして筆者だけであろうか。裁判例の場合も同様の問題が生じうるが，法人の場合には直接的にはプライバシーの問題が生じてくるわけではないので，裁決例における法人名の表示などについては，一考の余地があるように感じられる。

さらに物理的な問題もあり，一朝一夕に実現することは困難かも知れないが，裁決例は基本的には全件を公表すべきであろう。係争の結果，審判機関の熟慮を経て下された審査裁決については，その判断の適否について，国民一般の公正な評価に供するのが当然であろう。一般論からすれば，行政の仕事は，すべて国民の目に晒して，その客観的な審判・判断を経る必要がある。行政の公的判断の結果である審査裁決についても，国民の判断を全く得ないで行政の中だけで処理されるとすれば，その恣意性についての重大な疑義を生じるおそれがあるのではないだろうか[46]。

---

(45) 付言すると，国税不服審判所の裁決例は，平成 21 年分（No.78）までは裁決事例集で公表されてきたが，平成 22 年分以降は紙ベースでの公表は行わず，国税不服審判所のホームページへの掲載のみとなっている。

3 将来的課題と展望－終わりに代えて－

審判所の機能と役割に対して，将来的にどのような期待を抱くのかにもよろうが，審判所での審理手続を行政手続として構成するのか，準司法機関のような位置づけの下で司法審査手続として捉える，あるいは改組するかという基本的スタンスの違いによって，極めて大きな違いが生じることは言うまでもない。また，行政手続の一環として捉えるとしても，あくまでも後続する司法審査の前段階手続と考える場合と，制度的に自己完結する救済機関としての役割を強調する立場とでは，自ずと力点の置き方が違ってくる。

先にも述べたように，行政組織の一員である国税不服審判所は，いくら公正さや第三者性の衣をまとおうと，その基本的な立ち位置からして，鵺（ヌエ）的存在であるとの批判を免れないのではあるまいか。もちろん，筆者としても，現在の国税不服審判所が，できるだけ客観的で公正な審判機関であるべく，審理等において払ってきた種々の努力は貴重であり，そのことを多とする気持ちに変わりは無い。また，審判所が，他の国には見られない，行政組織でありながら，行政からも納税者からも公正で客観的な姿勢を貫き通し，それが成功している希なケースであることを否定するつもりもない。ただし，組織の上で徴税機関である財務省の一員である以上は，金子教授が言う「自然的正義」の原則[47]に照らしても，客観的で公正な審判機関としての評価を誰からも得ることは，実際上困難ではなかろうか。

すでに指摘されているように，行政機関でありながら公正で客観的な審判機関であり続けようとするならば，内閣府や総務省，あるいは法務省など，課税・徴税を直接担当する組織をもたない他の行政機関に所属させることも一方策ではあろうが，単に所属替えを図るだけでは，弥縫策，ないしは小手

---

(46) もっとも，当事者への影響を考慮するなど，何らかの事情で，裁決後直ちに公表することに支障があるケースも当然考えられる。行政機関の保有する情報の公開に関する法律5条の不開示情報などはその例である。ただし，情報は，本来，国民に開示されるべきであるとの前提に立てば，これらの情報も，不開示理由がなくなったときには，国民に開示され，提供されることが当然であろう。

(47) 前掲注（35）金子［時流］。

先だけの処置にとどまるような気がしてならない。

　結局，国税不服審判所の根本的方策は，アメリカの租税不服審査庁 (Board of Tax Appeals) が辿ったように，司法組織の一つである租税裁判所 (Tax Court) 化を図る他はないような気がする。租税裁判所であれば，そこに第一審の事実審理的役割を任せきることができようし，裁判外で別の審査の場を設ける必要もなくなるであろう。

　もっとも，わが国において租税裁判所を実際に発足させるとなると，かなり腰を据えて取りかからなければならない困難な作業になることが当然予想される。筆者の見るところ，最も大きな課題は，これまでの国税不服審判所が抱えてきた問題と同様，人材の確保ということになろう。とくに，ほとんどのロースクールにおいて租税法が基本科目の一つとして取り扱われ，少なくとも連邦所得税については 100% に近いロースクール出身者が学んでいるアメリカとは異なり，わが国の場合は，法律履修者の間でも租税法に馴染む人の数はそれほど多くないであろう。したがって，税務あるいは租税法の知識と経験をもつ貴重な人材源として，税務行政組織の（旧）担当者がもてはやされることにもなりかねない。そんなことになるとすれば，わざわざ租税裁判所を発足させる意味は，半減してしまうであろう。

　筆者は，以前，租税法が司法試験の選択科目となったことを引き合いに出しながら，年間 1,000 人のロースクール生が租税法を学んでくれるのではないか，そのうち，ある程度の人が租税法の知識をもって法曹界で活躍していくとすれば，将来的には一筋の光明が見えるのではないかという期待を込めて，「法科大学院時代における租税法教育」というテーマでの論文を書いたことがある[48]。将来的には租税裁判所の発足が理想ではあるが，少なくとも今の段階では，国税不服審判所には特許庁などと同様，独立的な行政審判機関として位置づけて，第一審裁判所に代わりうる準司法機関としての役割の下で活躍することを期待するのが現実的（それでも相当バーは高いが）なの

---

(48)　拙稿「法科大学院時代における租税法教育」金子宏編『租税法の発展』（有斐閣・2010）615 頁以下。

かも知れない。

　なお碓井光明教授は，オーストラリアのケースなどを参考に，租税法事例を含めて行政関係の事例を一般に審査する行政不服審判所制度のわが国への導入の可能性なども含めて総合的に研究されている[49]。たとえば，同教授は，総合的行政不服審判所制度の注目すべき点として，審理に先立ち当事者を交えて争点の整理や和解がなされることで，事件の早期解決に役立つこと，審判官の数が弾力的に定められているので事件に応じた効率的処理が可能なこと，所定の手数料の納付により少額事件の不服申立てが抑制されるフィルター効果が発揮されること，不服理由の差替えを可能にしたこと，所得金額等の査定の過大さについての立証責任は納税者が負うことなどを指摘する。もっとも，これらの注目点（改善点？）の多くは，総合的行政不服審判所を作らなければ実現できないわけではなく，今の国税不服審判所の制度においても，ある程度は制度の手直しをすることで実現できるのではないかとも思われる。

　その種の総合的行政不服審判所が設置された場合には，これまでよりも一層広い知識と経験を持つスタッフが必要とされるであろうが，碓井教授は，通常の行政系統における日常的事務処理の専門性と，不服審査の場面における「専門性」とを，同視してはならないことを指摘すると共に，行政関係の法律に親しんでいる法律家であるならば，ある程度の短期間に，個別分野の専門事項を理解する能力を養うことができるであろうし，全ての専門知識を頭に入れていることが審判官に要求されるのではなく，「専門的事項を的確に理解し処理できる能力」こそが要求される点を強調し，あるべき審判官像を描き出す。結局，碓井教授は，わが国審判所の現実を見据えて，①「専門的事項を的確に理解し処理できる能力」を備えた法曹資格者に限らない「法

---

(49)　碓井「オーストラリアの総合的行政不服審判所に関する一考察」雄川一郎先生献呈論集『行政法の諸問題（中）』87頁以下，碓井「総合的行政不服審判所の構想」塩野宏先生古稀記念『行政法の発展と変革（下）』1頁以下等参照（いずれも碓井『行政不服審査機関の研究』（有斐閣・2016）所収）。

第 5 章　租税不服申立制度の課題　157

律家」の供給，②公平・公正な裁決のために特定ポストを特定の省庁との交流ポストにすべきでないこと，③専門性の確保と経済性の確保の観点から非常勤のメンバーを認めるべきであること[50]などを提案する。その他，同教授の研究は，利用者の便宜の視点からの簡易迅速性の確保や審判所の地域的配置の問題も考察しており，きわめて示唆に富む。

　なお，地方税法の場合には，基本的に適用除外にしていないので，一般法である行政不服審査法がダイレクトに適用される構図になっている[51]。将来的には，国税と地方税の統合的租税不服審判所への改組や，国税不服審判所が国税事案と共に地方税事案の審理・処理することなども視野に入れた議論がなされ始めている。

　もっとも，今の段階で国税不服審判所から総合的あるいは統合的行政不服審判所への改組・変身は可能かと問われると，独立した準司法機関に改組する以上に難しい問題が存在すると言わざるを得ない。国税と地方税の統合的租税不服審判所への改組などに関しても，国税不服審判所の現状や人的スタッフの供給可能性（そのような制度に十分対応しうる専門的人材の確保が可能なのか，中央・地域を通じてそれぞれの必要を満たすように十分準備しうるのか）などの点を考えると，今の段階では否定的に考えざるを得ない，というのが筆者の正直な気持ちである。ただし，国税不服審判所創設後 40 数年を経て，漸くそのような前向きの議論が出てきたことにこそ，将来への展望と光明を見出すべきなのかも知れない。

---

(50)　このような考え方に対して永田理絵「国税不服審判所の存在意義と審理手続上の課題」租税訴訟 No. 6 の 40 頁は，モラルや守秘義務との関係から，非常勤職員の採用は妥当でないとする。それに対して日下文男「国税不服審判所の第三者機関としての意義」税理 52 巻 2 号 64 頁は，国税審判官の兼業禁止規定の見直しと共に，「非常勤の特別職の国家公務員」として民間人の採用を提言する。

(51)　桜井敬子教授発言「行政不服審査法の施行をめぐる諸課題」税研 185 号 4 頁参照。

租税手続の整備

第6章 行政不服審査法改正と
地方税に関する不服審査

明治大学法科大学院教授 碓井 光明

I はじめに

　地方税法（以下，「法」という。）は，固定資産税の課税のための固定資産課税台帳に登録された価格についての不服の審査について，固定資産評価審査委員会による特別の不服審査手続を設けている。それ以外の地方税の賦課決定，更正・決定等に関しては，法第1章第13節第1款「不服審査」の定めによっている。そして，同款に「特別の定め」があるものを除くほか行政不服審査法（以下，平成26年全部改正後のものを「審査法」又は「新審査法」といい，全部改正前のものを「旧審査法」という。）の定めるところによるとしている（法19）。したがって，地方税に関する不服審査は，審査法の影響を直接に受けている面が多い。また，固定資産評価審査委員会についても，審査申出期間の延長など，平成26年全部改正の考え方に連動する形で改められた部分がある[1]。

---

(1)　要点は，宇賀克也「行政不服審査法全部改正と地方税」税研31巻2号58頁（2015年）及び岩﨑政明「行政不服審査法改正の地方行政への影響——特に地方税務における対応方法——」地方税67巻6号2頁（2016年）にほぼ尽くされている。

国税と地方税とを比較した場合の大きな違いは，地方税に関しては審査法の骨格に依存することが多いのに対して，国税の場合には，国税不服審判所という特別の審査機関が存在していること，それに関係して，審査法5条が例外的に位置づけている再調査の請求が採用されていること（通則法81以下）である。したがって，地方税に関しては，再調査の請求[2]の定めがなく，2段階の不服審査構造とはなっていないのである。

法19条の2から19条の10までが，法19条にいう「特別の定め」である。それらのうち，審査請求期間の特例を定める19条の4，審査請求と徴収金の賦課徴収との関係を定める19条の7，差押動産等の搬出制限を定める19条の8及び不動産等の売却決定等の取消しの制限を定める19条の10は，国税に関する規定（徴収法171，172，173，通則法105）と横並びの規定であるので，地方税固有の論点があるとは思われない。

法19条は，審査請求の対象とする処分を8号にわたり列挙し，さらに，「前各号に掲げるもののほか，地方団体の徴収金の賦課徴収又は還付に関する処分で総務省令で定めるもの」（九）という委任規定を置いている。これを受けた法施行規則1条の7が21号にわたる「処分」を列挙している。

このような構造において，省令を含めた列挙に該当しない処分については，法は，何ら定めていないので審査法の規定が全面的に適用されると解されている[3]。したがって，不服審査との関係において，法19条に該当する処分であるか否かは，あまり意味がない。法19条は，むしろ，取消訴訟の提起につき審査請求前置を定める法19条の12に連動している点こそが重要である。

以上の仕組みからすれば，審査法自体の検討を中心とすれば足り，地方税固有の論点は，あまりないように見える。しかし，敢えて問題を発掘して，

---

(2) 審査法の再調査の請求は，手続面において，審査法の特色である審理員による審理主宰や行政不服審査会等への諮問などの審査請求に関する規定を準用しないとされるなど（審査法61参照），審査請求よりも簡易なものになっている。

(3) 地方税務研究会編『地方税法総則逐条解説』（地方財務協会，2013年）529頁。

検討を試みたい。検討の骨格となるのは，地方税に関する不服審査について，本稿のⅢ及びⅣにおいて扱う審理員及び諮問機関をいかに扱うかにある。

Ⅱ　行政不服審査制度改正と地方税の不服審査

1　「審査請求」への一本化と法 19 条の 2 の存在する意味

旧審査法の下において，「処分庁に上級行政庁がないとき」には，異議申立てによる原則であった（6一）。したがって，市長が行った賦課決定処分についての不服申立ては市長に対する異議申立てであった。新審査法は，異議申立てを廃止して「審査請求」に一本化した。その結果，市長の行う賦課決定処分については，市長に対して審査請求をすることになる。不服を審査する審査庁が市長であることにおいては，新審査法も旧審査法と異なるものではない。

しかしながら，「審査請求」への一本化によって，審理の手続においても微妙な違いが生ずることになる。旧審査法下の異議申立てにあっては，弁明書の提出の手続は存在しなかった（48 条カッコ書きによる審査請求の場合の弁明書提出の規定の適用除外）。それは，処分庁自身が審査をするのであるから，処分庁が「処分庁に対して弁明書の提出を求める」ことが不自然であることによったのであろう[4]。

これに対して，新審査法においては，審理の主宰者である審理員と審査庁とが審理手続において分離されていることもあって，「審理員は，相当の期間を定めて，処分庁等に対し，弁明書の提出を求めるものとする」という条項（29②）は，処分庁等[5]が審査請求の審査庁となっている場合にも適用され，旧審査法下と異なる扱いとなる。これにより，処分庁等が審査庁となる場合であっても，審査請求をした納税者は，弁明書に記載された事項に対し

---

[4]　もっとも，制度としては，「異議申立書を受けた異議審理庁は，異議申立人に対して処分庁として弁明書を送付することができる」のような条項を設けることもできたのに，敢えてそのような仕組みを採用しなかったといえよう。

て反論書を提出することができる（30①）。この点は，微妙な違いのように見えるが，上級行政庁を有しない地方団体の長が処分庁となることの多い地方税に係る不服審査にあっては，その審理の実効性を確保する観点からするならば，極めて重要な仕組みとして評価することができると思われる。

　次に，法19条（及びその委任に基づく法施行規則1条の7）に限定列挙されている処分について適用される規定のうち，徴税吏員がした処分についての「みなし規定」である法19条の2について確認しておきたい。法3条の2の規定により，地方団体の長が委任した場合に，支庁，地方事務所，市の区の事務所，市の総合区の事務所又は税務に関する事務所に所属する徴税吏員がした処分については，その者の所属する支庁等の長がした処分とみなし，その他の徴税吏員がした処分については，地方団体の長がした処分とみなすこととされている。

　旧審査法においては，直近上級行政庁に審査請求することとされていたので，たとえば指定都市の区役所に属する徴税吏員のした処分については，区長のした処分とみなされる結果，区長の直近上級行政庁たる市長に対して審査請求をすることができた。新審査法にあっても，最上級行政庁たる市長に対して審査請求をするのであるから，この場面において，審査請求先の決定の視点からは，みなし規定を置くことの意味はほとんどないといえる。なお，たとえば指定都市の区長のした処分については，区長も「市の区の事務所」に所属する職員である以上，「支庁等の長」たる区長のした処分とみなすことにより処分庁の変動を生じさせるわけではないので，不服審査法の改正にかかわりなく，特に意味はないといってよいであろう。

　意味のあるのは，審査法による審理手続において，「処分庁等」として，

---

(5)　「処分庁等」とは，処分庁及び不作為庁をいう（審査法4一）。「処分庁等が審査庁である場合」の特別な定めとして，審査法29条1項ただし書がある。審理員が審査庁から指名されたときは，審査請求書又は審査請求録取書の写しを処分庁等に送付しなければならないとする原則に対して，「この限りでない」としている。これらの書面本体が審査庁に提出されていることを前提にするならば，当然のただし書というべきである。

第6章　行政不服審査法改正と地方税に関する不服審査　163

弁明書を提出する（29③），口頭意見陳述の際に申立人の質問を受ける（31⑤），当該処分の理由となる事実を証する書類その他の物件を提出する（32②），などの場面である。

　なお，法19条の2による「みなし」は，処分についてのみであるから，不作為には及ばないと解される。旧審査法においては不作為庁に対する異議申立て又は不作為庁の直近上級行政庁への審査請求のいずれかを選択することができたので（7），区役所の徴税吏員の不作為については，不作為庁に対する異議申立てと直近上級行政庁たる区長に対する審査請求のいずれかを選択できた。これに対して，新審査法は，異議申立てを廃止し，不作為についても，処分に対する審査請求と同様に，最上級行政庁に対してする「審査請求」（4四）のみであるから，区役所の徴税吏員の不作為についても市長に対して「審査請求」をすることになる。そして，区役所の徴税吏員は，不作為庁として弁明書の提出をするなどの立場に置かれる。

2　審査請求前置主義存置の評価

　行政不服審査法の全文改正に合わせて，多くの法律の審査請求前置主義が廃止された。しかし，地方税に関しては，国税の場合と同様に審査請求前置主義が維持されている（法19の12）。本稿は，審査請求前置主義存置の是非を論ずることはしない。重要なことは，審査請求前置を要求するからには，適法な審査請求を受けた審査庁は，真摯に審査請求に理由があるか否かを迅速に審査しなければならないことである。もしも，審査請求前置を訴訟要件としつつ，審査請求について真摯な審査がなされないとするならば，権利救済の障害ともなりかねない(6)。

　このような観点から見た場合に，審査請求について公正で真摯な審査がな

---

(6)　租税事件に関しても，審査請求をするか否かは自由選択とすべきであるとの主張は，しばしば見られた。たとえば，竹下重人「不服申立て前置制度の現実的機能」法学博士中川一郎先生生誕80年記念『税法学論文集』（税法研究所，1989年）161頁。

されるよう制度面及び運用面の手当てがなされなければならない。法を審査法に当てはめようとする場合の問題点を摘出しながら，次の項目において検討することとしたい。

3　地方税の賦課徴収に関する処分の位置づけ

　以下の検討に際して，大きな意味を持つのが，地方税の賦課徴収に関する処分が，「法律若しくは政令に基づく処分」であるのか，「条例に基づく処分」であるのか，という点にある。

　旧審査法との関係において直接に述べたものではないが，行政手続法の規定のうち第2章（8条を除く）及び第3章（14条を除く）を「地方税に関する法令の規定による処分その他公権力の行使に当たる行為」について適用しないと定める法18条の4第1項に関して，権威ある地方税法の解説書は，法2条及び法3条を掲げたうえで，次のように述べている。

　　「地方団体は地方税法に基づき地方税の課税権を持つが，具体的な課税のしかたは地方税法の定める範囲内で条例で定めることとされており，条例が地方税の課税の根拠となる。したがって，地方税の賦課徴収に関する処分及び届出の根拠は条例に置かれており，行政手続法の規定は適用されないことになる。」[7]

　さらに，次のように述べている。

　　「地方税に関して国（総務大臣）が行う処分については，国税と同様に理由附記が必要となった一方で，地方団体が行う処分に関する手続については，前述のとおり行政手続法が適用されず，各地方団体の行政手続条例において規定されることから，地方団体における理由附記の実施については，国税の取扱いを踏まえた各地方団体の適切な判断に委ねられているものである。」[8]

　この考え方は，法3条1項が「地方団体は，その地方税の税目，課税客体，

---

(7)　地方税務研究会編『地方税法総則逐条解説』前掲注3)，522頁-523頁。
(8)　地方税務研究会編・前掲書524頁。

第 6 章　行政不服審査法改正と地方税に関する不服審査　165

課税標準，税率その他賦課徴収について定をするには，当該地方団体の条例によらなければならない」と定めているのは，賦課徴収に関する処分について，たとえ法律に定めがあっても，条例で定められて初めて納税者との関係における根拠規定となるという解釈を前提にするものである。そして，行政手続法の規定が適用される処分としては，軽油引取税に係る元売業者の指定（法 144 の 7）が挙げられているにすぎない[9]。筆者は，従来は，迷いつつも，行政手続法 3 条 3 項との関係において，地方税の賦課徴収に関する処分は，「法律に基づく処分」と考えてきたのであるが，それが条例で定める課税要件の充足を前提にする処分であること（課税要件規定との連動性）に鑑みて，「条例に基づく処分」と考えるに至った。

　不服審査の場面においても，同様に解することができるのであろうか。この点の解釈は，後に検討する各場面において意味を発揮することがある。

　法第 1 章第 13 節は，「不服審査及び訴訟」と題され，その第 1 款には，「不服審査」として，審査法との関係をはじめとする複数の条項が置かれている。

　法 19 条は，次のように定めている。

　　「地方団体の徴収金に関する次の各号に掲げる処分についての審査請求については，この款その他この法律に特別の定めがあるものを除くほか，行政不服審査法（平成 26 年法律第 68 号）の定めるところによる。

　　一　更正若しくは決定（第 5 号に掲げるものを除く。）又は賦課決定

　　二　督促又は滞納処分

　　（以下，略）」

　また，第 2 款には，「訴訟」として審査法との関係，審査請求と訴訟との関係など 4 箇条が置かれている。これらのうち，19 条の 11 は，「第 19 条に規定する処分に関する訴訟については，本款その他この法律に特別の定めがあるものを除くほか，行政事件訴訟法（昭和 37 年法律第 139 号）その他の一

（9）　地方税務研究会編・前掲書 524 頁。

般の行政事件訴訟に関する法律の定めるところによる。」と定めている。そして，19条の12は，「第19条に規定する処分の取消しの訴えは，当該処分についての審査請求に対する裁決を経た後でなければ，提起することができない。」として，審査請求前置主義を定めている。

このような条項において，条例に更正・決定，賦課決定及び滞納処分などの根拠を定めた場合に限り，すなわち，条例の規定を媒介にして初めて法の規定が実質的な意味を発揮するとする解釈はいかにも不自然である。地方団体の長の行う賦課決定，更正・決定等をもって，不服審査との関係において，法律に基づく処分ではなく「条例に基づく処分」であるとする解釈は，やや行き過ぎた「地方税条例主義」依拠論であると思われる。

旧審査法5条1項2号は，「条例に基づく処分」について，条例に特別の定めがある場合には，処分庁に上級行政庁がない場合でも審査請求の途があることを意味する規定であったが，おそらく，この規定の活用可能性は，ほとんど意識されていなかったであろう。しかし，「条例に基づく処分」であるとする解釈がまったく成り立たなかったと断定することはできないし[10]，何よりも，行政手続との関係において，それに依拠した運用がなされてきた事実があることにも留意しなければならない。

にもかかわらず，行政手続と行政不服審査とにおいては，条例に基づく処分についての扱い方の実際上の意味ないし広がりの違いがあることに注意する必要がある。条例に基づく処分に係る行政手続に関しては，行政手続法46条の努力義務規定を参照しつつも，条例がフリーに制度設計できるのである。行政手続法の水準よりも充実した手続とすることもできるし，軽減した手続とすることもできるのである[11]。さらに，極端に言えば，行政手続に関する条例を制定しないことも可能なのである。これに対して，行政不服審査にあっては，「条例に基づく処分」について，たとえ一部弾力的な扱い

---

(10)　碓井光明『地方税の法理論と実際』（弘文堂，1986年）258頁−259頁（原論文は，「地方税関係争訟の法理（7・完）」自治研究60巻4号79頁，80頁−81頁（1984年））。

が認められるとしても，審査法の大きな傘の下にあることに変わりがないのである。かくて，法 19 条各号の処分は，「条例に基づく処分」ではないと解釈したい。ただし，法 19 条 9 号の委任に基づく法施行規則 1 条の 7 第 5 号に登場する「減免に関する処分」などは，法及び法施行令に見当たらないので，「条例に基づく処分」と見るほかないと思われる。

Ⅲ　審理員・諮問機関

1　審　理　員

　新審査法の特色は，審理員制度及び諮問機関の制度の採用にある。この両者の運用上の最大のポイントは，審理員や諮問機関の構成員に，特別の資質ないし専門性を求めるか，求める場合に，いかなる資質・専門性を求めるか，にある。

　審理員は，審査請求の争点を正確に理解し，かつ審理員意見書を作成しなければならないという側面において，地方税事案の場合は地方税に関する相当程度の知識を必要とする（地方税に関する法的知識）。同時に，公正な審理を行うことが担保される人材であること（公正な手続による審理を行える資質）が必要とされる。後者の観点においては，公正に審理を進める手続に関する素養を有することと並んで，外部から公正さについての疑念をもたれないことが重要である。地方税に係る審査請求事件の場合は，処分庁が審査庁とされる場合が多いことに鑑みると，外部から見た公正さの点においては，常勤職員に比べて，非常勤の職員の方が望ましいといえる。常勤職員は，長を頂点とする点において，税務部門の判断を覆すような審理員意見書を書くことには慎重にならざるを得ないし，まして税務部門の行政経験者は，誰の目か

---

(11)　地方団体は，実際には，行政手続法にほぼ準じた行政手続条例を制定し，かつ，税条例において，国税通則法 74 条の 14 に準じて適用除外を定めている。したがって，申請に対する処分についての理由の提示，不利益処分についての理由の提示の定めは，適用除外とされていない。

ら見ても明らかな単純なミスは別として，税務部門のとってきた方針を尊重せざるを得ないと考えるのが普通である。審査法の規律は，公正性を担保するには不十分なものといわざるを得ない[12]。審査法は，審理を担当する者の「見える化」を図ったといえるが，それ以上のことは，不確実であって[13]，運用に左右される面が大きいと思われる。

　実際に審理員指名候補者とされている地方団体の審理員のメンバー構成を見ると，違いが見られる。

　まず，神奈川県は，5名の審理員候補者で，そのうち2名は非常勤の法曹有資格者，3名は庁内の他の所属から税や生活保護関係の裁決事務の経験のある常勤者を政策法務課に異動させて指名したという。そして，各審査請求事件については，それぞれ法曹有資格者1名と常勤者1名とを充てるという[14]。すなわち，公正な手続の遂行と個別行政分野の知識・経験との双方を考慮していると理解することができる。ただし，常勤者について，審理員には原処分関与者を指名してはならない旨の規定（審査法9①一）に，「実質的に」抵触しないように留意しなければならない。また，審理員意見書の作成に当たり，常勤者がリードすることのないように運用しなければならない。

　次に，横浜市は，弁護士5名を非常勤で審理員候補者としているという。この場合に個別行政分野の特性に対して配慮しているのか否かは明らかではない。この方法によれば，審理員自体についての原処分関与者の排除は徹底されるが，審理員意見書の作成に当たっては苦労も予想される。たしかに，同市の税務部門には地方税に通じた常勤職員がいるであろう。また，審理員の主宰する審理事務を補佐する職員の中に税務部門経験者も含まれるであろう。しかし，審理員が審理員意見書を作成する際に，そのような常勤職員に依存することは審査法の精神に反するであろう[15]。この点が横浜市方式に

---

(12)　碓井光明『行政不服審査機関の研究』（有斐閣，2016年）316頁。阿部泰隆「改正行政不服審査法の検討（三）」自治研究91巻5号3頁（2015年）を参照。
(13)　碓井光明『行政不服審査機関の研究』前掲316頁。
(14)　神奈川県のホームページによる。
(15)　碓井光明『行政不服審査機関の研究』前掲注12），318頁以下。

第6章 行政不服審査法改正と地方税に関する不服審査 169

おいて，運用上最も留意すべき点である。

　最後に，大阪府は，端的に原処分を最もよく理解できる常勤職員をもって審理員候補者としている。「税務局の担当事務に係る法令（条例，規則等を含む。）に基づく処分又は当該法令に基づく申請に対する不作為」については，税務局税政課の「課長補佐（税務企画グループ企画・審理担当）にある職員」及び「主査（税務企画グループ）にある職員（法規主任にある職員を除く。）」としている。これらの職員は，原処分に直接関与していないという理解に基づくものであるが，同じ税務局のなかの職員であること（いわば身内の者であること）をいかに評価すべきか，微妙なところがある。

　結局，いずれの方法もリスクを抱えているが，大阪府の運用方法は，最もリスクの大きい方法である。

　ところで，仮に，先に述べた地方税の賦課徴収に関する処分は「条例に基づく処分」であるとする解釈によるときは，審査法9条1項ただし書の「条例に基づく処分について条例に特別の定めがある場合」には「この限りでない」，とする条項の適用の可否が問題になる。もし，この条項を使えるとするならば，条例に「特別の定め」を置くことによって審理員を置かないこともできることになる。

　この条項を置いた趣旨は，「地方自治の尊重」にあるとされている[16]。

　この点に関して，立法担当者が想定したのは，情報公開条例や個人情報保護条例による手続がある場合のことであって[17]，「単に審理手続を簡略化す

---

(16)　小早川光郎・高橋滋編『条解　行政不服審査法』（弘文堂，2016年）75頁（執筆＝大橋真由美）。

(17)　宇賀克也ほか「鼎談　行政不服審査法全部改正の意義と課題」行政法研究7号1頁（2014年）において，大野卓氏は，情報公開請求等に関して，「インカメラ審理等により情報公開・個人情報保護審査会が直接に争点となっている行政文書等を検分し，開示の可否を客観的に判断するものであり，審理員を指名して手続を行わせる現実的必要性が認められないという整理で」適用除外にしている旨の発言をしている（31頁）。IAM＝行政管理研究センター編『逐条解説　行政不服審査法』（ぎょうせい，2016年）79頁も，情報公開条例に基づく処分について，「地方公共団体の情報公開審査会が諮問を受けて実質的な審理を行っている場合など」を例示している。

るために特別の定めを条例に求めることは改正行審法の趣旨に照らして不適
切である」とし，条例に特別の定めを置く場合には，「それについての合理
性が存在することが厳に求められることになるであろう」[18]とする見解があ
る。とするならば，地方税の賦課徴収に関する処分について適切な人材を確
保できないというような消極的理由で審理員を置かないことは立法趣旨に反
するであろう。

　「条例に基づく処分」に関して，諮問機関の審議の仕方について加重的な
定めを置くことにより，審理員を置かないことの合理性を説明できるのかも
しれない。道府県単位等の広域の地方税不服審査会を設置し，そこにおいて
実質審査[19]を行う仕組みを採用することによって，その区域内の小規模な
地方団体が審理員を置かないで済むという方向も考えられようか。

　かくて，「条例に基づく処分説」のメリットは認められるが，筆者として
は，現段階においては，前述したように地方税の賦課徴収に関する処分は，
そもそも法律に基づく処分であると解して，条例に特別の定めを置くことに
よる適用除外は許されないと解釈しておきたい。

2　地方団体における諮問機関

　審査法 43 条 1 項は，審査庁は，審理員意見書の提出を受けたときは，審
査庁が地方公共団体の長である場合にあっては，同法 81 条 1 項又は 2 項の
機関に諮問しなければならないとしている。審査法 81 条 1 項の方式は，執
行機関の附属機関として，諮問機関を常設する方式である（常設型諮問機関）。
これに対して，同条 2 項の方式は，同じく執行機関の附属機関ではあるが，
事件ごとに設置する方式である（随時型諮問機関，臨時型諮問機関）。常設型諮

---

(18)　小早川光郎・高橋滋編『条解　行政不服審査法』前掲注 16)，75 頁（執筆＝大
　　橋真由美）。
(19)　宇賀克也ほか「鼎談　行政不服審査法全部改正の意義と課題」前掲注 17)，31
　　頁において，大野卓氏は，「第三者機関に諮問し，その調査審議を経るだけで
　　は審理員制度を適用除外とする理由としては不十分という整理」であるとして
　　いる。

問機関は，国の行政不服審査会と同様に部会を設けることはできるにしても，地方公共団体が複数の常設型諮問機関を設けることは，意識的には想定されていないように見える。

　しかし，不服審査案件が多く，地方税事件が大きな割合を占めている地方団体にあっては，常設の諮問機関の中に，地方税部会を置くこともあり得よう[20]。

　ところで，審査法43条1項2号との関係において，重要な解釈問題がある。同号は，「裁決をしようとするときに，他の法律又は政令（条例に基づく処分については，条例）に第9条第1項各号に掲げる機関……の議を経るべき旨又は経ることができる旨の定めがあり，かつ，当該議を経て裁決をしようとする場合」を掲げている。この場合には，審査法による行政不服審査会等への諮問を要しないとしている（43①）。地方公共団体の行政手続条例に基づく処分についての情報公開審査会（あるいは，個人情報保護条例に基づく不服事案に関する案件の諮問も受ける情報公開・個人情報保護審査会）は，審査法9条1項3号の定める地方自治法138条の4に定める審査会として位置づけられるものである。したがって，審査法施行後においても，審査法81条1項又は2項とは別個に，情報公開審査会（あるいは情報公開・個人情報保護審査会）は，独自に存続させることができる。

　個人番号制度が活用されるようになると，国税の所得税は課税されないが個人住民税は課税される納税者が増加することも考えられる。それに対応して，これまで固定資産税を除いて，ほとんど不服審査を想定する必要のなかった市町村が，これまでより多数の不服審査案件を抱える事態も考えられる。

---

(20)　神奈川県の行政不服審査会は，3部会制であるが，部会に専門性を持たせる旨は公表されていない。なお，田中孝男『自治体法務の多元的統制』（第一法規，2015年）261頁は，審査法81条の機関は，常設型であっても総合的な機関として設置しなければならないものではないとし，審査請求の対象処分の分野ごとに設置することもあり得るとして，都道府県では，生活保護の審査請求の審査会とその他の分野の審査会とを別に設置することが妥当ではないか，と述べている。

また，道府県税には，完全に国税又は市町村税との連動になるものが多いのであるが，それでも不動産取得税があるほか，法人事業税に関して外形標準部分が強化されているなかで，道府県が固有に対応しなければならない事項が増えている[21]。こうした状況において，それなりに専門性の高い地方税事件について，他の審査請求事案と共通の常設諮問機関に諮問することがいいのか，それとも租税専門の諮問機関を設置すべきかが問題となる。この点，国税に関しては，国税不服審判所制度によって広くカバーされているのに対して，地方税に関しては，固定資産の評価に関する不服審査を別にすれば，他は，基本的に審査法の手続によることとなる。

　そこで，地方税に関する地方団体の長の処分が，行政手続法との関係における位置づけと同様に，審査法43条1項2号の「条例に基づく処分」といえるならば，条例により「地方税に関する審査請求に係る諮問機関」（「地方税不服審査会」）を他の一般の諮問機関と別個に執行機関たる長の諮問機関として設置できることになる。この点は，「条例に基づく処分説」の一つのメリットである。もっとも，「条例に基づく処分説」によらなくても，大規模地方団体は後述のような部会方式により，また小規模地方団体は随時型諮問機関方式の活用によって，実質的には同様の運用を図ることができる。したがって，「法律による処分説」をとることの支障は生じないといえる。

Ⅳ　地方税に関する諮問事案への対応

1　問題の所在

　前述したように，地方税の不服審査事件の処理には，相応の専門性がある。したがって，諮問機関の設置に関して，専門性にどの程度配慮する必要があるかという問題がある。その際に，諮問機関の構成員にいかなる専門性を求

---

(21)　神奈川県の税務関係審査請求の件数は，平成24年度20件，25年度24件，26年度22件であったという（平成28年度第1回神奈川県行政不服審査会配布資料8による）。この件数をどう見るかは，人により評価が分かれるであろう。

第6章　行政不服審査法改正と地方税に関する不服審査　173

めるかということによって，答えも分かれるであろう。

　一般論として，諮問機関の構成員に専門的知識を求めるか，どの程度の専門的知識を求めるかについては，異なった理解がある(22)。地方税特有の専門性を期待するのか，それとも審理が適正に行われたか否かを公正な立場からチェックすることができるという専門性でよいと考えるのか，という視点の違いがある。もしも，公正な審理がなされたか否かのチェックに重点があるとするならば，地方税事案であるが故の専門性を求める必要性はないといえよう。しかし，当該分野に係る専門性が明らかに要求される分野の不服審査がある。情報公開・個人情報保護に関する不服審査に係る諮問機関にあっては，行政機関情報公開法（情報公開条例）及び行政機関個人情報保護法（個人情報保護条例）に関する実体的専門的知識を有する構成員の存在が不可欠である。地方税や生活保護の分野にあっては，審理員の審理手続の公正さを判断できる専門性に加えて，同様に実体的専門知識を要する構成員の存在が求められるように思われる(23)。

　以下，地方税特有の専門性に着目する考え方で検討を進めることにする。

　この意味の専門性を求めるとするならば，不服審査案件が多く，地方税事件が大きな割合を占めている地方団体にあっては，常設の諮問機関の中に，地方税部会を置くこともあり得よう(24)。他方，随時型諮問機関方式であるならば，当該審査請求事案に最も適した人からなる諮問機関を構成することが可能である。また，前述のように「条例に基づく処分説」によれば，地方税専門の諮問機関を設置することが可能である。

　専門性の問題と関連して，もう一つの問題点がある。それは，地方税に関する不服申立ての件数は，地方団体によって大きな違いがあることである。

---

(22)　碓井光明『行政不服審査機関の研究』前掲注12)，328頁を参照。

(23)　このことは，非専門家を排除する趣旨を含むものではない。阿部泰隆「改正行政不服審査法の検討（三）」前掲注12)，21頁は，裁判員並に素人参加を認めるべきであるとしている。

(24)　神奈川県の行政不服審査会は，3部会制であるが，部会に専門性を持たせる旨は公表されていない。

総務省行政管理局による，平成 26 年 4 月 1 日から 27 年 3 月 31 日までの期間についての調査結果[25]によれば，次のような数字が示されている。

政令指定都市にあっては，地方税法に関する異議申立ては 255 件，審査請求は 111 件であった。地方税案件を含む旧審査法に基づく異議申立て，審査請求及び再審査請求を併せた全不服申立て件数は，多い順に大阪市 828 件，岡山市 235 件，名古屋市 161 件，京都市 151 件，横浜市 127 件と続き，少ない順に，新潟市 10 件，相模原市 12 件，浜松市 13 件，静岡市 17 件であった。

県庁所在市にあっては，地方税法に関する異議申立ては 89 件，審査請求は 7 件であった。地方税案件を含む旧審査法に基づく異議申立て，審査請求及び再審査請求を併せた全不服申立て件数は，多い順に青森市 35 件，長野市 21 件，高知市 17 件，前橋市 14 件であり，少ない順に，松江市 0 件，秋田市・甲府市各 1 件，山形市 2 件，金沢市・山口市各 3 件であった。

他の市区にあっては，地方税法に関する異議申立ては 554 件，審査請求は 44 件であった。地方税案件を含む旧審査法に基づく異議申立て，審査請求及び再審査請求を併せた全不服申立て件数は，多い順に東京都内 743 件，福島県内 338 件，大阪府内 212 件，愛知県内 156 件と続き，少ない順に福井県内 1 件，宮崎県内 2 件，石川県内・島根県内・香川県内各 3 件となっている。

町村にあっては，地方税法に関する異議申立ては 49 件，審査請求は 2 件，税条例に関する異議申立ては 3 件であった。地方税案件を含む旧審査法に基づく異議申立て，審査請求及び再審査請求を併せた全不服申立て件数は，多い順に福岡県内 20 件，愛知県内 17 件，栃木県内・埼玉県内各 13 件であり，少ない順に岩手県内・山形県内・新潟県内・富山県内・山梨県内・島根県内・愛媛県内・大分県内・宮崎県内各 0 件，秋田県内・茨城県内・群馬県内・福井県内・岐阜県内・兵庫県内・山口県内・熊本県内各 1 件，東京都内・京都府内・広島県内各 2 件であった。

以上の数字からいえることは，地方団体によって，不服申立て件数に大き

---

(25)　総務省『平成 26 年度における行政不服審査法等の施行状況に関する調査結果　－地方公共団体における状況－』（平成 27 年 12 月）。

第6章　行政不服審査法改正と地方税に関する不服審査　175

な開きがあることである。したがって，不服申立て件数の極端に少ない地方
団体が，諮問機関の設置についてどのような対応をすべきかという課題があ
ることがわかる。

2　独任制諮問機関の許容性

諮問機関についての検討に際して，前提として，諮問機関は合議制でなけ
ればならないのかという点を確認する必要がある。筆者は，国の行政不服審
査会に相当する役割を果たす諮問機関であるから，当然に合議制であると即
断してきたのであるが，斎藤誠教授は，諮問機関につき，「形式的には，機
関を独任制の機関として1人の委員が審査手続を行い，あるいは複数委員の
合議体による審査事件を限定することも可能である」とする解釈を展開して
いる。その根拠は，審査法81条が，同法67条から72条までの規定を準用
していないことに求めている[26]。

たしかに，地方自治法138条の4は，附属機関を合議制に限る旨を明示し
ているわけではない。もしも，この解釈に依拠するならば，随時型諮問機関
とし，かつ1名で構成することにし，個別審査請求事案に最も適した者1名
を任命することも考えられる。たとえば，不動産取得税の「不動産の取得」
をめぐる不服を扱う場合には，その問題に最も通じている識者を，固定資産
税の非課税規定該当の有無が争点となっている場合は，それに最も通じてい
る識者を，各1名任命して諮問すればよいのである。斎藤誠教授は，外部
性・独立性は，独任制によっても確保可能であり，「附属機関における職権
行使の独立性は，合議制か独任制かを問わず，条例の規定により一定の水準
を担保することができる」と述べている[27]。とするならば，小規模な地方
団体こそ，以下に述べるような地方団体間の協力方式を模索する必要はない

---

(26)　小早川光郎・高橋滋編『条解　行政不服審査法』前掲注16），376頁（執筆＝
　　　斎藤誠）。
(27)　小早川光郎・高橋滋編『条解　行政不服審査法』前掲注16），377頁（執筆＝
　　　斎藤誠）。

ともいえる。審査法81条1項が,「執行機関の附属機関」としたことは,結果的に,地方団体の裁量を広く認める趣旨を含意していることになる。しかも,同条2項が随時型方式の採用を許容していることによって,選択の柔軟性が倍加されているのである[28]。

3 諮問機関に関する地方団体間の協力

　諮問機関が地方税に関する行政処分の実体的な違法・不当の点についての意見を求められることが想定されているとするならば,合議制機関方式による場合に,他の一般事件を含めた包括的な合議制機関への諮問では心配がある。かといって,小規模な市町村が個別に専門性を有する租税事件に対応できる委員構成の合議制機関を設置することには,人材の確保を含めて困難がある。このような状況に対して,どのように対処すべきであろうか。

　先に紹介した独任制について,筆者は,これまで気づいていなかったのであるが,斎藤誠教授の指摘に接して,その方式が違法であると断定するだけの自信はない。しかし,複数の委員の合議により慎重な判断をすることは,やはり重要なことであろう。合議制諮問機関を選択する前提の場合には,地方団体間の協力方式が考えられる。代表的な協力方式について触れておこう。

　第一に,合議制機関の共同設置である。機関の共同設置について定める地方自治法252条の7第1項は,地方自治法138条の4第3項に規定する附属機関についても共同設置が可能であるとしている[29]。審査法81条1項による合議制諮問機関も,共同設置が可能である[30]。したがって,恒常的に諮

---

[28] これに対して,常設型で独任制を採用することは,各種の行政に通ずる万能の者が想定できない以上,相当難しいかもしれない。

[29] 情報公開・個人情報保護審査会の共同設置の例として,宮崎県西都市,高鍋町,新富町,西米良村,木城町,都農町及び宮崎県東児湯消防組合の例がある。

[30] 松本英昭『新版　逐条地方自治法　第8次改訂版』(学陽書房,2015年) 1266頁。共同設置の実例として,鳥取県行政不服審査会(倉吉市を含む16市町村,8一部事務組合,3広域連合及び鳥取県による共同設置),熊本広域行政不服審査会(熊本市を含む12市町村による共同設置),愛知県尾三地区行政不服審査会(日進市,東郷町,豊明市) などの例がある。

問があるとするならば，審査法 81 条 1 項による常設型諮問機関を共同で設置することもよいであろう。その場合には，道府県と市町村が共同して道府県単位の合議制諮問機関を設置することも考えられる。他方，地域によって，実際には，それほど審査請求案件が発生しないこともある。そのような場合に，理論上は審査法 81 条 2 項による事件ごとの諮問機関（随時型諮問機関）の設置も考えられる。しかし，合議制諮問機関を事件ごとに共同設置するだけのメリットは，あまりないといわなければならない。筆者のこれまでの合議制機関への参画の経験からして，日ごろから委員同士の意思疎通があってこそ，「いざというとき」に円滑に案件を処理できるものである[31]。常設の機関として設置し，諮問案件がない場合にも，判例や他の地方団体の審査請求事案を検討するなど，「いざというとき」のための準備をしておくことが望ましいと思われる。常設であっても，委員自身は非常勤であるので（自治法 202 の 3②），それほど行政コストがかさむわけではない。

第二に，前述のような事情に鑑みるときには，複数の市町村が，それぞれ，共通の委員により構成される合議制の機関を設置しておいて，事件のあった都度，当該合議制機関に諮問することが考えられる。要するに，個別の市町村が合議制機関を設置するのであるが，委員は複数の市町村共通という方式である。このような方式は，情報公開・個人情報保護条例の実施に当たり採用された実例がある[32]。

第三に，地方自治法 252 条の 14 の規定による事務委託の仕組みを活用することも可能であると解されている[33]。同条 1 項は，「普通地方公共団体は，協議により規約を定め，普通地方公共団体の事務の一部を，他の普通地方公

---

(31) この点は，地方自治法 251 条による自治紛争処理委員の経験者の意見を参考にしたいところである。

(32) その典型は，長崎県市町村振興協議会が市町村支援事業として行っているもので，審査会委員を地区（県南地区，県北地区）ごとに選任して統一し，審査会の開催日を協議会が統一して協力し実施している。

(33) 総務省行政管理局行政手続室『第三者機関の設置・運営に係る Q＆A 集』（平成 27 年 8 月）3 頁の問 6 に対する答。

共団体に委託して，当該他の地方公共団体の長又は同種の委員会若しくは委員をして管理し及び執行させることができる」と定めているので，委託を受けた地方公共団体において受託事務を管理・執行するのは，「長又は同種の委員会若しくは委員」という執行機関である。したがって，正確には，諮問機関の事務の委託ではなく，「諮問機関設置事務の委託」というべきであろう。実際にも，事務委託が活用されている(34)。最近設立されている，広域連合若しくは一部事務組合たる地方税滞納整理機構のなす処分について，当該広域連合若しくは一部事務組合が県に委託することも可能である(35)。

　以上述べてきた方式の選択と異なるレベルの論点として，合議制諮問機関設置の事務のうち，地方税に係る合議制諮問機関設置事務のみを分離・分割して，その事務を共同設置なり事務委託の対象にできるかということも検討されてよい。すでに述べたように，地方税に関する地方団体の長の処分が，審査法43条1項2号の「条例に基づく処分」といえるならば，条例により「地方税に関する審査請求に係る諮問機関」を他の一般の諮問機関と別個に執行機関たる長の諮問機関として設置できることになる。その解釈によらなくても，審査法81条1項の附属機関設置の事務は分割することの可能な事務と考える余地が十分にあるように思われる。

　以上から，県単位で「……県地方税不服審査会」のような機関を共同設置し，あるいは県に設けられる「……県地方税不服審査会」に県内市町村が事務委託することによって，県を単位とした諮問機関の活用が可能となる(36)。

---

(34)　たとえば，神奈川県に対しては，平成28年4月1日に，県下の14の町村，7組合及び広域水道企業団が行政不服審査会の事務を委託した。同じく，秋田県に対しては，平成28年4月1日に，秋田市を除く県下の24市町村及び7一部事務組合の合計31団体が行政不服審査会の事務を委託した。

(35)　これに対して，広域連合たる長野県地方税滞納整理機構や静岡地方税滞納整理機構は，県に委託することなく，独自に3名の委員により構成される行政不服審査会を設置している。

(36)　岩﨑政明「行政不服審査法改正の地方行政への影響──特に地方税務における対応方法──」前掲注1)，5頁は，このような趣旨をアイデアとして提示している。同論文7頁においては，「行政経済の観点」にも言及されている。

V 固定資産・不動産の価格に関する不服の審査

1 固定資産の価格に関する不服の審査

　固定資産評価審査委員会の設置，同審査委員会への審査の申出，争訟方式の排他性（434②）などの基本的仕組みは，今回何ら改正されていない。なお，同委員会の審査については，新審査法の柱である審理員（9①等）及び合議制の機関への諮問（43）のいずれも必要とされない。法433条11項の準用規定に含まれていないことによるものである。ちなみに，準用条項は，24条，27条，29条1項本文，2項及び5項，30条1項及び3項，32条，34条から37条まで，38条（6項を除く）39条，41条1項及び2項，同条2項（審理手続を終結した旨の通知に関する部分に限る），44条，45条1項及び2項，50条1項（……），51条1項から3項まで並びに53条の規定である。準用する場合には，細かな読替え規定が用意されている（法433⑪後段）。法は，審査法の特則という考え方ではなく，法において完結的に定めることを基本に，審査法の一定の条項を準用するという考え方に立っているといえる。準用条項のうち，審査法50条1項に注目する必要がある。すなわち，準用により，審査決定書には，主文，事実の概要，審査申出人の主張の要旨及び理由を記載しなければならない。

(1) 行政不服審査法の全部改正に合わせた審査申出期間の改正

　審査申出期間について，行政不服審査法の全部改正に合わせて，従前の60日から3月に改正された場面が多い。

　① 登録価格に関する審査の申出

　固定資産の価格等のすべてを固定資産課税台帳に登録した旨の公示の日から納税通知書の交付を受けた日後3月（従前は60日）。

　② 法419条に基づく知事の勧告を受けて市町村長が修正した価格についての審査申出

　修正して登録した旨の公示の日から同日後3月（従前は60日）までの間。

法 420 条の更正に基づく納税通知書の交付を受けた者にあっては，当該納税通知書の交付を受けた日後 3 月（従前は 60 日）以内。

③　価格が登録されていないことを発見した場合等に決定等された価格についての審査の申出

課税台帳に登録された旨の通知を受けた日から 3 月（従前は 60 日）以内。

⑵　固定資産評価審査委員会の審理方式と一般の審査請求の審理方式との比較

固定資産評価審査委員会は，原則は書面審理で，審査を申し出た者の求めがあった場合は口頭により意見陳述の機会を付与することとされている（法 433②）。この点においては，審査法 31 条 1 項本文と同じである。しかし，審査法においては，口頭意見陳述に際し，申立人は，審理員の許可を得て，処分庁等に対して質問を発することができる（31 条 5 項）。これに対して，法 433 条には，審査法 31 条 5 項を準用する定めがないので，質問の権利はない。では，質問の権利の定めがなくてよいのであろうか。

固定資産評価審査委員会においては，次の二つの手続がある。

一つは，審査申出人は，市町村長に対して，当該申出に係る主張に理由があることを明らかにするために必要な事項について，書面で回答するよう書面で照会できることである（法 433⑤）。この照会の権利は重要と思われる。争点明確化機能をも有する制度である[37]。

もう一つは，固定資産評価審査委員会は，「審査のために必要があると認めた場合においては」，審査申出人及び市町村長の出席を求めて公開による口頭審理を行うことができることである（法 433⑥）。ただし，法の文言にも示されているように口頭審理を実施するか否かは，固定資産評価審査委員会の判断に委ねられている[38]。しかし，完全な自由裁量に属するものではないと解すべきである[39]。

---

(37)　固定資産税務研究会編『固定資産税逐条解説』（地方財務協会，2010 年）526 頁。

(38)　固定資産税務研究会編『固定資産税逐条解説』前掲 529 頁。

第6章　行政不服審査法改正と地方税に関する不服審査　181

　口頭審理においては，訴訟の場合と似て，審査委員会の審査長の指揮の下に，口頭により攻撃防御をすることができる。そこで，口頭審理において，審査申出人が市町村長等（固定資産評価員が典型）に対する質問をすることができるかどうかが法解釈上問題となる。法433条11項の準用条項に含まれていないとして質問権を否定する説，審査法の精神を汲んで固定資産評価審査委員会においても質問権があるとする説，それを認めるか否かは，市町村の固定資産評価審査委員会条例若しくは個別の固定資産評価審査委員会の規程により定めることができるとする説などがあり得る。総務省関係者は，まず，市町村長側が評価方法，計算根拠等を明らかにし，これに対する審査申出人の反論の陳述の機会を付与し，その後審査申出人と市町村側との「対質」を行うという見解のようである(40)。

　「対質」の用語の使い方が問題になる。民事訴訟規則は，証人尋問において，裁判長は，必要があると認めるときに，「証人と他の証人との対質」を命ずることができるとし（118条），また，当事者尋問として，「裁判長は，必要があると認めるときは，当事者本人と，他の当事者本人又は証人との対質を命ずることができる」としている（126条）。前記見解は，審査委員会の主導の下に，民事訴訟における当事者本人相互間の対質に類する手続を認める趣旨であろう(41)。

---

(39)　固定資産税務研究会編『平成28年度版　要説固定資産税』（ぎょうせい，2016年）272頁は，「この裁量権は決して無制限ではなく，審査委員会の手続を定めた趣旨から，口頭審理を開き，当事者に対質の機会を与えることが求められると認められるような特段の事由がある場合には，口頭審理が開かれるべきものであると解される」と述べている。

(40)　固定資産税務研究会編『平成28年度版　要説固定資産税』前掲272頁-273頁。

(41)　川越市固定資産評価審査委員会条例8条2項や福岡市固定資産評価審査委員会規程12条3項は，「委員会は，必要があると認める場合においては，関係者相互の対質を求めることができる」と定めている。このような対質は，国家公務員に係る「不利益処分についての審査請求」（人事院規則13-1）59条の認めるところであり，地方公務員の不利益処分手続に関しても，同様に解され（橋本勇『新版　逐条地方公務員法　第4次改訂版』（学陽書房，2016年）885頁），実際にもそのように運用されている（たとえば，東京都「不利益処分についての審査請求に関する規則」57条）。

一般に口頭審理手続の方が「口頭による意見陳述の機会」よりも充実した手続と理解されているが，固定資産の評価方法に関する知識・能力において，固定資産評価員と審査申出人との間に大きな落差があることを考えるならば，審査委員会の求めや命令という審査委員会の主導による「対質」ではなく，法433条2項に審査申出人の質問権を明文で付加することが望ましいと思われる[42]。

(3) 審査申出人の範囲

固定資産評価審査委員会にあっては，審査申出人は，「固定資産税の納税者」に限られているので（法432①），借家人や借地人は，審査の申出をすることができないと解されている[43]。審査法が「処分に不服がある者」に審査申出適格を認めているのに比べて限定的である。固定資産税・都市計画税額を賃借人の賃料に加算するという約定のあるような場面を考えると，借家人・借地人にも審査申出の資格を認めるべきであろうか。

2　不動産取得税の不動産の価格についての不服審査

不動産取得税の課税標準は，不動産の価格である（法73の13①）。そして，不動産取得税の課税標準となるべき価格の決定について，法は，固定資産課税台帳に登録されている不動産については，当該価格によるとしている（73の21①本文）。他方，道府県知事は，価格が登録されていない不動産又は同条1項ただし書の「特別の事情」があって登録価格により難いときは，固定資産評価基準によって価格を決定するものとしている（73の21②）。この場合の価格の決定についての不服は，価格決定のみを独自に争いの対象にするのではなく，不動産取得税賦課決定に関する審査請求における不服事由として争うことになる。

---

(42)　立法例として，建築基準法94条4項は，建築審査会の行う口頭審査に関しては，審査法31条5項も準用しているので，審査会の許可を得て，処分庁等に対して質問を発することができる。

(43)　昭和27・9・10自丙税発第19号自治庁税務部長回答。固定資産税務研究会編『固定資産税逐条解説』前掲注37)，515頁。

第6章　行政不服審査法改正と地方税に関する不服審査　183

そこで，次のような問題がある。固定資産税の場合は，価格の決定に関する不服について固定資産評価審査委員会という第三者的合議制機関の審査を受けられるのに対して，73条の21第2項による不動産取得税に係る不動産の価格の決定については，第三者的合議制機関の審査ではなく，知事に対する審査請求によるほかはないことになる。旧審査法に比べて審査法は，手続を拡充したので，それでよいと考えるのか，それとも別の仕組みを考えるべきであろうか。立法論として，当該不動産の所在地の市町村固定資産評価審査委員会に対する審査の申出制度を創設することが考えられる。審査に要する費用の負担が問題となるが，家屋の新築の際の評価事務に関して市町村と都道府県との分担関係が事実上行われていることにも鑑みると，費用負担の問題は，このような制度構築の決定的障害にはならないであろう。法が，不動産を取得した者に対して，不動産の取得の事実等に関する申告又は報告の義務を課し（73の18①），しかも，その申告又は報告は不動産所在地の市町村長を経由しなければならないとしたうえ（73の18②），その経由事務として送付又は通知をする際に，市町村長は，当該不動産の価格その他当該不動産の価格の決定について参考となるべき事項を併せて通知するものとして（73の22），市町村長との協力関係を法定していることも参照されるべきである。

VI　地方税に関する不服審査機関の設置方式の検討

1　不服審査機関等の共同設置の法的可能性

　地方税に関する不服審査機関は，通常の場合は，地方団体の長である。審査法は，審理員制度を導入した（9）。審理員は，審理を主宰したうえ，審理員意見書を作成し審査庁に提出することとされている（42）。審理員意見書が裁決の案としての機能を事実上果たす場合もあることを考えると，それに相応しい能力を備えた審理員を置くことが重要なことはいうまでもない。さらに，長が審査庁として審査請求の審査・裁決をするには，審理員のみなら

ず，裁決をする審査庁の補助職員にも審査能力のある職員を用意しなければならない。ところが，地方税事案には，法の構造の複雑さ（その中には，住民税や事業税のように国税に関する法に関する知識を要する場面もある）もあって，審査請求事案が微妙な法解釈を要することも少なくない。

　そのような地方税に関する審査請求事案について適切な審査・裁決をするのに，まず，複数の地方団体が不服審査機関及びその補助職員を共同設置することが可能なのかを確認する必要がある。

　まず，地方自治法252条の7第1項には，執行機関のうちでは，「委員会若しくは委員」が含まれているものの，「長」は含まれていない。したがって，「長の共同設置」ということはあり得ないのである。もしも，審査庁たる立場は，審査法により長に付着している地位であることを強調するならば（審査庁＝長一体説），長から審査庁たる機関を分離して，「審査庁たる立場の長」を共同設置することもできないと解されることになろう。「審査庁＝長一体説」をとるべきかについては，後に再度検討しよう。

　なお，「長の事務を補助する職員」は，前記の共同設置の対象とされている。したがって，補助職員の共同設置は法的には可能であるが，審査請求に対する審査・裁決についての長の事務のみを補助する職員の設置となれば，共同設置する地方団体の数及び規模によっては，その事務量に照らすならば，常勤職員とすることは行政コストの観点から困難であろう。同一の構成団体が監査事務局職員を共同設置し，同時にその職員が審査請求事務の補助職員としての職務を兼務するというような方法があり得るにしても，実効的な事務処理体制がとれるのかどうか不明確である。

2　不服審査事務の委託

　審査法は，「公正な手続の下で広く行政庁に対する不服申立てをすることができるための制度」を希求している（1①）。このような理想に鑑みたときに，地方税に関する不服審査機関について，現行法の下においても工夫する余地があるように思われる。新審査法の制定に合わせて多くの法律が審査請

第 6 章　行政不服審査法改正と地方税に関する不服審査　185

求前置主義を廃止したが，法は，審査請求前置主義を存続させている（19 の
12）。それだけに公正な審査請求の審査を確保する工夫が望まれる。公正な
審査・裁決を実現するには，可能な限り処分庁からの距離を置く機関をして
審査機関とすることが要請されると思われる。そのための一つの方策として，
事務の委託方式が考えられる。不服審査事務も地方公共団体の事務である以
上，地方自治法による事務の委託の対象になるかどうかを確認しておきたい。

　同法 252 条の 14 第 1 項は，「普通地方公共団体は，協議により規約を定め，
普通地方公共団体の事務の一部を，他の普通地方公共団体に委託して，当該
他の普通地方公共団体の長又は同種の委員会若しくは委員をして管理し及び
執行させることができる」と定めている。この委託がなされた場合には，
「当該事務の管理及び執行に関する法令中委託した普通地方公共団体又はそ
の執行機関に適用すべき規定は，当該委託された事務の範囲内において，そ
の事務の委託を受けた普通地方公共団体又はその執行機関について適用があ
るものとし，別に規約で定めをするものを除くほか，事務の委託を受けた普
通地方公共団体の当該委託された事務の管理及び執行に関する条例，規則又
はその機関の定める規程は，委託した普通地方公共団体の条例，規則又はそ
の機関の定める規程としての効力を有する」（252 の 16）とされている。この
ような仕組みにおいて，審査請求の対象となる賦課徴収等に係る処分権限と
審査請求の審査・裁決権限とを切り分けて，後者のみを委託することが可能
なのであろうか。

　従来から，公平委員会の事務を県の人事委員会に委託することが広く行わ
れている。これは，地方公務員法 7 条 4 項が，独自に「公平委員会を置く地
方公共団体は，議会の議決を経て定める規約により，公平委員会を置く他の
地方公共団体と共同して公平委員会を置き，又は他の地方公共団体の人事委
員会に委託して次条第 2 項に規定する公平委員会の事務を処理させることが
できる」と定めているのに対応したものである。そして，同法 8 条 2 項の定
める公平委員会の事務には，「職員に対する不利益な処分についての審査請
求に対する裁決をすること」（二）も含まれている。この公平委員会の事務

の委託にあっては，地方公共団体における事務の簡素化・合理化の要請の下に定められているので[44]，委託元の地方公共団体に公平委員会を設置しつつ，同時にその権限のうちの一部のみ（たとえば，審査請求に対する裁決の事務のみ）を取り出して委託すること（委託される権限と残存する権限との併存）は想定されていないと思われる[45]。

　このような解釈との関係で，委託対象事務に関して，法による地方団体の長の事務（権限）を包括的に考えなければならないのか，それとも審査請求に対する審査・裁決の事務（権限）のみを取り出して委託することもできるのか，については慎重な検討が必要である。

　まず，「行政庁」は，個別法により決まることであり，したがって，本来の審査請求先である最上級行政庁も，同様に個別法により決まる。したがって，最上級行政庁として審査庁となる立場は，賦課徴収に係る処分権限を有する長の立場とは異なる次元のものであるという考え方が登場するであろう（「行政処分権限と審査・裁決権限との分離説」）。そうであるとすれば，行政処分権限を長の下に置きつつ，審査・裁決の事務のみを委託することができることになる。

　これに対して，最上級行政庁たる長に付着している審査請求の審査・裁決の事務は，法に審査法を当てはめて導かれる事務であり，賦課徴収に係る処分権限が長に付与されていることと連動する事務である。このような仕組みにおいて，法に基づく賦課徴収に係る事務と審査請求の審査・裁決の事務とを分離させて，後者のみを他の地方団体の長に委託することは許されないという考え方があり得る。前述した「審査庁＝長一体説」である。固定資産評価審査委員会設置事務のように独立の事務として法が定めている場合とは異なるというわけである。

　筆者は，今まで，「審査庁＝長一体説」によらざるを得ないように考えてきた。法律によるならば，審査庁と長との分離を図ることができるが，地方

---

(44)　橋本勇『新版　逐条地方公務員法　第4次改訂版』前掲注41)，105頁。
(45)　橋本勇『新版　逐条地方公務員法　第4次改訂版』前掲注41)，112頁。

団体が自主的に，長から審査庁たる立場の分離を図ることはできないという考え方であった。そして，現在においても，たとえば，町長の有する町民税に関する審査請求についての審査・裁決の事務を知事に委託することはできないと考えている。

　しかし，次に述べる合議制不服審査機関を条例によって設置することができるという解釈をとるときは，また，別の論じ方ができるように思われる。

3　条例による合議制不服審査機関の設置

　法によれば，賦課徴収に関する処分権限は，ほとんど地方団体の長に集中しているといってよい。しかも，地方団体の長の上級行政庁は存在しない。したがって，審査法を適用するならば，ほとんどの処分についての不服申立ては，地方団体の長に対する審査請求ということになる。しかし，どんなに公正な手続を採用したとしても，処分庁が審査庁として審査請求の審査・裁決をする仕組みにおいては，処分に明白な誤りがある場合は別として，一般に救済の可能性は薄いと思われても仕方がない。ところが，地方税に関する処分については，審査請求前置主義が採用されているのである。そこで，処分庁から独立した審査・裁決機関の設置の可能性について模索することが必要であろう[46]。

　では，地方団体の長の行う処分に係る審査請求について審査・裁決をする合議制の機関を，地方団体が独自に設置することが許容されるのであろうか。審査・裁決をする機関は，地方自治法上の執行機関であって，附属機関ではないので，執行機関法定主義に反して許されないとする解釈が，総務省関係者，有力な学説においても，支配的である[47]。かくて，この説によれば，

---

(46)　金子宏『租税法　第二十一版』（弘文堂，2016年）962頁は，「不服申立前置主義をとった場合の不服申立制度は，国民の権利保護の要請に十分にこたえうるものでなければならない。第1には，不服申立制度を，行政監督の制度としてではなく，明確に権利保護の制度として位置づける必要があり，これとの関係で，第2に，不服申立の審査は，処分行政庁から独立した機関によって行われる必要がある」と述べている。

条例に基づく処分であることを肯定しても，条例により合議制の審査・裁決機関を設けることは許されないことになる[48]。

また，審査法4条は，「審査請求は，法律（条例に基づく処分については，条例）に特別の定めがある場合を除くほか，次の各号に掲げる場合の区分に応じ，当該各号に定める行政庁に対してするものとする」として，その第1号に上級行政庁がない場合を掲げている。審査法との関係において，地方団体の長のなす地方税の賦課徴収に関する処分は，「法律」に基づく処分であって，「条例に基づく処分」ではないと解する立場（本稿における筆者の立場）からは，条例において審査庁に関し特別の定めをすることは許容されないと思われる。

しかし，筆者と異なり地方税の賦課徴収に関する処分は「条例に基づく処分」であると解する見解に与するときは，さらに進んで，合議制の審査・裁決機関を設置できるかどうかを検討する必要がある。そして，筆者は，審査法4条1号は，条例に基づく処分についての審査庁として合議制の審査・裁決機関を設けることも許容していると解している[49]。このような審査法4条1号に関する筆者の解釈と地方税の賦課徴収に関する処分をもって「条例に基づく処分」と解する説（それは筆者の説ではない）とを結合させるならば，地方税の賦課徴収に関する処分についての審査請求を審査し裁決する合議制の機関を設置することが可能となる[50]。

仮に，このような解釈テクニックを駆使して，合議制審査機関の法的可能

---

(47)　碓井光明『行政不服審査機関の研究』前掲注12），293頁以下（原論文・地方自治793号9頁以下）を参照。そこで紹介したように，情報公開条例に基づく処分について，合議制の審査・裁決機関ではなく，諮問機関たる情報公開審査会を設けることとされたのは，主として執行機関法定主義が支配していることによるものであった。

(48)　この点については，旧審査法時代に，簡単に論じたことがある。碓井光明『地方税の法理論と実際』前掲注10），258頁以下（原論文は，「地方税関係争訟の法理（7・完）」前掲注10），80頁以下）。

(49)　碓井光明『行政不服審査機関の研究』前掲注12），286頁，305頁（原論文は，碓井光明「条例による第三者的行政不服審査機関の設置について」地方自治793号2頁，18頁（2013年）。

第 6 章　行政不服審査法改正と地方税に関する不服審査　189

性をめぐる問題点をクリアーしたとしても，諮問機関は合議制に限られると
いう解釈による場合には，政策的当否の問題を生ずる。不服審査機関が合議
制の委員会構成とされている場合には，審査法 43 条による諮問機関への諮
問を要しないのであるが（43①三），地方団体に対する審査請求のうち地方税
案件に関してのみ諮問を要しないこととしても，他の審査請求案件との関係
においては，依然として諮問機関が必要とされるのである。別系統の審査請
求の処理であるので，合議制の地方税不服審査機関と合議制の諮問機関とを
併存させることは，論理的に矛盾するものではないが(51)，制度化に当たっ
ては，住民に対して十分に説明して理解を得る必要がある。

4　都道府県単位の地方税不服審査機関設置等の検討

　前述のように，針の穴に糸を通すような難しい解釈論を結合させて，個別
の地方団体が合議制の審査・裁決機関を設置できると仮定するならば，一定
の範囲の地方団体が，地方自治法 252 条の 7 を活用して，共同で地方税に関
する合議制の審査・裁決機関を設置できることになる。その結果，「……県
地方税不服審判所」のような審査・裁決機関を設置することも法理論として
不可能なことではないことになる。

　しかし，難しい解釈論の展開よりも，審査・裁決機関の共同設置を可能と
する立法的対応こそが検討されるべきであると考える。

　立法的対応といえば，筆者は，かつて，地方税に関する不服審査機関を都
道府県単位で設置すること，さらに，国税に関する不服審査とともに地方税
に関する不服審査をも扱う租税審判所を国に設置することを試みに提案した
ことがある(52)。人事を考えると都道府県単位よりは，国レベルの租税審判

---

(50)　行政コストを考慮に入れた場合に，合議制の機関の構成員たる委員は非常勤と
　　　し，その補助職員は当該地方団体の常勤職員で他の機関の職員（たとえば，議
　　　会事務局職員とか監査委員事務局職員）と兼ねることが考えられる。

(51)　そのことは，たとえば，都道府県が都市計画法に基づき開発審査会という合議
　　　制の不服審査機関を有しつつ，一般の審査請求に備えて合議制の諮問機関を有
　　　することを見れば明らかである。

所の方が望ましいというのが筆者の考えである[53]。地方分権の主張が強まり，司法権でさえ地方公共団体固有のものを認めるべきであると主張される時代[54]に逆行する制度であると批判されるかもしれないが，「当・不当」の有無の審査の問題があるにせよ，模索してみる価値はあるように思われる[55]。ただし，その際に，行政組織としてどのように位置づけるかなど，派生的な問題がネックとして登場するおそれがあることは覚悟しなければなるまい。

Ⅶ　その他の論点

最後に，その他の論点について触れて本稿を閉じることにしたい。

第一に，行政不服審査法の全部改正によって，直接に影響を受けることではないが，国税の確定行為と連動する地方税に関しては，間接的に国税に関する不服審査の仕組みが影響することを指摘しておきたい。

法人住民税法人税割は，法人税額又は個別帰属法人税額を課税標準として課する道府県民税及び市町村民税であって（法23①三，292①三），法人税の

---

(52)　碓井光明『地方税の法理論と実際』前掲注10），265頁-266頁（原論文は，「地方税関係争訟の法理（7・完）」前掲注10），88頁）。

(53)　碓井光明『行政不服審査機関の研究』前掲注12），120頁において，当該審判所の中において昇進を行えるだけの「規模の利益」を発揮させるべきである，と述べた。この筆者の見解を肯定的に受け止める見解として，中村芳昭「地方税不服申立制度の特徴と改革の課題－行政不服審査法改正案を契機として」税63巻11号4頁，18頁（2008年）がある。

(54)　地方公共団体の司法権の議論は，必ずしも最近に限られるわけではない。肯定学説については，田中孝男「自治体総合行政不服審査機関の設置構想──政策法学の視点から」法政研究73巻3号393頁，401頁以下（2006年）を参照。なお，そこに掲げられている以外の肯定説として，渡邊榮文「ローカル・オンブズマン－地方自治体における三権分立の確立？－」アドミニストレーション12巻3・4号151頁，163頁（2006年），鴨野幸雄「地方政府の憲法理論」大津浩編『地方自治の憲法理論の新展開』（敬文堂，2011年）30頁，44頁以下などがある。

(55)　碓井光明『行政不服審査機関の研究』前掲注12），120頁-121頁を参照。

第6章　行政不服審査法改正と地方税に関する不服審査　191

附加税である。そして，道府県知事又は市町村長は，申告額が法人税に関する法律の規定によって確定された法人税額（＝確定法人税額）と異なることを発見した場合には更正し，申告のないときは法人税額により決定するものとされている（法55①・②，321の11①・②）。ここにおいて，知事又は市町村長は，自らの調査によって更正・決定をなすことができるが，「法人等が申告納付すべき確定法人税額については，その確定法人税額を調査によって確認のうえ，そのままの額を決定すべきものであって，自ら法人税額を独自に計算し，増額し又は減額して更正し，又は決定することはできない」(56)と解されていることに注意したい。とするならば，法人税割に関する限り，確定済みの法人税についての減額がなされない限り，知事又は市町村長の更正・決定に不服を申し立てても，空振りになる可能性がある。この空振り状態を招かないようにするには，先ずは，法人税に関する不服申立てをすることにならざるを得ない。そして，裁決により法人税について減額がなされたときは，明確な根拠規定を見出すことはできないが，法人税割の基礎となる法人税額についての国の税務官署の更正を受けたことにより過大となったときは更正の請求ができるとしている法53条の2及び321条の8の2を類推適用して，法人税割について更正の請求ができると解釈したい（更正の期間制限との関係については，法17条の6第3項3号を参照）。国税不服審判所の裁決の拘束力によって説明することは，知事又は市町村長が「関係行政庁」といえるか疑わしく，無理であろう。

　法人事業税所得割の課税標準の算定方法は，法人税の課税標準である所得の計算の例によることとされている（法72の23①一）。「所得の計算の例によって算定する」とは，「法人税の課税標準である各事業年度の所得の計算方法と同じ方法によって法人事業税の課税標準である各事業年度の所得を算定するということ」(57)であるとされている。不服申立ての場面は，更正・決定である。法は，法人税の更正・決定等による「所得割の基準課税標準」と異

---

(56)　自治省税務局編『住民税逐条解説』（地方財務協会，1996年）494頁。
(57)　自治省府県税課編『事業税逐条解説』（地方財務協会，1995年）173頁。

なることを発見した場合には，それにより所得割の更正をすることとしている（72の39①）。自主的な更正・決定もあるが（72の39，72の39②），法人税の更正・決定があった場合になされた法人事業税所得割の更正・決定について，その是正を求めるには，法人住民税の場合と同様に法人税の更正・決定を争わなければならないとする考え方がある。国の税務官署による更正・決定を受けたことを理由とする更正の請求制度（法72の33の2）の存在も間接的ながら，根拠になろう。

　以上から，法人税の更正・決定を受けてなされた法人住民税法人税割及び法人事業税所得割については，法人税に関する不服申立てをしなければならない原則であると解される[58]。行政不服審査法改正の国税に及ぼす影響は，これらの地方税についても反射的に受けるのである。これに対して，自主調査課税の場合は，地方税の更正・決定を独自に審査請求の対象とすることによって目的を達することができる[59]。

　第二に，国民健康保険税に関する審査請求のあり方である。

　審査法は，「公正な手続の下」に行政不服の審査をすることを志向している。この観点から見た場合に，国民健康保険税に関する不服審査のあり方が気になるところである。国民健康保険料に関しては，都道府県に設置される国民健康保険審査会が審査請求の審査に当たるのに対して，国民健康保険税

---

(58)　裁判例も含めて，碓井光明『地方税の法理論と実際』前掲注10），227頁以下（原論文は，「地方税関係争訟の法理（5）」自治研究60巻1号51頁，54頁以下（1984年））。

(59)　国税の所得税の確定に依拠してなされた個人住民税所得割及び個人事業税に係る賦課決定については，所得税に関する争訟を提起せずに，直接に地方税賦課決定について審査請求をすることで足りると解される。しかし，前著においても指摘したように，「所得税基準方式は，所得税に関する確定の結果のみを活用する方式」であって，所得税に関する確定の経緯までが，市町村長に知らされるわけではないから，市町村長が，推計課税や同族会社の行為計算否認などが正当である旨を立証することに困難を伴うことは否定できない（碓井光明『要説　地方税のしくみと法』（学陽書房，2001年）83頁）。そこで，賦課処分に対する審査請求を許容したうえで，審査請求について審理員が審理し市町村長が裁決するに当たって，国税の税務官署の協力を得られることを制度的に明確にすべきであろう。

に関しては，地方税法による通常の地方税としての不服審査として，市区町村長に対する審査請求となるからである。同一の道府県内の市町村であっても，保険料方式を採用するか税方式を採用するかによって，審査請求の審査機関が異なるのである。

「持続可能な医療保険制度を構築するための国民健康保険法等の一部を改正する法律」が平成27年5月27日に成立し，平成30年度から保険者が改まることとなった。改正後の国民健康保険法3条は，「都道府県は，当該都道府県内の市町村（特別区を含む。以下同じ。）とともに，この法律の定めるところにより，国民健康保険を行うものとする」と定めている。これは，都道府県が保険者となることを定めるものである。しかしながら，市町村の賦課する国民健康保険料又は国民健康保険税がなくなるのではない。その仕組みは次のようになっている。

改正後の同法75条の6第1項は，都道府県は，当該都道府県の国民健康保険に関する特別会計において負担する国民健康保険給付費等交付金の交付に要する費用その他の国民健康保険事業に要する費用に充てるため，条例で，年度ごとに，当該都道府県内の市町村から国民健康保険事業費納付金を徴収するものとし，同条第2項は，市町村は，同納付金を納付しなければならないとしている。そして，76条が，市町村は，当該市町村の国民健康保険に関する特別会計において負担する国民健康保険事業費納付金の納付に要する費用，財政安定化基金拠出金の納付に要する費用その他の国民健康保険事業に要する費用に充てるため，被保険者の属する世帯の世帯主から保険料を徴収しなければならないとし，そのただし書で，「地方税法の規定により国民健康保険税を課するときは，この限りでない」としている。

以上のように，改正法の施行後においても，市町村が国民健康保険料又は国民健康保険税を課するのであり，国民健康保険税の賦課に関する不服申立ては，市町村長に対する審査請求であることに変わりはない。そこで，保険料方式の場合と保険税方式の場合とを区別する制度を改めて，国民健康保険税の賦課に関する審査請求に対する審査・裁決の事務を当該市町村の属する

道府県の国民健康保険審査会事務とする立法措置が検討されるべきである[60]。

　第三に，地方税固有のことではないが，旧審査法の異議申立てが廃止されて，上級行政庁がある場合には，処分及び不作為ともに，別段の定めがある場合を除き，処分庁又は不作為庁に対する「審査請求」は認められないことになった。このような法律状態において，処分庁に対して自己に対する処分が違法又は不当であるとして不服を申し立て，あるいは，不作為庁に対して不作為について応答するように申し立てた者に対する処分庁又は不作為庁の対応の仕方が問題になる。法定されている不服申立庁ではないから，審査法による不服申立先を事実上教示することはもちろんであるが，処分についての「見直し」をすることや不作為状態の有無の確認をする旨を相手に伝えることまで禁止されるものではないと解される。こうした「事実上の応答」をしないならば，かえって税務行政に対する信頼を失うといわなければならない。そして，審査請求前置主義を満たすには，法定の審査請求をしなければならないことを丁寧に説明すべきであろう。もちろん，処分を受けた者に，中途半端に見直しを約して信頼をもたせて審査請求期間を徒過させてはならない。審査法18条1項ただし書にいう「正当な理由」により救われることもあり得るが[61]，正当な理由の有無が問題となるような場面を生じさせないことに努めるべきであろう。従来から，正式な不服申立てとは別になされていた窓口対応は，そのあり方をめぐって不断に見直す必要があろう。窓口職員は，相手方に応じた適切な対応が求められるとともに，相手によって不

---

(60)　田中孝男『自治体法務の多元的統制』前掲注20），262頁も，「手続的権利の平等化を図る」ために，同趣旨の提案をしている。なお，そこには，国民健康保険税に係る不服につき，県の国民健康保険審査会とやりとりしているうちに，旧審査法下の異議申立期間を徒過した事例が紹介されている。

(61)　旧審査法は，審査請求期間遵守の例外として，「天災その他審査請求をしなかったことについてやむをえない理由があるとき」を掲げていたが（14①ただし書），審査法18条1項ただし書は，単に「正当な理由があるときは，この限りでない」とされているので，本文に述べたような状況も「正当な理由があるとき」に該当する余地があるといってよい。

第6章　行政不服審査法改正と地方税に関する不服審査　195

公平になってはならないという，二律背反ともいうべき難しい立場に置かれ
ているのである。

〔付記〕本稿において扱った「条例に基づく処分説」等については，本稿の
　公表時点と前後して刊行される予定の木村弘之亮先生古稀記念論文集に筆
　者が寄稿している「地方税法と地方税条例との関係の再検討」を併せて参
　照されたい。

租税手続の整備

第7章　アメリカの租税裁判所の
組織と手続

国士舘大学教授　**西本　靖宏**

Ⅰ　は じ め に

　現在のところ，わが国には，租税事件を専門的に扱う裁判所はない。憲法
では特別裁判所の設置は認められていないものの（憲法76条2項），知的財
産権については，それを専門的に扱う知的財産高等裁判所が，特別裁判所と
してではなく，東京高等裁判所の支部として2005年に設立された。これに
ともない，租税事件についても，その特殊性から，専門の裁判所を設けるべ
きであるとの提案がなされている[1]。また，平成26年の行政不服審査法の
抜本的改正にともない，国税不服審判所の改革も必要であると指摘されてい
るが，その改革として，国税不服審判所を改組して租税専門の裁判所を設置
すべきであるとの提言もされているところである[2]。その際に，引き合いに
出されるのがアメリカの租税裁判所である。そこで，本稿では，わが国にお
ける租税争訟手続の整備を検討する参考として，アメリカの租税裁判所の組
織と手続について概観することを目的とする[3]。

---

(1)　矢内一好「租税裁判所制度の導入と課題」税理50巻15号44頁（2007年）。
(2)　志賀櫻「国税不服審判所制度の改革：国税・地方税に関する不服申立て・訴え
　　　提起の制度改革全般」租税訴訟6号2頁（2012年）。

租税裁判所における主な訴訟は，不足税額訴訟であることから，本稿では，まず，不足税額訴訟に至るまでの過程として，納付すべき税額の確定手続と不服申立ての手続を簡単に振り返る。次に，租税裁判所の概要として，その沿革，組織と管轄，訴訟手続を紹介する。最後に，還付訴訟について外観した上で，租税裁判所の役割について若干の検討を行う。

II　確定手続と不服申立て

納付すべき税額の確定手続[4]について，アメリカでは伝統的に申告納税（self-assessment）[5]制度が採用されてきている。すなわち，納税者は自ら申告書を作成して，内国歳入庁に対して提出しなければならない（Internal

---

(3)　先行業績としては，岸田貞夫「合衆国連邦租税法における争訟制度について」租税法研究 3 号 158 頁（1970 年），増田英敏「アメリカ合衆国における租税争訟制度」税務弘報 39 巻 13 号 102 頁（1991 年），大塚正民「アメリカにおける税務訴訟」『世界の税金裁判』222 頁（清文社，2001 年），伊川正樹「アメリカにおける税務訴訟の実態－税務訴訟における『和解』再検討の一素材として（1-2）」民商法雑誌 133 巻 1 号 99 頁，2 号 298 頁（2005 年），高木英行「米国連邦税確定行政における『査定（assessment）』の意義(2)」福井大学教育地域科学部紀要第 3 部社会科学 62 号 1 頁（2006 年），川田剛「米国における納税者の権利救済制度－特に連邦租税裁判所の役割等について」月刊税務事例 39 巻 5 号 1 頁（2007 年），志賀櫻「合衆国租税裁判所（The United States Tax Court）の手続概観（上・下）」月刊税務事例 41 巻 6 号 35 頁，7 号 43 頁（2009 年），同「合衆国租税裁判所」租税訴訟 6 号 331 頁（2012 年）などがある。

(4)　確定手続に関する日本語の文献としては，田中治「アメリカにおける納税義務の確定手続」税法学 476 号 1 頁，477 号 1 頁（1990 年），下川環「アメリカ合衆国における現行の課税処分手続の一考察（上・下）」法律論叢 62 巻 3 号 55 頁，63 巻 1 号 67 頁（1990 年），高木英行「米国連邦税確定行政における『査定（assessment）』の意義(1)」福井大学教育地域科学部紀要第 3 部社会科学 61 号 1 頁（2005 年），菅原万里子「アメリカ合衆国の租税手続における訴訟前の不服申立手続」租税訴訟 6 号 303 頁（2012 年）などがある。

(5)　シャウプ勧告の翻訳による（『シャウプ使節団日本税制報告書』IV 巻 D3 頁）。金子宏名誉教授は，self-assessment を自己賦課と訳されている（金子宏『租税法（第 21 版）』817 頁（弘文堂，2016 年）。その他の訳としては，「自主計算」，「自己査定」などがある。詳しくは，高木・前掲注（4）3 頁参照。

第7章 アメリカの租税裁判所の組織と手続 199

Reuven Code（内国歳入法典，以下 IRC という）§6011⒜。申告書の提出時期は，たとえば，個人所得税申告書については，暦年課税の場合には，翌年度の4月15日以前に，事業年度課税の場合には，当該事業年度の終了日から4ヶ月と15日が過ぎる日までに提出しなければならないこととされている（IRC§6072⒜）。また，納付については，法定申告期限日までに自主的に納付しなければならない（IRC§6151⒜）。

　申告書が提出されてから査定（assessment）[6]が行われることによって税額が確定する。この査定とは，内国歳入庁によって実施される納税者の具体的納税義務の確定行為であり，具体的には，査定簿への記録行為をいう（IRC§6203）[7]。査定があってはじめて督促および差押さえといった徴収手続が可能となる（IRC§6502）。査定期間は，原則として法定申告期限日から3年とされている（IRC§6501⒜）。

　査定期間中に，内国歳入庁の調査官による調査が行われる。調査対象となる申告書は，まず，コンピューターシステムによって選定され，次に，職員による手作業を通じて選定される[8]。内国歳入庁の人的資源には限りがあるため，実際に調査対象となるのは，全申告書のうち約0.7％に過ぎない（2014年度）[9]。調査の手法としては，納税者と書簡のやり取りを通じて実施される書簡調査（Inter Revenue Manual（内国歳入マニュアル，以下 IRM という）4.10.3.17（03-01-2003）），納税者の住所近辺の税務署で実施される署内調査（Treasury Regulation（財務省規則，以下 Reg. という）§601.105⒝⑵），納税者の住所や事務所等で実施される実地調査（Reg.§601.105⒝⑶）がある。調査の結果，調査官が申告税額と本来納めるべき税額との間の乖離，すなわち，

---

(6)　assessment の日本語訳については，「査定」の他にも，「納税」，「賦課」，「課税決定」，「課税処分」，「処分」，「更正決定」などの訳が当てられている。詳しくは，高木・前掲注（4）3頁参照。

(7)　査定の意義については，高木英行「米国連邦税確定行政における『査定（assessment）』の意義（3）」福井大学教育地域科学部紀要第3部社会科学63号25頁以下（2007年）参照。

(8)　詳しくは，高木・前掲注（4）16-17頁参照。

(9)　Internal Revenue Service Data Book, 2015, at 21（2015）.

不足税額（IRC§6211(a)）があると判断した場合は，納税者に対して更正案（proposed adjustment）が提示される（IRM 4.10.7.5（01-01-2006））。納税者が更正案に同意する場合には，納税者は租税裁判所への提訴を通じて不足税額を争う機会を失うことになり，逆に，内国歳入庁は，以下で述べる不足税額手続を踏むことなく，不足税額について査定を実施することができる（IRC§6213(d)，Reg.§601.103(b)）。更正案について，調査官と納税者との間で合意が成立しなかった場合には，納税者に対して予備的不足税額通知（30日レターと呼ばれている）が送付される（Reg.§601.105(d)(1)）。予備的不足税額通知には，調査官による課税要件事実に関する正式な事実認定が記載されて，納税者に対してこの認定に同意するように求め，同意しない場合は，30日以内に内国歳入庁の不服審査局（Office of Appeals）へ不服申立てを行うことができる旨が記載される（Reg.§601.105(d)(1)(iv)）。なお，調査の対象とならなかった申告書については，申告税額が適正であるとみなされて，査定が行われる。

　納税者が不服審査局へ不服申立てを行った場合は，不服審査官（Appeals Officer）による不服審査が行われる[10]。対審構造は採られていないものの，不服審査活動の独立性を確保するため，不服審査官と調査官との接触が原則として禁止されている（the Internal Revenue Service Restructuring and Reform Act of 1998（内国歳入庁改革法）§1001(a)(4)）。不服審査官は，訴訟になったときに内国歳入庁側が敗訴する危険性を考慮して，納税者からの和解の申し出を受けた場合に，和解（settlement）をする権限が認められている（Reg.§601.106(f)(2)）。和解が成立した場合には，査定が行われ，和解が成立しなかった場合には，正式不足税額通知（90日レターと呼ばれている）が納税者に送付される（IRC§6212(a)）。年間10万件にも上る租税紛争事件のうち85〜90％が不服審査を通じて和解決着している[11]。なお，不服申立てを行わない

---

(10)　詳しくは，高木・前掲注（4）29頁以下，菅原・前掲注（4）参照。

(11)　Michael I. Saltzman & Leslie Book, IRS Practice and Procedure, at ¶9.01〔1〕（WG&L 2016）.

場合には，正式不足税額通知が送付される。

Ⅲ　租税裁判所の沿革

　租税裁判所の前身は，1924 年に創設された租税不服審査庁（Board of Tax Appeals）である[12]。租税不服審査庁は，租税に関する不服申立機関として，財務省および内国歳入庁から独立した，政府の執行部門における独立した行政機関として設置された[13]。その管轄は，所得税，遺産税および贈与税における不足税額の再認定であり，不足税額を事前に納付する必要はなかった。租税不服審判庁の決定には，拘束力がなかったため，その決定に不服がある納税者は，不足税額を納付した後，あらためて還付訴訟を連邦地方裁判所に提起しなければならなかった[14]。なお，租税不服審査庁が創設される前の納税者の救済は，不足税額の納付後に還付訴訟を連邦地方裁判所または連邦請求裁判所に提起する方法しかなかった[15]。

　1926 年の内国歳入法改正によって，租税不服審査庁の審査は司法上の手続と証拠法則に従って行われることが明確にされ，租税不服審査庁の決定については，連邦控訴裁判所に直接控訴することができることとなった[16]。また，連邦控訴裁判所の判決については，裁量上訴により連邦最高裁判所に上訴することができるとされた[17]。これによって，租税不服審査庁は，行

---

(12)　See generally Harold Dubroff & Brant J. Hellwig, The United States Tax Court: An Historical Analysis, Second Edition (United States Tax Court 2014). 租税裁判所の歴史に関する日本語の文献としては，斉藤明「合衆国租税裁判所の歴史的沿革と最近の動向」租税法研究 2 号 31 頁（1969 年），下川環「アメリカにおける租税裁判所制度の成立に関する史的考察」明治大学社会科学研究所紀要 34 巻 2 号 33 頁（1996 年），同「アメリカにおける租税裁判所制度発展史の一齣」法律論叢 68 巻 3・4・5 合併号 101 頁（1996 年）がある。

(13)　The Revenue Act of 1924, §900(a).

(14)　Laurence F. Casey & updated by Edward J. Smith, Casey Federal Tax Practice, at §6:01 (Westlaw 2016).

(15)　Id.

(16)　The Revenue Act of 1926, §1002.

政機関ではあるものの，司法機関に準じた審判機関となった。

1942 年の内国歳入法改正では，租税不服審査庁から租税裁判所（Tax Court of the United States）へと名称の変更が行われ[18]，租税不服審査庁の委員は裁判官と呼ばれるようになった[19]。ただし，管轄，権限および任務について変更はなく，依然として執行部門の中の一つの行政機関という位置づけであった[20]。

1969 年税制改革法（the Tax Reform Act of 1969）によって大幅な改革が行われた。この改革によって，租税裁判所は行政機関ではなく，合衆国憲法第1編の規定に基づく法律によって創設された裁判所（legislative court, Article I court）となり，名称も "Tax Court of the United States" から "the United States Tax Court" に変更された（IRC§7441）。合衆国連邦裁判所には，法律によって創設された裁判所と，合衆国憲法第3編の規定に基づく憲法上の裁判所（constitutional court, Article III court）の2種類がある。裁判官の身分保障（終身制と給与保障）など司法部に関する合衆国憲法の規定は憲法上の裁判所にのみ適用される。租税裁判所が法律によって創設された裁判所として設立された主な理由は，司法省が伝統的に憲法上の裁判所におけるすべての訴訟を管理しているのに対して，租税裁判所における訴訟を管轄するのは内国歳入庁であることと，立法者が終身制の裁判官をさらに増やすことをいやがったからであることが挙げられている[21]。行政機関から司法機関へと変更された理由については，少額事件を扱うための特別な訴訟手続を設ける

---

(17)　The Revenue Act of 1926, §1003.

(18)　行政機関であった時代の租税裁判所の概要を紹介する日本語の文献としては，桐山章雄「米国租税裁判制度（1～7完）」税法学 18 号 21 頁，19 号 22 頁，21 号 19 頁，22 号 26 頁，23 号 17 頁（1952 年），25 号 13 頁，26 号 27 頁（1953 年），山田德榮「米合衆国租税裁判所について－行政裁判機関 administrative tribunals の一例（1・2完）」法学新報 60 巻 1 号 66 頁，2 号 82 頁（1953 年）がある。

(19)　The Revenue Act of 1942, §504(a).

(20)　H. R. Rep. No. 2333, 77 th Cong., 1st Sess, 1942-2 C. B. 420.

(21)　Boris I. Bittker & Lawrence Lokken, Federal Taxation of Income, Estates and Gifts, at ¶115.2.1 (Westlaw 2016).

第 7 章　アメリカの租税裁判所の組織と手続　203

必要性があったことと，完全な司法機関とすることによって租税裁判所の権威を拡大するためであったとされる[22]。租税裁判所の審査は司法上の手続と証拠法則に従って行われることとなっていたが，少額事件では，手続の煩わしさから租税裁判所へ提起をためらう納税者が多く見られたため，より簡便な訴訟手続を設ける必要性があった[23]。また，租税裁判所は，連邦地方裁判所と同じような機能を果たしていたにもかかわらず，裁判官の権限や身分保障については，連邦地方裁判所よりも劣っていたことから，これを同等にする必要性があった[24]。その後，大きな改革はなく，現在に至っている。

Ⅳ　租税裁判所の組織と管轄

1　組　　　織

　裁判官の定数は 19 名であり（IRC§7443(a)），租税裁判所長官 1 名とその他 18 名の裁判官で構成されている（IRC§7441）。裁判官は，合衆国大統領が連邦議会上院の助言と同意を得た上で任命される（IRC§7443(b)）。租税裁判所長官は，正規の裁判官によって 2 年ごとに選出される（IRC§7444(b)）。租税裁判所長官には，租税裁判所を 1 人以上の裁判官からなる部に分割する権限が与えられている（IRC§7444(c)）。伝統的には，租税裁判所に提起される膨大な訴訟件数を短時間で処理するために，1 人 1 部制が採られてきており[25]，各事件を裁判官 1 人で担当する。租税裁判所は法律によって創設された裁判所であるため，終身制ではなく任期制が採られており，任期は 15 年（IRC§7443(e)），定年は 70 歳とされているが（IRC§7447(b)(1)），給与については，憲法上の裁判所である連邦地方裁判所の裁判官と同じである（IRC§7443(c)(1)）。なお，一般的に，租税裁判所の裁判官には，租税法の実務また

---

(22)　S. Rep. No. 552, 91st Cong., 1st Sess., 2342 (1996).

(23)　Id.

(24)　Id, at 2343.

(25)　Dubroff & Hellwig, supra note (12), at 731-735.

204

は大学・大学院での租税法の研究教育において顕著な業績を有している人が任命されている[26]。

　裁判官には定年が設けられているものの，シニアジャッジ（senior judge）という制度があり，租税裁判所長官の権限で，退任した裁判官をパートタイムで再任用することが可能となっている（IRC§7447(c)）。シニアジャッジの権限は，正規の裁判官と同様であるが（IRC§7447(c)），合衆国大統領によって任命されないため正規の裁判官とはみなされない。租税裁判所の裁判官には，連邦地方裁判所の裁判官のように終身制が採られていないが，実際には，任期は更新されることが多く，また，定年で退任した多くの裁判官が再任用されているため，終身制的な運用がなされているとの指摘もある[27]。

　シニアジャッジに加えて，特別審理裁判官（special trial judge）という制度も設けられている。特別審理裁判官は，補助的な裁判官であり，租税裁判所長官によって任命される（IRC§7443A(a)）。特別審理裁判官には，確認判決訴訟手続（declaratory judgments proceeding），少額訴訟事件手続（下記で詳述），訴訟額が5万ドル以下の訴訟手続，租税裁判所長官が指定した訴訟手続などにおける審理が租税裁判所長官によって嘱託される（IRC§7443 A(b)）。また，確認判決訴訟手続，少額訴訟事件手続，訴訟額が5万ドル以下の訴訟手続などにおいては，判決を下す権限も与えられる（IRC§7443 A(c)）。これらの特別審理官の権限については，合衆国憲法の大統領の管理任命権条項に違反するとして争われたが，連邦最高裁判所は違反しないとの判決を下している[28]。実務上，特別審理裁判官は主に少額訴訟事件手続を担当するが，大規模で複雑な事件においても審理を担当し，報告書を作成して正規の裁判官に提出する[29]。

---

(26)　Robert E. McKenzie, Jeffry J. Erney, Thomas J. Callahan, & Gregory J. Gawlik, Representation Before the United States Tax Court, at §1:4 (Westlaw 2016).

(27)　Thomas B. Well, Musings on Tax Court Traditions, 57 Tax Lawyer 857, at 858-860 (2004).

(28)　Freytag v. Commissioner, 501 U.S. 868, 111 S.Ct. 2631 (1991).

第 7 章　アメリカの租税裁判所の組織と手続　205

　2016 年現在在職中の裁判官数は，租税裁判所のホームページによると，裁判官が 17 名（長官を含む），シニアジャッジが 15 名，特別審理裁判官が 5 名となっている[30]。

2　管　　轄

　租税裁判所は，法律によって創設された裁判所であるため，その事物管轄の範囲は，原則として制定法によって定められた事項に限定される（IRC§7442）。主たるものは，正式不足税額通知によって認定された不足税額の再認定であり（IRC§6214⒜），対象となる税目は，所得税，遺産税，贈与税，一定の物品税（excise tax），これらに係るペナルティなど，制定法上の不足税額手続に服するものだけである（IRC§6211⒜）。その他，正式不足税額通知に過納が見つかった場合の還付請求（IRC§6512⒝），危急追徴課税額査定（内国歳入庁が不足税額徴収を遅延しては徴収不能になると判断した場合に，通常の再審査手続なしで即時に追徴課税額査定すること）に係る徴収において実施される差押財産処分の停止（IRC§6863⒝），免税を求める団体の資格および地位（IRC§7428）など一定の事項に係る確認判決，内国歳入庁の決定通知書等に係る情報公開請求（IRC§6110），遅延利子の減免（IRC§6408），訴訟費用の償還（IRC§7430），徴収における適正聴聞手続（IRC§6330⒟）などについても，租税裁判所は管轄権を有しており（Tax Court Rule（租税裁判所規則，以下 TCR という）13），事物管轄の範囲が拡大される傾向にある[31]。地域管轄については，全米を一つの管轄とする（IRC§7445）。本拠地はワシントン D.C. にあり，租税裁判所裁判官が全米各地（77 都市）を巡回して裁判（審理）を行うが（IRC§7445, TCR10⒝），納税者は希望する審理場所を指定して申請することができる（TCR140⒜）。

---

(29)　Mertens Law of Federal Income Taxation, at §50⁚4 (Westlaw 2016).

(30)　See https⁚//www. ustaxcourt. gov/judges. htm.

(31)　L. Paige Marvel, The Evolution of Trial Practice in the United States Tax Court, 67 Tax Lawyer 289, at 289-292 (2015).

V 租税裁判所における訴訟手続

1 訴訟手続規則

　租税裁判所は，憲法上の裁判所ではなく，法律によって創設された裁判所であるが，あくまでも連邦最高裁判所の下にある連邦裁判所の第1審であり，連邦地方裁判所と同じ位置づけになる。しかし，租税裁判所は租税事件のみを扱う専門裁判所であることから，訴訟手続規則については，連邦地方裁判所で適用される連邦民事訴訟規則（Federal Rule of Civil Procedure）の特則として，租税裁判所規則が定められており（IRC§7453，TCR1(a)，(b)）[32]，連邦地方裁判所の手続とは異なった点がいくつか見られる。もっとも，審理については，連邦地方裁判所で適用される連邦証拠規則（Federal Rules of Evidence，以下FREという）が，租税裁判所においても適用される（IRC§7453，TCR143(a)）。ただし，連邦地方裁判所では陪審制度が用いられているが，租税裁判所では用いられていないため，陪審制度を前提とした規則内容は適用されない（IRC§7453，TCR143(a)）。

2 審理前手続

(1) 当事者

　原告として不足税額訴訟を租税裁判所に提起できるのは，正式不足税額通知の送付を受けた者である。本人訴訟が認められており（TCR24(b)），必ずしも訴訟代理人を付ける必要はない。実際には，本人訴訟の数が圧倒的に多く，全訴訟のうち約71%が本人訴訟である（2014年度の統計による）[33]。訴訟代理人には，弁護士の他に，租税裁判所が実施する法廷実務に係る試験に

---

[32] 租税裁判所規則の翻訳としては，大崎満「1974年合衆国租税裁判所訴訟手続規則（1-4完）」税法学297号10頁，298号6頁（1975年），301号4頁，304号32頁（1976年）がある。

[33] Marvel, supra note (31), at 289.

合格した者もなることができる（IRC§7452, TCR200(a)）。アメリカでは，公認会計士が税務業務を行うことが多いため，後者の代表例は公認会計士である。しかし，弁護士以外の者は，訴訟手続および訴訟戦術に詳しくないことから，弁護士が訴訟代理人を務めるのが一般的である[34]。訴訟代理人になるためには，租税裁判所の承認が必要であるが（TCR200(a)），2004年から2012年の間に，承認を受けた弁護士は9378人であったのに対して，承認を受けた弁護士以外の者は37人に過ぎなかった[35]。被告は，内国歳入庁長官であり，その訴訟代理は，内国歳入庁の首席法律顧問局が担当する（IRC§7452）。

(2) 訴訟要件

訴訟要件は，①内国歳入庁長官が納税者の提出した申告書について不足税額を認定すること（IRC§6211(a)），②その旨を告知するため正式不足税額通知を納税者に送付すること（IRC§6212(a)），③正式不足税額通知が送付されてから納税者が90日以内，正式不足税額通知の送付先が国外の納税者については150日以内に提訴すること（IRC§6213(a)）である。申立費用は，60ドルとなっている（IRC§7451, TCR20(d)）。不服申立前置は採られておらず，不服審査局への不服申立てを経る必要はない（IRC§6213(a)）。

(3) 訴答手続

事実審理前に行われるのが訴答（pleading）手続である（TCR30）。この手続では，租税裁判所を通して原告と被告との間で，訴状（petition）のやり取りが行われる。まず，原告が訴状を租税裁判所に提出する。訴状は，正式不足税額通知に対する納税者の返答であって，訴状には，原告についての基本情報（氏名，住所，納税者番号），正式不足税額通知の日付，不足税額，正式不足税額通知に対する原告の主張とその根拠となる事実についての説明，救済懇請（prayer for relief）を記載しなければならない（TCR34(b)）。次に，訴

---

(34) Camilla E. Watson, Tax Procedure and Tax Fraud, Fifth Edition, at 269 (West Academic Publishing 2016).

(35) Dubroff & Hellwig, supra note (12), at 97.

状が租税裁判所から被告に送達され，被告は60日以内に答弁書（answer）を提出する義務を負う（TCR36(a)）。答弁書は，原告と裁判所にあらゆる種類の抗弁を知らせるように記述され，訴状における重要な主張ごとに特定した承認または否認を含めることが要求される（TCR36(b)）。最後に，被告の答弁書に被告が立証責任を負う重要な主張が含まれていた場合は，原告は答弁書の送達から45日以内に反対訴答書（reply）を提出しなければならない（TCR37(a), (b)）。反対訴答書を提出した場合には，拒否しなかった主張については承認したものとみなされるが，反対訴答書を提出しなかった場合には，答弁書における被告の積極的主張は拒否されたものとみなされる（TCR37(c)）。

　訴答手続の目的は，訴訟当事者の主張とその根拠を相手方と裁判所に伝えることにあり（TCR31(a)），この手続によって争点（joinder of issue）が決定される（TCR38）。そのため，訴答手続におけるすべての主張は，単純，簡潔，明快でなければならず，厳密な形式は要求されないが（TCR31(b)），すべての主張は，別々のパラグラフにして記述されなければならない（TCR32(b)）。

(4)　電子提出とプライバシーの保護

　アメリカでは，電子政府を推進するために，2002年に電子政府法（the E-Government Act of 2002）が制定された。これにともない，租税裁判所においても，裁判資料の電子提出とリモートアクセスが検討されることとなった。その一方で，裁判資料に含まれる納税者の個人情報の保護の必要性も検討された。その結果，裁判資料に納税者の社会保障番号を含めなければならないという取り扱いが，2008年に改正されて，提訴する際に納税者は社会保障番号を提出し，被告の内国歳入庁には提供されるが，裁判資料には含まれないこととされた（TCR20(b), 27(a)）。

　裁判資料の電子提出については，2010年に租税裁判所規則が改正され，電子提出が義務化されることとなった（TCR26(a)）。ただし，本人訴訟の原告，申立てによって電子提出の免除が認められた弁護人，訴状など電子提出に適していない資料については除外されている（TCR26(b)）。他の連邦裁判

所においても電子提出が導入されており，電子提出の手続は，他の連邦裁判所の手続とほぼ同様である。電子提出の手続については，その手引きが租税裁判所のホームページで提供されている[36]。また，電子裁判資料へのリモートアクセスについても規定され，訴訟当事者は租税裁判所が保管する電子裁判資料に一定の制限はあるもののリモートアクセスすることができることとなった（TCR27(b)(1)）。その他の一般人に対しても，一定の制限の下で，租税裁判所が保管する判決文などの電子公的記録にリモートアクセスすることを認める規定が置かれた（TCR27(b)(2)）。

(5) 本人訴訟への支援

前述のように租税裁判所の訴訟では，本人訴訟が圧倒的に多いことから，租税裁判所は本人訴訟への支援をホームページ上で行っている。一つは，本人訴訟を提起するために役立つ情報（書式[37]やビデオ[38]など）の提供である。もう一つは，本人訴訟を提起する低所得の納税者へのアドバイスや支援を行う無料相談所のリストの紹介である[39]。2016 年現在，そのリストには 100以上の相談所が登録されている[40]。

(6) 訴訟上の合意

訴訟当事者には，事実審理が始まる前段階に，事実，見解，法の事実への適用といった事柄について，同意が得られる最大限の範囲で合意（stipulation）することが要求される（TCR91(a)(1)）。また，合意形成に協力することを強いる手続も置かれている（TCR91(f)）。合意が正式に締結された場合には，その書面を租税裁判所に提出しなければならない（TCR91(c)）。租税裁判所は，その合意内容を原則として承認するものとされており（TCR91(e)），事実審理において，それは証拠とみなされ（TCR91(c)），両当事者に対して拘束力が生じる（TCR91(e)）。

---

(36) See https://www.ustaxcourt.gov/electronic_access.htm.
(37) See https://www.ustaxcourt.gov/forms.htm.
(38) See https://www.ustaxcourt.gov/ustc_video_welcome.htm.
(39) See https://www.ustaxcourt.gov/clinics.htm.
(40) See https://www.ustaxcourt.gov/clinics/clinics.pdf.

訴訟上の合意は，審理前手続の中で最も重要な手続であり[41]，租税裁判所における訴訟実務の基盤と呼ばれている[42]。これによって争いのない事実については審理において立証する必要がなくなるため，裁判所および当事者は時間と費用を節約することができる[43]。また，争点が明確になり，訴訟手続の早い段階で訴訟リスクを判断することが可能となるため，下記で述べるように訴訟の多くが和解で決着されているが，その主たる要因は訴訟上の合意にあると言われている[44]。

(7) 証拠開示手続

事実審理前の手続としては，証拠開示手続（discovery）も設けられている（TCR70）。これは，法定外で行われる訴訟当事者による事件に関する事実や書類を開示する手続であって，連邦民事訴訟規則で定められているが，租税裁判所規則にも規定がある。租税裁判所規則では，証拠開示手続の利用に制限がかけられており，訴訟当事者間でインフォーマルな協議や情報交換が行われて自主的な開示努力が十分尽くされた場合にのみ証拠開示手続の利用が認められる（TCR70(a)(1)）。この規定に違反した場合には，証拠開示手続の利用を認めないというのが租税裁判所の判例である[45]。このように，証拠開示手続を利用するためには，事前にインフォーマルな協議や情報交換を行う必要があり，また，事実審理前には，訴訟上の合意が求められていることから，実際の訴訟では，証拠開示手続はあまり用いられていないと言われている[46]。

(8) 和解

不服審査局への不服申立ての段階で，租税紛争事件の多くが和解によって決着しているが，租税裁判所へ提訴した後も和解は行われている。不服審査

---

(41)　Dubroff & Hellwig, supra note (12), at 540.

(42)　Branerton v. Commissioner, 61 T.C.691, 692 (1974).

(43)　Dubroff & Hellwig, supra note (12), at 598.

(44)　Id.

(45)　Branerton v. Commissioner, 61 T.C.691 (1974).

(46)　高木・前掲注(3)10頁，志賀・前掲注(2)345頁参照。

局へ不服申立てを行わずに直接，租税裁判所へ提訴した場合については，事実審理の前に和解を試みるため原則として首席法律顧問局から不服審査局へ付託される（Reg. §601.106(d)(3)(iii)）。

　当事者の間で和解が成立した場合には，当事者は裁判所に対して合意に係る書面を提出することによって和解解決を図ることができる。当事者による和解合意は，合意判決（stipulated decision）という形式を通じて担当裁判官の承認が必要とされる（Reg. §601.106(d)(3)(i)）。合意判決が下された場合は，租税訴訟事件における和解には，契約法の一般原則が適用されるため，和解が不実表示の結果として成立したということ，和解が当事者の自由意志に基づいて結ばれたものではないということ，または，当事者の双方に錯誤があったということが示されない限り，当事者は和解合意の履行を拒むことはできないとされている[47]。

　租税裁判所における和解は広く行われており，提起された全訴訟件数のうち約80％が和解によって決着している（2011年度の統計による）[48]。不服審査局での審査が終わるまでは，首席法律顧問局は事実審理の準備を始めないとういのが慣例であるし，また，早期に解決することによって納税者側は大幅に訴訟費用を減らすことができることから，和解交渉の開始が早ければ早いほどよいと一般的に言われている[49]。また，租税裁判所は，当事者に対して事実審理前に誠実に和解による解決を試みたかどうかについて尋ねるのが通例である[50]。このようなことから，事実審理前に和解が行われることが多い。

---

(47)　Mertens, supra note (29), at §50:109.

(48)　American Bar Association Tax Section Court Procedure Committee, Office of Chief Counsel Internal Revenue Service FY 2011, Tax Court Disposals, at 19 (2011).

(49)　Gerald A. Kafka, Rita A. Cavanagh, & Sean M. Akins, Litigation of Federal Civil Tax Controversies, at ¶7.08 (Westlaw 2016).

(50)　McKenzie, Erney, Callahan, & Gawlik, supra note (26), at §6:2.

3 少額訴訟事件手続

　租税裁判所に提起される訴訟の多くが本人訴訟によるものであり，また，争われる不足税額が少額であることが多い。このような訴訟に対応する簡便な手続として設けられているのが，少額訴訟事件手続（Small Tax Case Procedure）である。1課税年度の不足税額が 50,000 ドル以下である事件について，納税者は少額訴訟事件手続を選択することができる（IRC§7463，TCR170）。少額訴訟事件手続では，特別審理裁判官が審理して判決を下すこととされている（IRC§§7463(a)，7443A(c)）。また，手続の簡易化や連邦証拠規則の緩和の特則がある。たとえば，原則として準備書面の提出や口頭弁論の実施が不要であるし，証明力があると思われる証拠については裁判官が緩やかに採用することができる（TCR174(b)，(c)）。さらに，本人訴訟の場合には，被告側訴訟代理人が原告の訴訟活動を積極的に支援することとされている（IRM 35.6.2.12（08-11-2004）1）。この手続の目的は，資金のない納税者または租税裁判所において正規の訴訟を望む納税者に，費用が少なくて済む代替的な手段を与えることにある[51]。

　少額訴訟事件手続は，簡便な手続である点では納税者にメリットがある。しかし，その一方で，正規の租税裁判所裁判の裁判官ではない特別審理裁判官が審理だけでなく判決までも下すことができること，当事者はその判決に対して控訴ができないこと（IRC§7463(b)），判決は先例性を有さないこと（IRC§7463(b)）については，納税者にとってデメリットと言える。少額訴訟事件手続は，このようなデメリットもあるが，納税者にとってはメリットの方が大きいようであり，実際に提起される訴訟のうち約40%が本手続によるものである（2011年度の統計による）[52]。

---

(51)　Watson, supra note (34), at 280-290.
(52)　ABA, supra note (48), Tax Court-Inventory, at 4.

4 審理手続

(1) 証拠調べ手続

　租税裁判所の審理には，連邦証拠規則が適用されるため（IRC§7453, TCR 143(a)），証拠調べ手続（evidence）は，他の連邦裁判所のそれとほとんど違いはない。証拠のタイプは，大きく証言証拠と文書証拠の2つに分けられる。証言証拠は証人から得られるが，証人には，事件に関する事実，状況および出来事を証言する事実証人（fact witness）と，特定の分野に特別な知識を有しており，その分野に関して意見を述べられる専門家証人（expert witness）とがある（FRE702）。専門家証人が専門技術・科学的知識に基づいて意見を示す場合は，事実証人の証言は，事実証人の理解に基づく合理的な証言，証人の証言を明確に理解するため，または，事件の事実を確定するために有益な証言でない限り認められない（FRE701）。

　文書証拠は，事件に関連する文書または他の有形物からなる。コピーは，原本の信憑性に全く疑問が生じない場合または原本に代わってコピーを認めても不公平ではない場合に，原本と同じ範囲で証拠として認められる（TCR 143(e)(1)）。訴訟上の合意との矛盾が生じないように，当事者は文書の信憑性についても合意を試みることが要求される。文書の信憑性について合意が成立した場合は，審理において当該文書は証拠とみなされるが，その合意は，当事者が当該文書に示された内容が事実であるということに同意したことを意味することにはならない[53]。

(2) 立証責任

　租税裁判所の不足税額訴訟においては，納税者が立証責任を負うこととされている（TCR142(a)(1)）[54]。ただし，納税者は，不足税額認定の誤りのみを立証すればよく，正しい税額までも立証する必要はない[55]。立証責任には，

---

[53]　McKenzie, Erney, Callahan, & Gawlik, supra note (26), at §7:2.

[54]　詳しくは，拙稿「アメリカ税務訴訟における立証責任論の新動向」『税法の課題と超克』585頁（信山社，2000年）参照。

[55]　Helverng v. Taylor, 293 U.S. 507 (1935).

主張事実について裁判官に十分な証拠を提出する証拠提出責任（burden of production or burden of going forward）と，主張事実が真実であることを事実認定者に納得させる説得責任（burden of persuasion）の2つの意味があると言われ[56]，訴訟においては，両方を納税者が負担すると解されている[57]。通常の場合，証拠提出責任は，訴訟を提起する当事者側が負担するが，一方がこの責任を果たすと，その責任は相手方に移転する[58]。これに対して，説得責任は，わが国でいう客観的立証責任に対応するものであり，一方の当事者に固定され，訴訟中は他方当事者に移転しない[59]。説得責任を負っている当事者がその責任を果たすのに失敗した場合は，その当事者にとって不利な判決が下されることになる[60]。また，両当事者の証拠が対等の価値を持つと評価された場合にも，説得責任を負っていた当事者にとっては不利になる判断がなされている[61]。

　租税裁判所規則に納税者が立証責任を負うという規定が置かれた理由については，伝統的な証拠の考え方によると，立証責任を負うのは請求を求める側にあることと，不足税額の正確性を判断するために必要な証拠を有しているのは納税者側であることが挙げられている[62]。もっとも，個人や小規模法人の多くは，立証責任を果たしうるだけの証拠を集める費用や時間を持っていないことが多い。この点を考慮して，1998年の内国歳入庁改革法によって，以下の要件をすべて満たす場合は立証責任が転換されて，被告の内国

---

(56)　Leo P. Martinez, Tax Collection and Populist Rhetoric, Shifting the Burden of Proof in Tax Cases, 39 Hastings L. J. 239, at 246 (1988), Leandra Lederman, The Dilemma of Deficient Deficiency Notices, 73 Taxes 83 (1995), Dubroff & Hellwig, supra note (12), at 683.

(57)　See, Helvering v. Taylor, 293 U.S. 507 (1935); Welch v. Helvering, 290 U.S. 111 (1933); Lorente v. Commissioner, 74 T.C. 260 (1980); Rhomber Co. v. Commissioner 386 F. 2 d 510 (2nd Cir. 1967).

(58)　Martinez, supra note (56), at 248.

(59)　Id.

(60)　Lederman, supra note (56), at 84.

(61)　Id.

(62)　Dubroff & Hellwig, supra note (12), at 98.

歳入庁長官が立証責任を負うこととされた（IRC§7491(a)）。

①納税者は，争われている問題について確かな証拠を提出しなければならない（IRC§7491(a)(1)）。

②納税者は，内国歳入法典や財務省規則で規定されている実証要求（納税者がある項目について内国歳入庁の満足のいくような証明をすること）に従わなければならない（IRC§7491(a)(2)(A)）。

③納税者は，内国歳入法典や財務省規則で要求されているすべての記録を保管しなければならない（IRC§7491(a)(2)(B)）。

④納税者は，面会，インタビュー，証人，資料，書類について内国歳入庁の合理的な要求に協力しなければならない（IRC§7491(a)(2)(B)）。

⑤納税者が法人，信託，パートナーシップである場合には，その純資産は700万ドルを超えてはならない（IRC§7491(a)(2)(C)）。

ある実証研究では，このような立証責任を転換させる規定が設けられたものの，実際には納税者にとって少しも有利になっていないとの結果が示されている[63]。

これ以外にも，訴答手続の答弁書における新たな事項（new matter），不足税額の増額および積極的主張については，被告の内国歳入庁長官が立証責任を負う（TCR142(a)(1)）。また，脱税の場合も同様である（IRC§7454(a)，TCR142(b)）。

5 判決手続

審理が終了すると，担当裁判官が事実認定と判決意見を記載した審理報告書（report）を作成し（IRC§§7459(a), (b), 7460(a)），それを租税裁判所長官に送付する（IRC§7460(b)）。租税裁判所長官は，送付されてきた審理報告書を30日以内に審査する（IRC§7460(b)）。租税裁判所の長官が，重要な争点が関

---

(63) Janene R. Finley & Allan Karnes, An Empirical Study of the Change in the Burden of Proof in the United States Tax Court, 6 Pitt. Tax Rev. 61, at 82 (2008).

わっていると判断する場合は，それを正規の裁判官全員による審議に回す（IRC§7460(b)）。この場合に付与されるのが，再考意見（Reviewed Opinions）であり，判決意見の末尾に"Reviewed by the Court"と記される。

これに対して，租税裁判所の長官が，審理報告書を了承する場合は，それを租税裁判所の審理報告書（report of the Tax Court）と認定する（IRC§7460(b)）。その場合に付与される判決意見としては，新規の法解釈上の争点が関わる事件について付与される通常意見（Regular Opinions），法解釈は確定しているが新たな適用事実が争点となっている事件に付与される覚書意見（Memorandum Opinions），少額訴訟事件に付される略式意見（Summary Opinions）がある。

再考意見と通常意見は，租税裁判所によって正式に先例の価値を有するものと認められて，租税裁判所の公式判例集（United States Tax Court Reports）を通じて公表される（IRC§7462）。覚書意見と略式意見は，正式には先例価値を有するものとはみなされず，公式判例集でも公表されないが，覚書意見については，非公式で商業出版ベースでは公表されてきている。覚書意見は，租税裁判所によって引用されることは通常なかったが，最近では，覚書意見に加えて通常意見でも引用される頻度が増してきている[64]。なお，現状では，裁判情報の電子化によって，再考意見，通常意見，覚書意見については1995年以降の意見が，また，略式意見については2001年以降の意見が租税裁判所のホームページで公表されている[65]。

6 上訴手続

控訴手続については，納税者が居住する住所または主たる事務所を管轄する巡回区控訴裁判所に控訴を提起することとされている（IRC§§7482(b)(1)(A),(B)）。控訴期間は，判決が下されてから90日以内（IRC§7483）である。

---

(64) Martin J. Mcmahon, Jr. & Lawrence A. Zelenak, Federal Income Taxation of Individuals, Second Edition, at ¶51.03[1] (Westlaw 2016).

(65) See http://www.ustaxcourt.gov/USTCInOP/OpinionSearch.aspx.

控訴審では，内国歳入庁側の訴訟代理が内国歳入庁首席法律顧問局から司法省租税局に替わる。

　アメリカは判例法主義を採っているため先例拘束が問題となるが，租税裁判所の判決は，納税者が居住する住所または主たる事務所を管轄する一般の巡回区控訴裁判所（12ヶ所の巡回区）の先例に拘束されることになる。租税裁判所は全米を一つの管轄としているのに対して，巡回区控訴裁判所は12ヶ所に分かれるため，各巡回区控訴裁判所で判例が異なっている場合（たとえば，同様の事案で第1巡回区控訴裁判所と第2巡回区控訴裁判所とで判例に相違があった場合）に，租税裁判所はどの先例に拘束されるのか問題が生じる。この点について，租税裁判所の判例は，納税者の居住する地域を管轄する先例に拘束されるとしている[66]。したがって，同様の事案であったとしても，各巡回区控訴裁判所の判例が異なっていると，納税者の住む地域によって租税裁判所の判決が異なるという矛盾した事態が生じることとなる。

　上告手続については，連邦最高裁判所に上告受理申立てを行うこととされている（28 U.S.C. § 1254）。上告期間は，原則として判決が下されてから90日以内である（28 U.S.C. § 2101(c)）。

Ⅵ　還　付　訴　訟

　申告税額を争う訴訟としては，租税裁判所に不足税額訴訟を提起する方法の他にも，連邦地方裁判所（United States District Courts）もしくは連邦請求裁判所（United States Court of Federal Claims）に還付訴訟（refund litigation）を提起するという方法がある。還付訴訟は，更正案や予備的不足税額通知または正式不足税額通知に従って不足税額を納付した場合に，過納税額の還付を求める訴訟である（28 U.S.C § 1346(a)(1)）。この場合には，不足税額の全額を納付することが原則とされている[67]。また，還付請求前置主義が採られ

---

(66)　Golsen v. Commissioner, 54 T.C. 742 (1970).
(67)　Flora v. United States, 362 U.S. 145 (1960).

ており，事前に還付請求を内国歳入庁に提起しておかなければならない（IRC§7422(a)）。還付請求期間は，申告書提出日から3年または過納税額を納付した日から2年のどちらか期間経過が遅い日までとされている（IRC§6511(a)）。

　還付請求を行い，還付拒否通知が送付された場合，または，還付請求後6ヶ月経過しても応答がない場合に還付訴訟を提起することができる。出訴期間は，還付拒否通知受領後2年とされている（IRC§6532(a)）。なお，還付訴訟では，立証責任は納税者が負うこととされ，納税者は，不足税額査定の誤りと還付されるべき正しい税額を立証しなければならない[68]。

　還付訴訟を管轄するのは，連邦地方裁判所と連邦請求裁判所であるが，連邦地方裁判所は，憲法上の裁判所であるため，その裁判官は終身制となっている。裁判所は全米に94ヶ所あり，裁判官の定数は663名である（28 U.S.C.§133(a)）。陪審審理を利用できるが（28 U.S.C.§2402），その分，審理手続が厳格である。管轄については，租税に関する事物管轄はあらゆる内国税であり，地域管轄は所在地域を管轄とする。被告適格は，合衆国政府であり，訴訟代理は司法省の租税局民事審理担当課が担当する。控訴先は一般の巡回区控訴裁判所（12ヶ所の巡回区）で，納税者を管轄する巡回区控訴裁判所の先例に拘束される。申立費用は，150ドルとなっている。

　連邦請求裁判所は，租税裁判所と同様に法律によって創設された裁判所であるが，司法部に属する。法律によって創設された裁判所であるため，裁判官は任期制で，任期は15年とされている（28 U.S.C.§172(a)）。本拠地はワシントンD.C.にあり，裁判官の定数は16名である（28 U.S.C.§171(a)）。裁判官が全米各地を巡回して裁判を行う巡回裁判制が採られている。合衆国または州もしくは県（county）など州の下部組織を被告として提起される訴訟事件を管轄し，租税に関する事物管轄はあらゆる内国税であり，地域管轄は，全米を一つの管轄とする。被告適格は，合衆国政府であり，訴訟代理は

---

(68)　Helverng v. Taylor, 293 U.S. 507 (1935).

第 7 章　アメリカの租税裁判所の組織と手続　219

司法省の租税局連邦請求裁判所担当課が担当する。控訴先は，一般の巡回区控訴裁判所とは別の連邦巡回区控訴裁判所で，連邦請求裁判所は連邦巡回区控訴裁判所の先例に拘束される。申立費用は 250 ドルとなっている。

Ⅶ　租税裁判所の役割

(1)　裁判所選択の考慮要素

　申告税額をめぐる訴訟の提起先として，納税者は，租税裁判所，連邦地方裁判所，連邦請求裁判所の 3 つの中から選択することができる[69]。その際の考慮要素としては，①事前納付の必要性，②陪審審理の利用可能性，③審理手続の厳格さ，④租税専門の裁判官の利用可能性，⑤被告訴訟代理の違い，⑥先例拘束の違い，⑦査定期間の停止などが挙げられている[70]（223 頁の表を参照）。

　①事前納付の必要性については，連邦地方裁判所および連邦請求裁判所へ提起する場合は，不足税額の全額を納付する必要があるが，租税裁判所へ提起する場合は，事前に納付する必要はない。したがって，他の 2 つの裁判所に比べて租税裁判所の方が納税者にとって有利である。もっとも，租税裁判所に提起する場合は，事前納付が不必要である代わりに，敗訴した場合には遅延利子を支払わなければならない（IRC §§ 6601, 6621）。この点は，納税者に不利であるが，正式不足税額通知送付後に不足税額を全額支払うことによって遅延利子の累積を阻止することができる（IRC § 6213(b)(4)）[71]。

　②陪審審理は，連邦地方裁判所のみが利用可能である。公平性が斟酌される場合など陪審員の共感を得やすいような事案では，陪審審理の方が納税者

---

(69)　裁判所選択に関する日本語の文献としては，増田英敏「納税者の権利としての裁判所選択権」『納税者の権利保護の法理』362 頁（成文堂，1997 年）がある。

(70)　Robert S. Fink, Tax Controversies: Audits, Investigations, Trials, at § 2.04[3]（Matthew Bender 2014）.

(71)　正式不足税額通知送付前に不足税額を預託（deposit）することによっても遅延利子の累積を阻止することができる（Rev. Proc. 84-58, 1984-2 CB 501）。

に有利になり得る[72]。もっとも，陪審員に難解な租税法をうまく説明することは困難であるため，実際に，租税事件で陪審審理が利用されることはあまりない[73]。

　③審理手続に関しては，陪審審理を利用できるため，連邦地方裁判所が一番厳格である。これに対して，租税裁判所の審理手続が一番緩やかで，証拠開示手続のようなインフォーマルな手続や，訴訟上の合意，少額訴訟事件手続などの簡略化された手続が設けられている[74]。

　④租税専門の裁判官の利用可能性という点では，租税裁判所が一番適している。租税裁判所の裁判官は，一般的に任命前に租税法の実務や大学・大学院での教育研究において顕著な業績を挙げていた人であり，また，任命後も租税事件のみを取り扱うため，租税法に精通しているからである[75]。連邦請求裁判所と連邦地方裁判所の裁判官は，任命前に租税法に係る経歴を有していないが，連邦請求裁判所に提起される訴訟のうち約 25％ が租税の還付請求であるため，概して連邦地方裁判所の裁判官よりは連邦請求裁判所の裁判官の方がより租税法について知識を有している[76]。

　⑤被告訴訟代理については，租税裁判所では内国歳入庁首席法律顧問局の弁護士が，連邦地方裁判所および連邦請求裁判所では司法省租税局の弁護士がそれぞれ担当する。一般的に，前者は，租税事件の専門家であり，事実問題よりも租税法の法律問題に関して知識を有しているのに対して，後者は，租税法の法律問題よりも事実問題に精通していると言われている[77]。したがって，内国歳入法典の複雑な条文の解釈適用が争点である場合は，後者が担当する連邦地裁裁判所および連邦請求裁判所へ提起する方が納税者には有

---

(72)　Keith Fogg, Sean M. Akins & Elizabeth A. McGee, Effectively Representing Client Before New IRS, 6th Edition, at 7.1.2.1.4（ABA 2015）.

(73)　McKenzie, Erney, Callahan, & Gawlik, supra note (26), at §1:4.

(74)　Id.

(75)　Id.

(76)　Id.

(77)　Fogg, Akins & McGee, supra note (72), at 7.1.2.1.8.

利である[78]。

　⑥先例拘束は，3審制のため3つのパターンに分けられる。まず，連邦最高裁判所に先例がある場合は，どの裁判所も拘束されるため，先例拘束に違いはない。ただし，租税事件に関する連邦最高裁判所の判例は少ない。次に，控訴裁判所に先例がある場合には，租税裁判所および連邦地方裁判所は納税者を管轄する巡回区控訴裁判所の先例に拘束されるが，連邦請求裁判所は連邦巡回区控訴裁判所の先例に拘束されるため，先例拘束に違いが生じる。したがって，同様の事案で，巡回区控訴裁判所と連邦巡回区控訴裁判所とで先例が異なっている場合には，納税者は自分に有利な先例の適用がある裁判所に訴訟を提起することができる。最後に，第1審の裁判所に先例がある場合には，各自の先例に拘束されるため，納税者は3つの裁判所から，自分に有利な先例のある裁判所を選ぶことが可能である。

　⑦査定期間に関しては，租税裁判所に提起した場合は，最終的に判決が確定するまで査定期間が停止する（IRC§6503）。このため，訴訟が提起された後であっても，内国歳入庁は当初の不足税額通知で示していなかった新たな事項を主張して，納税者に対して不足税額の追加を求めることが可能である[79]。これに対して，連邦地方裁判所および連邦請求裁判所に提起した場合は，査定期間が停止しない。したがって，査定期間経過後に訴訟が提起され場合には，内国歳入庁は不足税額の追加を求めることができない[80]。

(2)　租税裁判所の役割

　上述した裁判所選択の中で一番重視されているのが，①事前納付の必要性である。租税裁判所へ提訴する場合には，敗訴したときには遅延利子の負担があるものの，不足税額を納付する必要がないため，実際には，納税者の約95％が租税裁判所に提訴している（2011年度の統計による）[81]。したがって，

---

(78)　Id.

(79)　Kafka, Cavanagh, & Akins, supra note (49), at ¶1.05.

(80)　Id.

(81)　ABA, supra note (48), Docketed Inventory-Cases in Dispute, at 3.

租税紛争の解決という点からすると，租税裁判所は重要な役割を果たしていると言える。

　租税裁判所に提起された全訴訟のうち約40％は，訴訟手続が簡便な少額訴訟事件手続によるものである。また，同様に約71％は，手厚い支援がされている本人訴訟である。このようなことから，租税裁判所は，「人民の租税裁判所（The People's Court of Tax）」と評されているが(82)，逆に，事前に納付をしなくても提訴できることから，「貧乏人の裁判所（poor man's court)」とも呼ばれている(83)。いずれにしても，租税裁判所は，納税者にとって身近で垣根が低く使いやすい裁判所と言えよう。

Ⅷ　おわりに

　本稿では，租税裁判所の組織と手続を外観してきたが，一番の特色は訴答手続や訴訟上の合意など事実審理前の手続が充実していることである。これらの手続は，事実審理前に争点を明確にして，早期に紛争を解決することを目的として設けられた。その意味では，和解によって解決される件数が非常に多いのは当然のことと言えよう。また，たいていの訴訟は誠実な争いに公平な解決を得るために提訴されているとしても，納税者の多くは租税裁判所への提訴を租税の確定および徴収を遅らせる便利な方法として考えているし，ある納税者は和解戦略の一つとして提訴していると指摘されており(84)，正式不足税額通知が適法か違法か決着をつけることを目的として訴訟を提起するという納税者は少ない。

　これに対して，わが国では，納税者は更正処分が適法か違法か決着をつけるために不服申立てや訴訟を起こすというのが普通であって，アメリカと比べると納税者の意識に大きな違いがあるように思われる。また，わが国の不

---

(82)　Marvel, supra note (31), at 290.

(83)　Watson, supra note (34), at 268.

(84)　Dubroff & Hellwig, supra note (12), at 553.

表：3つの第1審裁判所の主な相違

	租税裁判所	連邦地方裁判所	連邦請求裁判所
合衆国憲法上の位置づけ	法律によって創設された裁判所	憲法上の裁判所	法律によって創設された裁判所
主な管轄訴訟形態	不足税額訴訟	還付訴訟	還付訴訟
事前納付の必要性	なし	あり（全額納付）	あり（全額納付）
申立費用	60ドル	150ドル	250ドル
被告適格	内国歳入庁長官	合衆国政府	合衆国政府
原告訴訟代理人	弁護士，租税裁判所の法廷実務試験に合格した者	弁護士	弁護士
陪審審理の利用可否	不可能	可能	不可能
立証責任の範囲	不足税額認定の誤り	不足税額査定の誤りと還付されるべき正しい税額	不足税額査定の誤りと還付されるべき正しい税額
拘束される控訴裁判所の先例	納税者を管轄する巡回区控訴裁判所	納税者を管轄する巡回区控訴裁判所	連邦巡回区控訴裁判所

服申立制度および訴訟制度では，手続の簡便さや早期の紛争解決よりも公平性・中立性が重視された作りとなっており，わが国とアメリカとでは制度設計にかなりの相違がある。したがって，わが国における租税争訟手続の整備として，アメリカの租税裁判所は参考になると思われるが，わが国とアメリカとでは，租税争訟制度およびそれに対する納税者の意識に，大きな違いがあるということには留意が必要であろう。

租税手続の整備

第8章　欧州諸国における租税争訟制度

明治大学教授　**松原　有里**

I　はじめに　―研究対象および方法について―

　本稿は，欧州の主要国（英・独・オーストリア・スイス・仏・イタリア・スウェーデン[1]）および欧州における国際的な租税争訟制度の現況（2016年9月末現在）を概観するものである。わが国には，既に同様の先行研究がいくつかあり，筆者も10年程前に同様のテーマで学会発表をした経験がある[2]。しかし，2000年代後半に，欧州では，司法制度改革および納税者の権利保護の観点から各国で租税裁判所の近代化もしくは改組が図られ，訴訟制度の変化も見られること，また，欧州・国際租税法の観点からは，EU加盟国の国内裁判所だけでなく，EU司法裁判所（ECJ），欧州人権裁判所（ECHR）および欧州自由貿易連合（EFTA）裁判所のような欧州各国が加盟する超国家的

---

(1)　紙幅の都合上，上記以外の国（イタリアを除く南欧およびスウェーデンを除く北欧，ベルギー・オランダ等のベネルクス諸国および東欧各国）については省略せざるを得なかった。

(2)　租税法学会編『租税争訟の諸問題』租税法研究2号（有斐閣）（1974年），平石雄一郎「外国の租税不服審査制度」日税研論集19号（1992年）109頁，三木義一編『世界の税金裁判』（清文社）（2001年）に所収の各論文（後掲）および松原有里「租税救済手続の国際比較」租税法学会編『租税手続上の納税者の権利保護』租税法研究37号（有斐閣）（2009年）23頁以下他を参照。

な国際裁判所の出す判例（先決裁定等）も一定の先例拘束性を有することから，わが国における本テーマに関する情報のアップデートも有用なのではないかと考え，本研究を行うこととした。

　もっとも，前回（10年程前）筆者が同様の調査を行った時点とは異なり，情報収集手段が日進月歩で進化したため，今回の比較調査では，旧来の紙媒体による情報収集の他，各国政府機関のインターネットサイトを通じての情報収集とそれを補完するための個人的なインタビュー（これは，ネットと紙媒体による情報の差異がある場合に，その整合性を確かめるためである）を中心に構成している。具体的には，関連する文献および欧州各国の裁判所もしくは租税不服審判所・委員会の公式ホームページをまず参照した上で，いくつかの国で実際に裁判所を訪問し，現職裁判官へのインタビューも実施した他，海外から来日されたゲストに確認した情報，合わせて，筆者が本稿に関連したテーマで行われた海外でのシンポジウムに出席した際の情報も織り込んだ上で，適宜精査し，正確な最新情報を得ることにつとめた。したがって，多少の濃淡はあるにせよ，現時点（2016年秋）での対象各国の最新情報である。尚，今回の調査にご協力いただいた関係各位については，そのお名前と筆者がインタビュー・ヒアリングを実施した日時と場所，質問内容をすべて脚注に記したので参照されたい。

Ⅱ　各国の制度比較

1　英　　国

⑴　沿革

　本比較研究の最初の対象国は英国である[3]。これは，英国が欧州各国の中

---

(3)　従前の研究として，G. S. A. ホイートクロフト（金子宏訳）「連合王国（イギリス）の租税争訟制度」租税法研究2号（1974年）1頁以下，村上義和「イギリス（イングランド・ウェールズ）における租税救済制度」『世界の税金裁判』132頁以下，および松原，前掲論文（注2）25頁他を参照。

で，最も早く租税訴訟を含む司法制度改革に着手したためである(4)。英国では，2001年3月に「レゲット報告書」が出されたのを皮切りに，司法省が審判所制度の大改革に着手した。その背景には，①外的要因と②内的要因の2つがあった。①に関しては，2000年当時のEU委員会から英国の司法制度がEU各国の司法制度になじまないと指摘されたことが挙げられる。

とりわけ，議会制民主主義の強かった同国の従来の貴族院（House of Lords）での法服貴族による審理が，欧州人権条約（European Convention of Human Rights）第6条の「法に基づいて独立した裁判所で裁判を受ける権利」に抵触するとして批判されたため，ブレア政権下の2005年に英国国内法改正(5)が行われ，最高裁判所（Supreme Court of United Kingdom）を創設することが決まった。英国最高裁の実際の設立は，ブレア元首相の次の代のブラウン政権下の2009年10月1日であったが，その設立時期に合わせて，審判所（tribunal）を含む下部組織も大幅に改組することで近代化・専門化された(6)。端的にいえば，旧来の審判所機能が，大幅に司法制度に近づいたといえる。その一方で，②の内的要因に関しては，審判制度の不備もしくは機能不全(7)について，長年英国内で議論があった上に，英国政府の財政難に伴う，行政コスト削減（人件費抑制）要請という背景もあった。

すなわち，従来，租税争訟に関しては，1799年以来の伝統をもつ，いわゆる地方の名望家がなるジェネラル・コミッショナー（general commissioner

---

(4) その背景としては，14世紀以来，数百年間もイングランド法の伝統を守ってきたため，隣国に比べて三権分立より議会制民主主義の伝統が重視され，司法制度の近代化が全般的に遅れていたという事情がある。

(5) The Constitutional Reform Act 2005.

(6) 詳しくは，石村耕治「イギリスの租税審判所制度の抜本改革」白鷗法学16巻（2009年）1号（通巻33号）204頁以下。

(7) 英国で正式な審判所制度が成立したのは，1911年のことであるが，当初は，税より社会保障関連の争訟に重点が置かれていた。また，審判所制度そのものの位置づけも時代とともに変容している。特に，戦後1954年におきたCrichel Down事件に端を発し，Franks報告書が1957年に公表され，翌1958年その近代化（透明化）が図られたものの，1988年頃から再度改革論が，政府内で度々議論されていた。

以下 GC）と税の専門家からなるスペシャル・コミッショナー（special commissioner 以下 SC）の二本立てで納税者の救済機関が機能していたが[8]，前述の GC の仕事を補佐していた有給のロー・クラークが一斉に解雇されたのである[9]。代わりに，審判所（tribunal）にも裁判官（judge）制度が導入され，SC といえども専門家としての試験を合格しなければ，その地位を保つことができなかった。

その結果，新たに任命された審判所の裁判官は，元大手会計税務事務所のパートナーや課税庁の OB 等が任命され，専門性がより担保されることになった。なお，現行の英国審判所は，租税だけ扱うのではなく，年金や社会保障など広く扱う組織になっている。租税を扱う裁判官は，審判所内で特定されるが，各裁判官の執務室は別の部門の審判官と隣接していることもある。

(2) 手続の概要－現在および未来－

2009 年以降の英国の租税不服申立手続の概要は，以下のとおりである[10]。まず，英国歳入庁（HMRC）での審査（review）を経て，その調停結果に納税者が納得しない場合，第一段階審判所租税部（First‐tier tribunal, Tax chamber）に回付され，それが，上級審判所（Upper tribunal, Tax and Chancery chamber）に進み，それでも納税者に不満がある場合は，高等法院（High Court），控訴院（Court of Appeal）を経て最高裁（Supreme Court）もしくは，欧州国際租税に関わる事案の場合は，国内裁判所から欧州司法裁判所（ECJ）[11]および欧州人権裁判所（ECHMR）へ送付され，その判断を待つ間，

---

(8) 従前の制度については，伊川正樹「イギリス（イングランド・ウェールズ）における租税救済制度」『世界の税金裁判』140 頁以下，松原，前掲論文（注2）24 頁他を参照。

(9) これは，後述のスイスの裁判所で今なおロー・クラーク（調査官）が非常に重要な役割を果たしているのと対照的である。

(10) 石村，前掲論文（注 6）201 頁。ちなみに，2009 年以前の英国では，租税審判所は 5 つに分かれていた。①GC，②SC，③706 条審判所，④704 条審判所，⑤付加価値税および関税審判所。ただし，①②⑤と比較して，③④の 2 審判所は，シティーの金融市場に関係する当事者が利用するのみであり，一般納税者の救済に直結している訳ではなかった。

第8章　欧州諸国における租税争訟制度　229

国内での審理は中断されることになる[12]。

　審判所での審理は原則として公開方式であり，わが国とは異なり対審制をとる。なお，注目すべき点として，2015年8月末の新聞報道によれば，今後，英国の審判所では，財政難のため，従来の無料での審理をやめ，有料化へと踏み切る方向であるという[13]。これは，リーマン・ショック以降の同国の財政難および，事実上，上級審判所での審理の集中が起きていることから，やむを得ない事態であると思われる。

　なお，納税者が審判所に行く前の課税当局との折衝の可否であるが，司法制度改革と同時期に，訴訟前段階での英国歳入庁内部でのレビュー（異議申立てと再調査）制度の新設が行われた。ここで，「裁判前の和解」が行われる可能性がある。通常は，納税者側が不服申立てをし，歳入庁から当初提示された金額を引き下げてもらうのが，この制度の前提であったのだが，最近，興味深い事例も起きている。というのも，それまで過去14年間にわたって英国国内での売上げに対し，かなりアグレッシブな国際的租税回避スキームを用いて，英国法人税を逃れていた[14]スターバックスの英国支社（本社は米国である）が，世論の激しい追及（Ex. 自主団体"アンカット（Uncut）"による

---

(11)　その一例として，マークス・アンド・スペンサー事件（CaseC-446, Marks & Spencer plc. v David Halsey, ECLI: EU: C: 2005: 763 ［欧州司法裁判所2005年12月3日判決］。

(12)　なお，2016年6月23日に英国は，EUから離脱（BREXIT）することを国民投票で選択したが，テリーザ・メイ現首相（前司法相）は，将来的には欧州司法裁判所の管轄からは離れるものの，欧州人権裁判所の管轄からは離れないという立場をとっている。なお，英国はEUから離脱した後は，1973年のEC加盟以前の1960年にそもそも同国が中心になって設立した欧州自由貿易連合（European Free Trade Association, 以下EFTA）に復帰・合流することも十分に予想されるため，今後の英国および欧州の国際税務訴訟に関しては，EFTA裁判所の果たす役割も大きくなると思われる。（2016年9月1日に筆者が東京でEFTA裁判所長官であるカール・バウデンバッハー教授（ザンクト・ガレン大学）にインタビューした内容に基づく。）

(13)　FT電子版2015年8月25日付。もっとも，英国内では，これを納税者保護の観点から批判する動きは表立ってはないとのこと。（2016年5月20日に東京で筆者がインタビューしたジュディス・フリードマン教授（オックスフォード大学法学部）の言。）

店頭でのボイコットの動き）を受け，英国歳入庁との交渉の上，2012年12月初頭に，2013年度と2014年度にかけて，これまでの節税でグループ全体として儲けた分を国庫に自主返納する意図で，約2,000万英ポンド（邦貨にして約26億円）を，当期利益が出たか否かに関係なく，別途英国歳入庁に支払うという条件で合意に達したという報道があったからである[15]。これは，英国に居住する一般市民が，自らの勤労所得に対して多額の所得税および社会保障負担を負担しているのに対し，アマゾンやグーグルといった世界的に有名な大企業が，あまりに巧妙な手段で国際的な課税逃れを行っていることに対する消費者側の反発に起因するものであり，本来の意味での税の納付では決してないことに注意する必要がある。

　ここでもう一つ注意すべき点は，この英国歳入庁内での制度改正が時期的に英司法省の司法制度改革とほぼパラレルに進行していたにもかかわらず，英国歳入庁と同司法省との関係は，必ずしも協力的・補完的ではなかったという点である[16]。さらに，今後の動向として，英国の大物租税実務家[17]の構想として，国際課税に関する紛争に関しては，豪州モデルをまねて民間団体による仲裁機関（＝パネル委員会）設置の動きもあるという[18]。確かに国際問題を扱う専門家にとっては，国際的仲裁機関は理想かもしれないが，こ

----

(14)　ちなみに，スターバックス英国支社の開業以来，過去14年間の英国での納税総額は，8,600万英ポンドにすぎず，とりわけ2011年度までの直近3年間の納税額はゼロであった。その一方で，2011年度の同者の年間売上高は，約400万英ポンドにも上っている。このからくりは，英国であげた収益の大半が，欧州内の他国の関連会社（オランダにあるライセンス管理会社やスイスにあるコーヒー製造会社など）へと流れていたためである。

(15)　http://www.bbc.com/news/business-20624857（2016年9月15日訪問）

(16)　同（フリードマン）教授の言。

(17)　元SCかつ初代上級審判所裁判官のジョン・エイブリー・ジョーンズ氏が，中心的な提唱者であり，他国でも，例えば，オランダ（ライデン大学）のケィス・ファン・ラート教授もこれに賛同している（2016年5月13日にIFAソウル大会での同教授のパネル報告内容に基づく）。

(18)　このように，豪州をモデルに租税争訟制度の近代化をしようというアイデアは，すでに1988年の第3次審判所改革構想時点から見られた。（前述のフリードマン教授談。）

れが税の分野で英国の一般的な当事者に支持されるかについては，やや懐疑的である。それというのも，先に述べたような，英国歳入庁レベルで納税者と歳入庁との「話し合い」の道がすでにある上，別途，「シェルドン原則（Sheldon principle）」[19]と呼ばれる原則もしくは判例法理[20]があり，特定の事案での仲裁手続については，納税者の費用がかからないか，あるいは，ごくわずかの費用を負担するのみでよいという見解が主流であるためである。最後の点については，別稿で改めて検討することとしたい。

2　ド　イ　ツ

(1)　概要

　対する欧州大陸諸国では，租税争訟については，準司法機関ではなく，専門裁判所で扱うことが昨今，奨励されつつある。その先駆者として，次にドイツを取り上げることとする。ドイツでは，19世紀後半にプロイセンによるドイツ統一後，順次整備されてきたドイツ帝国行政裁判所（Reichsverwaltungsgericht）の一部門（いわゆる内局）であったドイツ帝国宮廷裁判所（Reichskammergericht）から，第一次大戦直後に租税法規をドイツ全土で統一的

---

(19)　もともとは1978年に，英国で当時の（財務）担当大臣から議会に対する説明がなされたのに端を発するものといわれており，VAT課税の実務上は，英国歳入庁からも長年認められてきた原則である。Cf. Michael Fordham QC, Judicial Review Handbook (5th ed.) (2008), p. 2432.

(20)　British Sky Broadcasting PLC v Commissioner for Customs and Excise [2001] EWHC Admin 127. Eilas判事によって，同判決中で言及されている。尤も，同原則は，まだ賦課課税制度が残っている所得税・法人税のような直接税分野ではなく，申告方式で納税する付加価値税（間接税分野）に関するものである。なお，この「シェルダン原則」は，あくまで課税庁側の誤ったルーリング解釈に起因する納税者の行動に対して，これを救済するための手段にすぎず，英国政府の一種の課税政策，もしくは，わが国の教科書的記述によれば，合法性の原則の例外として適用されることのある「禁反言の原則」に近いものと推測される。Cf. 金子宏『租税法（第21版）』82頁。よって，厳密な意味での英国の民事法廷での「和解」には該当しないと，バーミンガム大学法学部（民事訴訟法）のアフ講師による指摘が2016年11月15日付メールであった。仲介の労をとっていただいた筑波大学法科大学院の田村陽子教授（民事訴訟法）に感謝する。

に解釈運用することを目的とする部門が独立した。これが 1918 年 10 月 1 日[21]に創設された帝国財政裁判所（Reichsfinanzhof）である。翌 1919 年には，州（Land）レベルの租税争訟を扱う下部機関として，財政裁判所（Finanzgericht）も設立されている[22]。もっとも，設立当初の帝国財政裁判所の扱うことのできた税目は，付加価値税や関税などかなり限定的であり，帝国租税裁判所の方も，まだ各州の課税当局の下部組織にすぎず，それ自体が完全に独立の司法権を有していた訳ではなかった。これが第二次世界大戦後の 1950 年 10 月 21 日にドイツ連邦財政裁判所（Bundesfinanzhof）へと改組・発展することになる[23]。現在では，ドイツ全国で 18 か所ある租税裁判所とミュンヘンにある連邦財政裁判所が連携してドイツの租税争訟（民事事件）を司る体制になっている[24]。ただし，通常の民刑事法廷が三審制を取るのに対し，租税裁判制度は，各州に設置されている財政裁判所の上に上級審として連邦財政裁判所を置く二審制である[25]。また，財政裁判所の段階では，3 名の職業裁判官の他に，必ずどの法廷でもいわゆる名誉裁判官 2 名を有している。これは，法律家だけに審理をさせては，判決に偏りがでて好ましくないという欧州での伝統的な発想に基づく[26]。もっとも，名誉裁判官を任命

---

(21) §1 des Gesetzes über die Errichtung eines Reichsfinanzhofs und über die Reichsaufsicht für Zölle und Steuern vom 26. Juli 1918, S. Reichs Gesetzesblatt 1918 Nr. 101, 959.

(22) 南博方「西独の租税争訟制度」租税法研究 2 号（1974 年）13 頁以下。

(23) Das Gesetz über den Bundesfinanzhof v. 29. Juni 1950, S. BGBl. 1950, S. 257.

(24) BFH (Hrsg.) 60 Jahre Bundesfinanzhof, Eine Chronik, 2010, München, S. 3 ff. これは，伝統的に，課税庁・税務官吏に対してより，裁判所もしくは職業裁判官に対する国民（納税義務者）の信頼度が高いためと考えられると，2016 年 8 月 24 日にミュンヘンで筆者がインタビューしたルドルフ・メリングホフ連邦財政裁判所長官の言。

(25) これは，扱う事案が税務であり，一般民事・刑事事件と比べ，比較的専門性・特殊性が高く，また，租税争訟の生じる地域も偏る傾向がある（極端にいえば，経済的に比較的豊かな地域もしくは産業都市で紛争が多発する）ためと，引き続きメリングホフ長官の言。

(26) 詳しくは，三木義一「ドイツにおける租税訴訟の現実とその背景」『世界の税金裁判』20 頁以下，松原，前掲論文（注 2）31 頁他。

するのは，（後述のオーストリアと同様に）各法廷の自由裁量に任されており，建築士や税理士および会社経営者などの専門的知識を有する者（Expertise）が適宜選任されることから，決して地方の名望家が無条件で採用されてきた訳ではない[27]。ただし，連邦財政裁判所になると，このいわゆる名誉＝素人裁判官は排除され，逆に職業裁判官のみの法廷で構成される。ちなみに，連邦財政裁判所は，2016年夏現在で13法廷を有する。なお，わが国とは異なり，ドイツでは直接税より間接税に関する争訟数が多いため，直接税より間接税部門への人員の配置が多い点も特徴として挙げられる[28]。また，ドイツでは，英国（や日本）と異なり，裁判所は一般に職権探知主義（Amtsermittlungsprinzip）に従って審理するため，財政裁判所でも一応，口頭弁論（mündliche Verhandlung）は行うものの，租税裁判所も原則として職権探知主義の伝統に従っている。

　なお，訴訟件数は，他国（特に英国や日本）と比べても相対的に多いが，これはドイツの納税手続が他国に比べて複雑であること[29]，納税義務者がすぐに不服申立てに駆け込む風潮，さらには通常，わが国であれば税務当局[30]レベルでの異議申立てで終了するケースであっても，仮に異議申立てが認められなければ，裁判所で審理するために起因すると推測される。この意味で，納税義務者と国との信頼関係は，非常に重要であると考えられている[31]。

---

(27)　Debelva, Pagone. Cortot-Boucher, Drüen, Rip, Kothan, Pre-trial Proce-doings and Expert Evidence in Tax Litigation, in Bulletin for international Taxation（IFBD），March 2016, p. 134.

(28)　逆にいえば，ドイツひいては欧州では，付加価値税をはじめとする間接税の課税逃れスキームも多いことを意味している。これに関しては，松原有里「親子会社間IT（情報通信）サービス取引をめぐるクロスボーダーな消費課税と欧州VAT指令（2006/112/EC）の関係」EU法研究2号（2016年）88頁以下を参照。

(29)　例えば，一人当たりの納税申告書の枚数もわが国のそれに比べて多い。

(30)　ドイツは連邦制国家のため，（後述のスイスやオーストリアと同じく），財務省は各州に設置され，職員も州毎の採用になる。

(2) 税務当局との関係

　基本的に，財政裁判所（Finanzgericht）と課税行政庁（Finanzamt）との関係は，対立関係ではなく，良好とされている[32]。そのせいもあってか，実は，大陸法の国だけに，従来は課税当局と納税義務者側の「和解」はご法度とされてきたものの，実務上は，税務当局の段階での和解勧告はかなり柔軟に運用されている様子である[33]。このことは，税務当局側が，訴訟前段階での訴えの取下げを納税義務者に促すことにより，事実上，ドイツの通常裁判所に比べて，比較的規模の小さな財政裁判所および連邦財政裁判所所属の職業裁判官の仕事の集中を緩和しているという一種の審判所的な機能をも有していることを意味している[34]。ただし，近年のドイツの租税訴訟の特色は，税額の多寡や税目や課税年度の適否を争う従来型のものにとどまらず，むしろ，脱税した納税義務者の『（刑法上は免罪になる）自白』による免責性を争うものや[35]，欧州レベルでのドイツ政府の課税権の正統性を争うも

---

(31)　ルドルフ・メリングホフ（松原有里訳）「租税徴収手続と租税刑事手続の原則と限界」自治研究 92 巻（2016 年）2 号 85 頁。もっとも，この見解に対して，三木義一「ドイツにおける税務訴訟の現実とその背景」『世界の税金裁判』57 頁。

(32)　前述のメリングホフ長官およびドイツ連邦財務省国際税務担当課長のマーティン・クライエンバウム氏との 2016 年 6 月 3 日にミュンヘンで筆者が会談した折の両氏の証言による。

(33)　これを裏付けるものとして，三木義一，前掲書（注 1）39 頁，ヤン・グロテア（手塚貴大訳）「ドイツにおける財政裁判所の手続－ "事実に関する合意" を中心に－」租税法研究 40 号（2012 年）25 頁。手塚貴大「ドイツのネゴシエーション」首藤重幸編著『税務行政におけるネゴシエーション』日税研論集 65 号（2014 年）33 頁。

(34)　合わせて，一般に法人の場合，特に裁判コストの無駄を考えて，早い段階で課税当局と「合意」に達してしまうケースが多いと，フィリップ・シュナイダー弁護士（租税弁護士）兼税理士（フランクフルト）の言。（2016 年 11 月 20 日に筆者が東京でドイツの実務についてインタビューした際のコメント。）

(35)　欧州人権条約に伴い，いわゆる「司法取引」を認めたドイツ刑法改正に伴う，2008 年版ドイツ租税通則法 393 条 3 項。もっとも，この法改正の是非については，ドイツ国内の識者の間では評価が分かれる（特に伝統的なドイツ刑法学者からは批判が強いものの，ドイツの租税実務家の間では概して好意的ではある。一例として，筆者とヤン・グロテア元ハンブルク財政裁判所長との 2016 年 4 月 19 日の東京でのやりとり）。

の[36]など，かなり特殊論点化しているものも見受けられる点にも注意が必要である。

(3) 他の裁判所との関係

　一例として，最近ドイツで話題となっている「脱税の自白（Selbstanzeige）」をめぐる案件[37]は，実務上は租税行政マターとされているものの，他国と同様に悪質な脱税事件については，連邦通常裁判所の刑事法廷の管轄下におかれる。ただし，現在のところ，両裁判所間での定期的な人事交流はない。また，連邦財政裁判所の租税判例の法源としての重要性は，特にドイツが伝統的に商法典（HGB）の会計法の分野で「逆基準性（GoB）」の原則を維持してきたこともあり，1990年代半ばまでは，ドイツ商法典の中の会計法の条文解釈を事実上担ってきた点が特に強調されてきた[38]。そのため，連邦財政裁判所と連邦通常裁判所の民事法廷（Bundesgericht）の関係は，緊密であった。ところが，2005年にドイツ国内の上場会社に対してEUの基準に合わせて，連結決算にだけは，国際会計基準（IFRS）を強制適用することが決まったことから，2008年1月に「ドイツ会計規則現代化法（Bilanzmodernisierungsgesetz, 略称BilMoG）が制定された[39]。その結果，現在では同法の諸規定に関する解釈の余地が，かなり狭まり，依然として，租税事案では，事実認定が租税裁判所・連邦財政裁判所内で取り扱われることもある

---

(36) その場合，イギリスと同様，後述のドイツ連邦憲法裁判所もしくはEU司法裁判所，欧州人権裁判所の管轄になるため，租税裁判所や連邦財政裁判所から回付されるのが通例である。

(37) 諸外国では，タックス・アムネスティー（tax amnesty）と呼ばれることが多い。要は，納税者本人が自発的に脱税した旨を名乗り出たら，当人には修正申告義務のみが課されるだけで処罰されることはないという制度のことである。

(38) 2013年5月24日に東北大学東京事務所で行われた科研ワークショップでのノーベルト・ヘルツィヒ名誉教授（ケルン大学）の日本側の質問者に対するコメント。同ワークショップの内容については，ノーベルト・ヘルツィヒ「国際財務報告基準（IFRS）/中小企業会計基準（IFRS for SMEs）のドイツ国内法への影響」企業会計65巻（2013年）8号94-96頁を参照。

(39) そのいきさつについては，例えば，久保田秀樹「ドイツにおける会計規制現代化と課税所得計算」甲南経営研究51巻（2010年）1号29頁他を参照。

ものの，過去に比して，租税会計分野における租税裁判所もしくは連邦財政裁判所の重要性が相対的に下がっているのも事実である。

　したがって，訴訟に関して租税裁判所と他の国内裁判所との関係でいえば，現在，最も重要なのがカールスルーエにあるドイツ連邦憲法裁判所（Bundesverfassungsgericht）との関係である[40]。ドイツでは，公法私法二元論が依然として強く残っているためか，租税法は公法の一部門としての側面が強い。なおかつ，ボン基本法（ドイツ憲法）上，すべての国民に連邦憲法裁判所への提訴の道が開かれていることから，租税法規の解釈をめぐり憲法問題が生じると当事者が考える場合，下級審の租税裁判所の段階からそのまま連邦憲法裁判所へ当該事案が回付されるという現象がしばしば見受けられるためである[41]。

　合わせて，1990年代以降のEU統合の進展により，重要性を増してきたのがEU裁判所（ECJ）の判決であり，また2000年以降はこれに加えて欧州人権裁判所（ECHR）との関係も無視できなくなりつつある。くしくも，両裁判所には，現在，ドイツ出身の学者裁判官もしくは法務官（いずれも女性）が就任している他，近年は，欧州内での裁判官同志の交流も盛んでおり，両裁判所のドイツ国内での影響力も往々にして増大しつつあるといわざるを得ない[42]。

---

(40)　ドイツ連邦憲法裁判所には，常に租税訴訟を専門に扱える裁判官が（調査官クラスではなく正規の裁判官として）1名は就任しているのもその表れである。通常，租税事件は第2法廷の管轄（一部の地方税関係は第1法廷も扱う）ことになっている。また，日本の法科大学院と同様に，ドイツの職業裁判官が，ドイツの大学の租税法・行政法講座で客員実務家教員として教鞭をとる例も昨今増えてきた。これは，昨今のドイツの大学の法学部生が，好んで参加する模擬法廷（Moot Court）の影響もある。

(41)　一例として，遡及効をめぐる訴訟。松原有里「租税法規の遡及効と信頼保護原則」自治研究90巻（2014年）12号153頁他。

3 スイス

(1) 概要

スイスは，厳密には EU 構成国ではないが，1）欧州大陸のほぼ中心に位置し，常に国境を EU 構成国と接しているため，租税訴訟には，州際問題を含む国際租税もしくは EU 法の域外適用をめぐる案件が多いこと，また，2）EU 原加盟国の言語でもある独仏伊語を公用語とすることから，比較法的に見ても非常に興味深いこと，3）にもかかわらず，従来わが国の文献では殆ど紹介されていなかったため，今回の比較対象国に加えることとした[43]。

最初に，同国の租税争訟を司る行政・司法組織の沿革について述べることとする。ドイツと異なり，スイスでは，2006 年まで，租税事案を単独で管轄し審理する特別裁判所が存在せず，（日英伊と同様，）スイス連邦内の州（カントン）36 か所に設置されていた租税不服審査委員会（Steuerrekurskommi-

---

(42) 例えば，筆者も出席した 2016 年 9 月 23 日のハイデルベルク大学租税研究所での設立 50 周年記念シンポジウム（招待者のみ）では，財政法の領域ではあるが，OMT 決定の可否をめぐって，欧州司法裁判所のレナート長官とドイツ連邦憲法裁判所の F. キルヒホフ裁判官（第二法廷所属主席裁判官・ドイツ連邦裁判所副長官）およびメリングホフ BFH 長官が一同に介し，自らの見解を披露しつつ，互いの反応を見ていた。これは，欧州各裁判所が互いの判断を尊重しつつ，自らの判断内容を決めている一つのあらわれかもしれない。その影響は，近年独仏間の裁判所でも著しい（フランスについては後述）。ちなみに OMT とは，Outright Monetary Transactions の略で，欧州中央銀行（ECJ）が 2013 年から始めた国債買い切り政策のことである。同政策については，南欧危機で危機に瀕した欧州通貨制度（EMS）を安定させるためとはいえ，加盟国各国の財政政策に影響を及ぼしかねないとして，ドイツ連邦憲法裁にも欧州裁判所にも提訴された。OMT 決定についてのドイツの裁判所の判断については，中西優美子「OMT 決定に関するドイツ連邦憲法裁判所による EU 司法裁判所への付託と先決裁定」自治研究 91 巻（2015 年）11 号91 頁以下を参照。

(43) 2016 年 8 月 16 日〜18 日にかけて，筆者が，ザンクト・ガレンにあるスイス連邦行政裁判所（Bundesverwaltungsgericht）およびチューリッヒ大学法学部を訪問して個別にインタビューを行った成果である。現地調査に当たってご協力いただいた，チューリッヒ大学法学部のジモネック教授（租税法・国際租税法），ウールマン教授（行政法・比較行政法），プフィースター助教及びボイシュ連邦行政裁判所租税部所属主席裁判官（兼チューリッヒ大学法学部講師）に感謝する。

ssion）および不服申立当局（Beschwerdediensten）と呼ばれる準司法機関が，長らく租税争訟手続の前段階を担っていた[44]。この時点では，準司法機関段階では，まだ租税の専門家が委員会メンバーとして入ることが必ずしも要求されておらず[45]，また委員全員が常勤職でもなかったことから，納税義務者の救済措置としては，必ずしも適したものとはいえなかった。ちなみに，租税不服審査委員会の構成は，バーゼル州の場合，1委員会が定員5名[46]で2部制であったが，常勤は各部1名であとは全員非常勤であり，大部分が法曹資格を有しているか，逆に法曹資格がない場合は税の専門家がその地位についていた。ちなみに租税不服審査委員会で扱うことのできる請求は，原則として連邦税に対する異議申立てと州税の還付請求であった。

　興味深いことに，ドイツとは逆に，不服申立件数も従来からそれほど多くはなかった。これは，バーゼルやチューリッヒ，ベルン等の都市部の州ではともかく，山岳部などの過疎地域では，租税不服審査委員会のメンバーも申立人も皆顔見知りの隣人で，いちいち訴えるのは後々面倒だと考える納税義務者も多かったためともいわれている[47]。さらに，都市部でも，例えば，バーゼル州の租税不服審査委員会での審査は原則として職権探知主義に基づくため，書面審査が週1回開かれるだけで，当事者同士の口頭弁論は審理中に1度開催されればよく，さらに最終的な決定は当事者本人に伝えられるだけで外部には非公開であった。また，租税不服審査委員会の決定には，理由付記のない場合が多く，申立人（＝納税義務者）が望まなければ，決定はそ

---

(44)　その本部は，ローザンヌに置かれていた。

(45)　逆に，租税法の適任者がいなければ，行政法の専門家がその任にあたることもあった。

(46)　ただし，少額訴訟の場合は，一部のカントンの租税不服審査委員会では，単独審理も認められていた。例えば，カントン・ベルンの場合，訴額が 10,000 CHF 以下の場合であった。くわしくは，http://www.steuerrekurskommis-ssion.bs.ch/（2016 年 5 月 25 日閲覧）

(47)　以下，この時期（2001 年～2004 年），バーゼル州租税不服審査委員会の非常勤委員を務めていたウールマン教授への 2016 年 5 月 17 日の筆者の東京でのインタビューによる。

のまま即時に法的効力を有するとされており，たとえ，理由の開示があった
としても，申立人がその決定に従わなかったとすれば，50％の加算税が課
されていた[48]。それでも不満が残る納税義務者のみが，同じ州内に設置さ
れている州の行政裁判所（Verwaltungsgericht）に出訴し，さらにそこでの判
決に不服があれば，最終審としてルツェルンにあるスイス連邦最高裁判所
（Bundesgericht）第5部へ上訴する。

　その意味で，司法制度改革以前は，恐らく英国や日本以上に，租税不服申
立救済制度自体が未熟だったのではないかとも推測されるが，一方で，ドイ
ツやオーストリアと同様にスイスでは所得税や法人税等は，賦課決定処分で
あり[49]，なおかつ秘密を重んじるお国柄であるため，カントンの税務官吏
側の課税決定に対して，行政庁レベルでの異議申立制度が，ある程度円滑に
機能していたであろう事も十分推測できる[50]。

(2)　司法制度改革－現在－

　ところが，2007年の司法制度改革により，英国同様，スイスの従前の制
度は，納税者保護の観点から好ましくないとして，租税不服審査委員会は全
廃された。合わせて同時期に連邦レベルで進められていた司法制度改革（特
に裁判所制度の大幅な改組）により，同年1月1日に新たに設立されたスイス
連邦行政裁判所（Bundesverwaltungsgericht）が事実審，その上級審にあたる
前述のスイス連邦最高裁判所第5部が最終審としての役割を担うことになっ
た[51]。その根拠は，スイス連邦憲法29a条である。ただし，実際には，ス
イス連邦憲法の上記の規定だけでなく，関連する180以上の法律および112
の政令（いずれも連邦レベル）の改正を伴う大変な作業であった。ちなみに，

---

(48)　私見であるが，これでは，納税者の不服申立てが増える訳がないと思われる。

(49)　これに対して，付加価値税に関しては，スイスでは最初から自己申告が認め
　　　られている。もっとも，後述のようにその差（賦課課税タイプか自己申告タ
　　　イプか）が，ドイツと同様に付加価値税の争訟が多い遠因かもしれない。

(50)　修正申告の概要に関しては，Markus Reich, Steuerrecht (2. Auflage) S. 575
　　　ff (S. 578). もっとも，どのくらいの頻度で，納税義務者と課税庁との「合意
　　　による取下げ」があるかについては，公表資料がないとのことであった。前
　　　注43のプフィースター助教に著者が2016年8月17日に質問した際の回答。

租税事件数の多さにより，チューリッヒ州にだけは，連邦行政裁判所の下部組織として2006年以前から存在している行政裁判所があり，そこで今なお集中審理が行われている。原則として，各州の課税当局からの直接税の納税通知に対する納税義務者側からの裁判所への異議申立手続（Einspruchsver-fahren）の申立期限は，30日間であるが(52)，こちらは課税当局への異議申立てとは異なり，有料となっている(53)。

　スイスの連邦行政裁判所および連邦最高裁判所の場合，特筆すべきは，終身雇用の職業裁判官に対して，実際に起案作業も行うことができ，法曹資格を有している優秀なロー・クラーク（調査官）が有期雇用されている点である(54)。彼らは，職業裁判官ではないものの，裁判官の法廷での判断に大きな影響を与えることから，その間の経験を買われて，後に民間企業にリーガルカウンシルもしくはアドバイザーとしてスカウトされることもあり，スイスの法曹実務家にとって，非常に重要なキャリア・パスと考えられている。

　なお，スイス連邦最高裁の役割であるが，現行のスイス連邦憲法（BV）3条(55)により，原則として州際（国際）課税，州憲法がらみの争点，および公

---

(51)　スイスは多言語の連邦国家であるため，民事法廷はフランス語圏のローザンヌ，刑事法廷は（イタリア語圏）にあるが，行政裁判所はドイツ語圏のザンクト・ガレンに設置され，言語圏のバランスを保つように工夫されている。なお，公用語は上記の3か国語に地元の方言ともいえるレートロマンシュ語の4か国語からなるが，判決は上記3か国語の言語にすべて翻訳される。（したがって，スイスの職業裁判官は，原則として独仏伊3か国語で書かれた法律文書を少なくとも，いずれも読めるレベルで理解できなくてはならないと，ボイシュ裁判官に8月17日にザンクト・ガレンで筆者がインタビューした折の言。）なお，スイス連邦最高裁判所は，現在ルツェルン（本部）とローザンヌ（支部）の2か所に置かれている。

(52)　Art. 29 Abs. 1 BV.

(53)　DBG 144-I-IV. Reich, a. a. O., S. 579. 訴額の大きさによっても決まるため，これが連邦財政裁判所にとっては，貴重な収入源になっていると前述のボッシュ裁判官の弁。ちなみに2012年度，連邦行政裁判所では，7億4,200万スイス・フランの支出に対し4,900万スイス・フランの収入があったとのこと。

(54)　これは，英国が司法制度改革に伴い2008年にロー・クラーク制度を廃止し，後述のオーストリアが予算不足のため2014年の連邦租税裁判所新設の際に，逆に手配できなかった（後述）のと対照的ではある。

営企業の収益について，連邦と州との配分関係等を扱うというようにきわめて限定的で，それ以外は，下級審である連邦行政裁判所もしくは州の最高裁判所で審理されるべき旨が定められている[56]。ちなみに，2013年度の統計によると，連邦憲法裁判所が受理した約7,900件のうち公法部門第2法廷が引き受けた新受事件は1,300件，そのうち租税事案は450件であった[57]。また，同時期の2012年に連邦行政裁判所が受理したのは，約6,700件であるものの，租税部門（第一法廷）が引き受けたのは230件弱，そのうち最重要なのは，付加価値税（94件）と関税（61件）である。なお，連邦行政裁判所第一法定での審理はすべて職業裁判官によるものであり，3名の合議で行い，納得できるまで議論を尽くすため，最終的に少数意見がでることは非常にまれである。この傾向は，ドイツの裁判所ともよく似ている。

　最後に，ドイツとの若干の異同点として，1) 連邦税と現在29存在する州の州税の分配が，州際間における税収の分配と合わせしばしば争点となる他，2) すでにドイツやフランスでは解決済みとなっている「違法に顧客名簿をコピーしたCD事件[58]」がまだ係争中（正式には連邦裁判所の判断がまだ出されていないため，連邦行政裁判所の段階でペンディングになっている[59]）であること，さらに類似点として3) 租税逋脱罪を中心とする刑事事件については，連邦行政裁判所の管轄外となることから，連邦刑事裁判所（Bundesstrafgericht）でもっぱら取り扱われる点がある。そのような構成も，前述のスイス連邦憲法の規定を考えると納得できる体制ではあるといえよう。

---

(55)　Art. 3 Bundesverfassungsgesetz 1999年4月18日公布。

(56)　Thomas Stadelmann, Tax Litigation before the Swiss Supreme Court, in Bulletin for International Taxation, Jan 2016, pp. 65.

(57)　Stadelmenn, *ibid.* p. 67.

(58)　詳細については，ルドルフ・メリングホフ（松原有里訳）前掲論文（注31）他を参照。

(59)　特に2010-11年度，とりわけスイス連邦行政裁判所で扱った対米関係の情報交換協定（Amtshilfe）をめぐる争訟は急激に増え，その2年間は200件近く（通年で400件弱）を数えた。もっとも，その内情は必ずしも，悪質な国際的な脱税情報の取得に限定されるのではなく，例えば信託の「真の受益者（Beneficial Ownership）」に対する確認である点には，注意が必要である。

4 オーストリア

(1) 概要

オーストリアは，ドイツ法の影響がスイス以上に強いと考えられる国であるが[60]，租税専門の特別裁判所を長らく有さず，2011年に行政裁判所改革法[61]が議会を通るまでは，租税争訟については，スイスと同様に，課税当局内の不服審査部および不服審査委員会で扱われてきた。そこを離れた後で始めて，各州の行政裁判所および連邦行政裁判所もしくは連邦憲法裁判所が対応してきた[62]。この点は，スイスや後述のイタリア・フランス・スウェーデンと類似している。ただし，連邦国家であるため，課税当局の管轄が各州（Land）毎にある点はドイツ・スイス両国に共通する。また，課税当局の不服審査部もしくは州の不服審査委員会の段階で名誉裁判官制度を有することもスイスやドイツと類似性がある。もっとも，名誉裁判官といっても，ドイツ同様まったくの素人という訳ではなく，通常は，それぞれの職業団体（Kammer）の推薦に基づき，良識ある職業人が事案の性質に応じて招集されるのが常である。ちなみに，旧制度の下では，名誉裁判官が3名であるのに対し，課税庁側は2名だったため，微妙な案件の場合に，法的判断が即座に下すことができず，判断がぶれることもあった[63]。そのため，スイス同様

---

(60) 実際に，言語が同じドイツ語であるという利点もあって，EU加盟前からしばしばオーストリアの課税当局および裁判官は，しばしばドイツの租税行政および租税判例を参照してきた。その背景には，オーストリアの租税法典がナチス・ドイツ期に整備されたという歴史的沿革もある。（2016年8月26日に同国グラーツで筆者がインタビューしたバルバラ・ヴィザック財政裁判所裁判官の証言。なお，同氏は法曹資格を有しているが，財政裁判所ができるまでは，グラーツの存在するシュタイヤーマルク州の財務省に法曹資格を有する行政官（Amtsjuristin）として20年近く勤務していた。）また，EU加盟後は，オーストリアの課税当局，司法当局ともに，欧州司法裁判所等の欧州レベルでの司法機関へ出訴する関係で，さらに先例としてドイツの判例を参照する傾向が増した。

(61) Verwaltungsgerichtsbarkeitsnovelle 2011。詳細については，Tina Ehrke-Rabel, Rechtsmittelverfahren in Abgabensachen, Wien 2013, S. 1 ff.

(62) 従前の制度について，詳しくは，湖東京至「オーストリアにおける権利救済制度」『世界の税金裁判』69頁，松原，前掲論文（注2）33頁他を参照。

第8章　欧州諸国における租税争訟制度　243

に行政裁判所の改変に合わせて，納税義務者の権利保護を重視する観点から，近年，不服審査委員会は，租税裁判所に改組されることになった。

(2)　行政裁判所改革－現在－

2012年行政裁判所改革法により，オーストリア各州の不服審査部委員会の機能は，全面的にウィーンに所在する連邦財政裁判所（Bundesfinanzgericht）に統合され，同時に同国の7州すべてにあった租税不服審査部もしくは審査委員会はそれぞれ，連邦財政裁判所の出張所（Außenstelle）もしくは本部（Sitz）として再出発することになった[64]。その結果，長年識者による批判の的になっていた名誉裁判官の人数も1法廷あたり3名から2名に減らされ，課税当局の職員から職業裁判官に職種転換した専門家[65]と並んで2対2と同数になった[66]。仮に，法定での評決が，2対2でタイブレークになった場合，部長である職業裁判官の1名が職権でもう1票を投じればよく，その結果，審理がスムーズに進むようになったと評価されている。なお，公式ホームページによれば，2015年度にオーストリア全土で下された租税裁判所での決定は15,659件に上り，そのうち2.11％が納税義務者によって行政裁判所に上訴されている。しかし，この数字を見ればわかるように，多くの納税義務者は，租税裁判所での結果にとりあえずは満足している

---

(63)　批判内容については，湖東，前掲論文71頁にある同国のミヒャエル・ラング教授（ウィーン経済大学）のコメントを参照。

(64)　Tätigkeitsbericht des Bundesfinanzgerichts für das Jahr 2015. S. 4.（www.bfg.gv.at 2016年8月25日閲覧）

(65)　課税当局の元職員で法曹資格を有する者だけでなく，行政裁判所から移籍した裁判官も含まれるため，租税裁判所としての専門性がより高まったと考えられる。

(66)　これは，市井の民である名誉裁判官側からも歓迎されているとのこと。名誉裁判官は，わが国の刑事事件の第一審に認められた裁判員制度と同じく，原則無給で裁判所に長時間拘束されることもあるため，実際に任命されることをあまり「名誉」と喜んではいない当事者も実は多いとのことである。名誉裁判官 "Laienrichter" の Laie という言葉自体が，そもそもドイツ語で「素人」の意であることも，この傾向を助長させていると，これは，2016年8月26日に同国連邦財政裁判所グラーツ支部での財政裁判所の関係者（複数）と筆者との懇談の折に出た非公式な発言に基づく。

と考えられる[67]。さらに，公表される統計値にはスイス同様に，一切でてこないものの，実は，訴訟前の課税当局との間での合意による不服申立ての取り下げは，課税当局への不服申立段階でも，また租税裁判所での審理中でも，実務上かなりの数に上るとのことである[68]。逆に，わが国では認められていない一審段階での課税庁側からの不服申立てもオーストリアでは認められているという[69]。

　なお，オーストリアの裁判所も，他の欧州大陸諸国と同様に，職権探知主義による審理が原則とされるが，最低一回は当事者を裁判所に呼んで口頭尋問を行うのが普通であり，どんなに複雑な案件であっても，平均6か月，長くても1年以内には結審させるように努めており，判決についてはすべて公表されなくてはならないという点[70]も，納税義務者の権利保護の観点からは有益なのではないかと考えられる。

　ちなみに，オーストリアの連邦財政裁判所が支部を有しているのは，各州の地域的要因に基づく他，例えば，ウィーン本部が直接税（所得税および法人税）に係る案件を統括しているのに対し，グラーツ支部は付加価値税（VAT）分野を主に統括する等，各地域・支所で役割分担により「棲み分け」するためである。それにより，同国の税務司法行政の分散化を試みているとも考えられる[71]。よって，国境を越えた付加価値税の取引が問題となることが多い欧州域内での国際租税案件については，連邦財政裁判所のグラーツ支部が地元のシュタイヤーマルク州の財務省と適宜，協力しながらブリュッ

---

(67)　Tätigkeitbericht des Bundesfinanzgerichts für das Jahr 2015. S. 6.

(68)　同日筆者とのインタビューに応じてくれた，オーストリア連邦財政裁判所グラーツ支部の複数の職業裁判官の証言。

(69)　しかも，そのようなケースはかなり見受けられると連邦裁判所グラーツ支部所長からの 2016 年 8 月 25 日に表敬訪問した著者への言。

(70)　§23 BFGG.

(71)　このような措置は，ドイツと異なり，同じ連邦国家とはいえ，地方分権が必ずしも徹底されておらず，むしろ，歴史的にウィーンに政治・経済活動の大半が集中しているオーストリア共和国にとっては重要であると，これは，同国第二の都市であるグラーツ側の主張。

第8章 欧州諸国における租税争訟制度 245

セルの EU 委員会もしくは EU 司法裁判所（ECJ）との折衝にあたっている
のも同国の租税争訟制度の特徴といえよう[72]。最後に，厳密には狭義の争
訟制度からは外れるものの，次に述べるイタリアとの類似点として，2010
年の法改正[73]により，わが国の課税当局の査察制度をさらに強化し，独自
の警察機関化したような財務警察（Finanzpolizei）制度が新設されたことも
付言したい[74]。これは，同国では源泉徴収されている給与税（Lohnsteuer）
の未払納税義務者の摘発を主たる目的とするものであるが，隠れた意図とし
て，税収確保の観点とは別に，就労ビザを持たない EU 圏外からの外国人移
民（労働者）の不法労働の摘発という目的がある。この財務警察制度の新設
により，所得税の中でも，給与税に関しては，徴収漏れが少なくなったとさ
れており，これが直近の同国での課税処分および租税訴訟（行政罰に関する）
の件数がそれ以前に比べて少なくなっている一因と考えられる[75]。

5 イタリア

(1) 概説

イタリア法は，伝統的にフランス法と近いと考えられているものの，同国
の司法制度は実は，かなりドイツのそれを模していると考えられる[76]。た
だし，租税争訟制度に関しては，租税裁判所ではなく，前述のスイス・オー
ストリアと同様に，租税不服委員会が裁判所の前置組織として今なお存在す

---

(72) 筆者がグラーツ支部を訪問した折に，最初に驚いたのは，連邦財政裁判所が
同市の所属するシュタイヤーマルク州財務省の建物に隣接して（というべき
か，むしろ，グラーツ税務署の建物の延長部分に）存在するという点であっ
た。これは，当事者の移動の便を考えてということもあろうが，事実上，同
国では財政裁判所という新組織を作ったものの，「器」（および人員の大半）
は旧不服審査委員会時代の古いものを引き続き使っているということも示唆
している。したがって，司法制度改革があったとはいえ，同国の税務訴訟の
内実が，実際にどの程度変化があったかについては，同国で出される租税判
例の今度の動向をもう少し注視して判断する必要があるかもしれない。
(73) §12 AVOG.
(74) https://www.bmf.gv.at/betrugsbekaempfung/finanzpolizei/finanzpolizei.
html（2016 年 8 月 25 日閲覧）

る点が特徴的である。そもそも，第二次世界大戦直後の 1948 年に，審判委員会（Commissioni Tributarie）と呼ばれる行政組織がまずイタリア憲法草案に規定された[77]。ただし，この時代の審判委員会の委員は，課税当局の現役職員で占められていたため，必ずしも法曹資格を有していなくてもよく，また実際の審理はほぼ課税庁内部の不服申立手続と同視できたとされている[78]。その後，1972 年にイタリアの租税救済手続関連法が全面改正されるのに伴い，欧州諸外国でのいわゆる特別裁判所に類する組織として，県審判委員会（Commissione Tributaria Provinciale）および州審判委員会（Commissione Tributaria Regionale）の 2 審制からなる租税不服申立機関として正式に発足した[79]。ただし，この委員会を真の司法機関として理解してよいかに

(75) 原則として，収益税（Ertragsteuer）と呼ばれる所得税や法人税については形式的には今なお賦課課税方式をとる大陸諸国では，給与税（Lohnsteuer）だけが例外的に源泉徴収制度によって徴収されるため，同税が課税当局にとっての，確実な税収源とされてきた。もっとも，これは，まともな会社であれば必ず従業員の給与から天引きは行われるはずという前提での論理であり，現在，欧州の先進各国で問題となっているのは，主に個人事業主や個々の家庭で雇うオペア（"au-pair" 育児・家事手伝いを主に担う外国人労働者。女性である場合が多い。）もしくは，清掃担当の短期雇用の従業員に対する闇給与支給に伴う課税漏れである。彼らは，主に不定期に時間給で雇主から雇われるため，その労働実態がつかみにくく，また移民労働者たる被用者の中には，本国に違法な手段で送金するために，むしろ，自ら望んで雇用主側に闇給与の支払いを望むケースが後を絶たない。これが，労働者の不法就労の巣窟ともいわれており，現在欧州先進各国の当局は，その取締りに躍起になっている。

(76) その理由としては，イタリアでは，オーストリア同様に，第二次世界大戦末期に，ファシスト政権の下で，現在につながる司法制度の大改革が行われたためで，当時枢軸国側としてドイツと近かったことも影響しているといわれている。

(77) その原型は，すでに憲法制定前にさかのぼることもできると，アンドレア・バランチン講師（東ピエモンテ大学）による筆者への 2016 年 11 月 11 日付メールでの指摘である。

(78) 村上義和「イタリアにおける税務訴訟と納税者の権利」『世界の税金裁判』120 頁。

(79) この訳語については，村上，前掲論文では，税務委員会と訳されている。なお，この時期（1970 年代初め）は，わが国の租税不服審判所制度の発足時期とほぼ重なるが，筆者が調べた限りでは，その関連性の有無は不明である。

ついては，当時のわが国と同様[80]に，「裁判所は，職業裁判官で構成されなければならない」とするイタリア憲法 102 条の規定との整合性で大問題となったといわれている。これは，イタリア租税法が他国同様に行政法の一部として発達してきた名残でもある。とはいえ，正式な裁判所ではないため，審査委員会の委員（giudice tributario）のメンバー全員が職業裁判官ではなくても，設立当初は言い訳が立った。すなわち，前述の両審判委員会の上部機関として，イタリア全土を管轄する審判委員会（Commissioni Tributaria）およびその上位機関として，他国の最高裁に相当する破棄院（Corte Suprema di Cassazione）が存在するので法律上の解釈は制度上最終審で担保されうるという構成になっていたのである。ところが，これでは制度上煩雑なばかりか，特に全国レベルでの審判委員会では，審理に余計な時間がかるだけで，場合によっては恣意的な決定が下されることもままあった。さらに，旧来の租税争訟手続は，当時のイタリアで進められていた地方分権化の流れに反するとの批判も強く，1980 年代以降，司法制度全般の改革とともに，次第に救済手続の迅速化・簡素化による納税者救済の構想が唱えられるようになった。

(2) 租税争訟制度改革後－現在の状況－

　その後，1980 年代後半から 90 年代にかけてのイタリア訴訟制度改革[81]により，1992 年の改正で租税争訟も，従前のきわめて不評であった全国審判委員会は廃止され，県と州の審判委員会のみが残された。この 1992 年制度改革が，現在まで続くイタリア租税争訟制度の原型となっている。両審判委員会では，いずれも，一つの事案に関して，通常は 3 名の素人裁判官（giudice tributario＝審判委員会委員）が審理を行う。ただし，素人といっても，現職の職業裁判官でないだけで，オーストリアと同様に引退した元租税官吏

---

(80)　八田卯一郎「国税不服審判所発足当時の思い出」租税法研究第 9 号（有斐閣）（1981 年）1 頁。

(81)　これは，後述の大統領令（Decreto legislative）の大改正に合わせて実施されたもので，1988 年のイタリア刑事訴訟法改革もその流れである。cf. 松田岳士『イタリアにおける刑事手続改革と参審制度』（大阪大学出版会）（2015 年）他を参照。

や公認会計士・（税務）弁護士・建築家・不動産鑑定士（に相当する士業）・元検察官等の専門職にある者が就くのが通例である。そして，課税庁の査定に不満のある納税義務者は，まず第1審にあたる県審判委員会（Commissione Tributaria Provinciale）へ不服申立てを行なうことになる。この段階では，課税当局には申立てをする権限はないが，第1審である県審判委員会の判決に不満のある場合には，両当事者とも州審判委員会（Commissione Tributaria Regionale）へと控訴することが認められている[82]。

　1996年以降は，その州審判委員会から直接に破棄院（Corte di Cassazione）へ上告されるのが通例となった。さらに，2000年以降の近年の傾向として，破棄院（Corte di Cassazione）が，従来の慣例[83]を破り，2002年に出された一連のフィリップ・モリス事件判決など租税訴訟にも関与するケースもでてきた[84]。これは，欧州国際課税をめぐる案件がしばしばイタリア国内の下級裁判所から，欧州司法裁判所へと回付され，イタリア最高裁である破棄院

(82)　アンドレア・バランチン講師から筆者への2016年11月15日付メールでの回答。後述のフィリップ・モリス事件がその一例である（注34参照）。第一審の県審判委員会は，納税者側の主張を認めたため，イタリアの課税当局が第二審の州審判委員会へと控訴したが，再度納税者側の主張が認容された。そのため，課税庁側が破棄院（最高裁）に上告した。

(83)　それまでは帝政ローマの国家組織をもじって「元老院（senatus）」と揶揄されていた。その理由は，組織自体に権威はあるものの，破棄院（最高裁）に任命される判事がいずれも高齢で，ごくまれにしか判決を下さなかったからである。

(84)　Decision n. 3367, 3368［イタリア破棄院（最高裁）2002年3月7日判決］，n. 7682/02［イタリア破棄院（最高裁）2002年5月25日判決］，decision n. 10925/02イタリア破棄院（最高裁）2002年7月25日判決。同事件は，代理人PEの認定に関しての独伊租税条約上の代理人PEの認定をめぐり両国が争った事案である。イタリア最高裁は，ドイツにあるフィリップ・モリスグループの関連会社（GmbH）とイタリア内国法人のライセンスを供与されている販売会社であるIntertaba社の関係について，下級審の判決を覆し，ドイツの関連会社がイタリア国内にPEを有していると判断して，課税庁側の主張を認容した。もっとも，このイタリア破棄院での同判決については，特にそこで示された3つのルーリングが従来の国際社会で理解されていた国際租税法上の代理人PE概念とは相いれないものであるとして，批判にさらされることになった。Cf. 松下滋春「代理人PEに関する考察」税大論叢45巻（2004年）424頁他。

を飛び越えて，司法判断が下され，その判決如何によっては，イタリアの議会がEU法違反と判断された国内法をしばしば改正しなければならなくなった影響もあると推測される[85]。破棄院では，租税事案は第5法廷で審理されることになり，そこでは5名の職業裁判官によって判決が出される。ただし，その際，他国の下級審（第一審）に該当する県と州の審判委員会での決定は，まずレビューされない。これは，同委員会が依然として正式の「裁判所」ではないためであるとされている。もっとも，加算金等の行政罰に関する審理は，上記のプロセスを経るものの，刑事罰を科される一定以上の額の脱税に関しては，財務警察（Guardia di Finanza）と称される特別警察の管轄となり，課税当局（Agenzia delle Entrate）の上位機関にあたる経済財務省（Ministero dell'economia e delle finanze）に設置されているため，別ルートで審理されることになる[86]。

　なお，イタリア租税法の一大特徴として，所得税法や法人税法，租税手続

---

(85) このあたりの同国の事情については，アンドレア・バランチン（松原有里訳）「イタリアにおける国際的租税回避の対応策（上）（下）」税務弘報60巻（2012年）10号140頁・12号153頁を参照。

(86) ジュゼッペ・マリーノ教授（ミラノ大学）およびアンドレア・バランチン講師（東ピエモンテ大学）への筆者のメールでの個別質問に対する回答による。（それぞれ2016年4月20日付および2016年11月11日付）財務警察制度は，古くイタリア統一前のサルディニア王国時代にさかのぼることができるが，1774年に同組織が設立された際は，国境警察的もしくは税関的な色彩が濃かった。しかし，審判委員会の性質が設立後，時代とともに次第に変容していったのと同様に，現在は，査察を行う国家機関として認識されている。もっとも財務警察が，最初にそのように規定されたのは，20世紀になってからで，1920年代のことであった。興味深いことに，イタリアの警察組織は，伝統的に，わが国の警察組織のような全国レベルで一つの行政庁に集約されて運営されている訳でも，ドイツやスイスのように各州・カントンごとに統一的に組織されている訳でもなく，いくつかの中央省庁の付属機関として発達してきたという同国独特の歴史的理由がある。そのため，財務警察は，脱税やマネーロンダリング，麻薬・商標違反などの経済犯罪や前述の不法移民取締まりのための国境警備をもっぱら目的とし，イタリア財務省の下部組織に独立して存在している。しかし，「警察」と称してはいても，筆者が見聞きする限りでは，実際の財務警察官の制服は，ほぼ軍服と変わらないものであり，一般人（含む納税義務者）には，かなりの威嚇を与えそうな気配ではあった。

法といった統一された個別の租税法典が未だに存在しないことがあげられよう。よって，租税法規は，原則として，フランス法の影響を受けた "立法府デクレ（decreto legislativo）" と呼ばれる大統領令[87]によって規定されている。ただし，デクレと称するとはいえ，フランスとは異なり，イタリアの大統領令はイタリア法制度上，イタリア議会からの委任を受け，イタリア政府が公布する「法律」と同等の（法源としての）地位を有する点に注意が必要である[88]。

　同様に租税訴訟手続（脱税がらみの刑事訴訟を除く）に関しても，イタリアは，他の欧州大陸諸国とは異なり，未だ行政訴訟法もまたわが国の国税通則法にあたる租税手続法も制定されていないため，それらに依拠することができない。したがって，前述の大統領令の中の規定か，あるいは，そこに明確な規定がみつからない（Ex. いわゆる「白地規定」の）場合，イタリア民事訴訟法の一般的な諸規定が大統領令に対して補完的に適用されている。なお，この大統領令は，裁判所だけではなく，審判委員会レベルでも法的拘束力を有している。

　さらに 2012 年以降，イタリアでも少額訴訟制度が導入され，20,000 ユーロ未満の事案に関しては，裁判所への出訴前に課税当局との間で和解手続をとることが，公に認められるようになった[89]。これは，「裁判前の合意」に該当するといえる。そして，この予備的な和解手続がうまく機能しなかった場合に初めて，前述の審判委員会へと出訴することになっている。

---

(87)　Decreto legislativo 31 dicembre 1992, n. 546. 最終改正は decreto legislativo 24 settembre 2015, n. 156。このようなイタリアの状況は，フランスで現在は，個別の税法典（実体法および手続法）が複数存在するのと対照的である。

(88)　アンドレア・バランチン講師の筆者の質問に対する上記メールでの回答。

(89)　和解制度自体は，租税争訟だけでなく，イタリアの法曹実務でも最近盛んに用いられているものであると，マリーノ教授の言。

第 8 章　欧州諸国における租税争訟制度　251

6　フランス

(1)　概要

　フランスの司法制度は，古くはフランス大革命後のナポレオン統治下の1799 年に国務院（コンセイユ・デタ Couseil d'Etat）[90]が新設されたのをきっかけに，アンシャンレジーム以来の通常民事・刑事裁判所から行政裁判権を分離させたという歴史的沿革をもつ。フランスが行政裁判所制度の発祥の地といわれる所以である。そのため，19 世紀以降の同国の租税訴訟は，英国を除く他の欧州諸国と同様に，原則として行政訴訟の一部として取り扱われてきた。したがって，課税庁の賦課決定処分に不服のある場合，通常は，納税者は，まず，税務当局に異議申立てをする[91]。そして，その結果下された決定に不服のある場合，イタリアと同様に裁判所でなく，まずはフランスの各県にある直接税および付加価値税課税不服委員会（la commission départementale des impôts directs et des taxes sur le chiffre d'affaires）に不服を申し立てることになる[92]。

　この方式はいわば，二重の租税不服申立前置主義であるが，同委員会制度を経て不服申立てを行う納税義務者の大半は，中小業者であることが多い。また不服委員会の委員の人的構成は，職業裁判官が委員長に任命される他は，課税庁側から数名，納税義務者側から数名それぞれ就任し，全体で 4 名〜10

---

(90)　その前身は，13 世紀末の国王顧問会議（Couseil du roi）にまで遡ることができ，その当時の国務院の役割は裁判所というより，支配者の諮問機関であった。

(91)　委員会で審理のできない所得税に対する不服申立てについては，もちろん，そのまま裁判所に提訴することもできるが，普通は，委員会を経由すると，湖東京至「フランスにおける租税救済制度」『世界の税金裁判』92 頁以下を参照。

(92)　なお，キャルト・ブーシェ仏国務院（租税訴訟担当）アヴォカ・ジェネラルによれば，2013 年を例にとれば，3,400 万件の不服申立てがフランス全土の委員会でなされたものの，18,000 件しか裁判所には提訴されなかったという。したがって，0.5% の租税争訟しか裁判所には出訴されない。この傾向は，オーストリアに似ている。Cf. Deben, Pagone, Cartot-Bousher, Drüen, Rip, Kathari, *ibid*, p. 134.

名程度である。ちなみに,納税義務者側の枠には,自らの属している職業団体（Ordre）で専門知識を有する者が指名されるが,その中には会計士も含まれることがある。ただし,スイスやオーストリアのかつての類似の制度と同様に同委員会段階まででの審理過程はすべて非公開であり,その裁決についても原則として公開されないので,秘密主義がわが国の審判所以上に徹底しているといえる。これは,納税義務者にとっては,訴訟に入る前に課税庁側と合意して訴えを取下げる余地を残すことを示唆しているといえよう。この不服委員会での調停結果を踏まえ,納税義務者は,所得・法人・相続といった直接税分野の争訟に関しては,第一審の行政裁判所（tribunal administratif[93]）へ出訴し,判決内容に不服がある場合には,第二審の行政控訴院（cour administrative d'appel）へと控訴することになる。なお,行政控訴院の上に前述の国務院（Conseil d'Etat）が法律審として存在している。

(2) 国務院の果たす役割

　フランスの租税争訟の最終審は一般に国務院であるとされる。しかし,現代の国務院は,裁判所としての機能を有する争訟部門（section du contentieux）だけでなく,政府の行政機関を管轄する行政部門（section de l'administration）を有しており,合わせて,政府の諮問機関としての役割も放棄していない。国務院の裁判官は,前述の両部に所属するが,租税訴訟を行うのはもっぱら争訟部門第5課である。そして,第5課所属の常勤の職業行政裁判官（3名）およびアヴォカ・ジェネラルと呼ばれる法曹資格を有する法務官が,直接税に関する判断を下す。ちなみに,租税部門のアヴォカ・ジェネラルであるキャルト・ブーシェ氏によれば,下級審の判決に対し当事者が上告し,国務院が受理申立てを受理する割合は,2015年時点で約38%とのことである[94]。

---

(93)　行政裁判所自体は,もともとフランス大革命の余波として,当時の王権や皇帝の権力に対抗するものとして,フランスで創設され,19世紀にドイツや他の欧州大陸法系諸国に継受されたものである。

(94)　Martin, ibid. p 28.

これに対して，間接税については，その不服申立てに関する裁判管轄は行政裁判所ではなく，通常裁判所で取り扱われることになる[95]。具体的には，付加価値税（一般消費税）および登録税・印紙税等の個別間接税が通常裁判所の民事法廷で扱われる。これは，フランスの司法・裁判制度の特色として，歴史的な理由により，今なお司法裁判所と行政裁判所の複線的な系統で構成（二元的裁判制度）されていること無関係ではないと考えられる[96]が，英国の司法制度改革前の租税審判所の複線的な構成とも類似し，やや興味深い現象ではある。なお，租税逋脱事件についてはドイツやスイスと同様に刑事法廷の管轄になる。

ちなみに，フランスは欧州内でも中央集権国家であるためか，行政裁判所での裁判官のキャリア・パスは，ボルドーにある司法修習所を経由し破棄院につながる司法官（＝通常裁判所の裁判官および検察官 "magistrat"）の養成とは別ルートをとる。これは，わが国やドイツその他の欧州大陸諸国の職業裁判官のそれとも明らかに異なる。すなわち，一般に直接税分野の争訟を扱う行政裁判所については，各地方の行政裁判所の優秀な裁判官が10数年経験を積んで，その中の選ばれた者が国務院に入るという方式ではなく，そのキャリアの最初から国立行政学院（ENA）出身の若手の優秀な5名ほどが毎年国務院に採用されて，国務院の中で順次昇進していくというシステムを採っている。ちなみに，2016年10月現在，国務院副総裁（わが国の最高裁判所長官に相当）であるジャン・マルク・ソヴェ氏も，国務院に採用後の最初の4年間，租税事件部（第6部）で仕事をされていたとのことである[97]。ちなみに，国務院に持ち込まれる代表的な租税事件は，税務会計に関するものであ

---

(95) 吉村典久「フランスにおける税務調査」『税務調査（一）－諸外国における税務調査』日税研論集9号（1989年）235頁。

(96) 中村義孝『概説フランスの裁判制度』（2013年）127頁。

(97) ジャン・マルク・ソヴェ国務院副総裁の2016年10月26日東京大学における講演会「フランス国務院とヨーロッパ法・国際法」後のレセプション会場での筆者とのやり取りによる。もっとも，同氏は，その後は租税部からは全く離れたとのこと。

る。これは，フランス租税通則法（Code Général des Impôts）がかつてのドイツと同様に独自の会計基準を包括的には定めていないためであり，白地規定に関しては商法上の会計基準に依拠しなくてはならず，個別の係争事案については国務院が判断しているのである[98]。

その上で，近年のフランス国務院では，イタリアの最高裁やドイツの連邦憲法裁判所と同様に，国際租税法とりわけ EU 法との関連で租税事案を扱うことも多くなっている。例えば，仏国内の租税政令（デクレやオルドナンス）とフランス税法もしくは EU 法の関係について司法判断を行うケースが散見され，政令が国内税法もしくは EU 法違反の疑いがある場合，申立人（納税義務者）は下級審（第一審）から控訴審を経由せずに直接，国務院に上訴することができる[99]。仏国務院は，EU 法と国内法との抵触関係について，長く沈黙を守ってきたが，最近の判例では，比較的 EU 法に対して調和的な対応を取っている模様である[100]。

7　スウェーデン

(1)　概要

スウェーデンでは，租税実体法については，フランスやドイツ同様に独立の租税法典が制定されており，租税手続法についても，独自の法（Taxeringslagen, Lagen om självdeklaration och kontrolluppgifter）が存在する。したがって，課税庁側に対する納税者側の不服申立ては，上記の法に規定がない場合にのみ，行政手続の一種として，同国の行政手続法（Förvaltningslagen）の適用を受けることになる[101]。ちなみに，スウェーデンでは，1990 年法改

---

(98)　Martin, ibid. p. 28. 弥永真生『会計基準と法』53 頁以下。

(99)　CE, 14. Dec. 2001, Lastyrie du Saillant, Case n. 211341, Revue de jurisprudence fiscale, 2/02, n. 160. S. Marin, ibid. PP. 29.

(100)　Jean-Marc Sauvé, 東京大学での講演録 Le Conseil d'Etat et le droit européen et international（2017 年春に『国家学会雑誌』公刊予定。）

(101)　占部裕典「スウェーデンの税務争訟制度」『世界の税金裁判』161 頁。ちなみに，同論文は，同国の租税法の 1999 年改正までをフォローしている。

正により，異なる税目の賦課徴収手続の統一化が図られた。

　ただし，実際の争訟手続については，フランスほどではないにせよ，やや特殊である。そもそも，スウェーデンでは，伝統的に行政の各分野に裁判官（法曹）資格を有する者が働いており，裁判所という概念自体が明確ではなかった[102]。行政裁判所という用語自体も条文上に規定されたのが，1971 年以降である[103]。また，フランスやオーストリア，スイスと同様に租税を扱う特別裁判所が存在しないため，課税当局の処分に不満のある納税者は，まず 2003 年まではスウェーデン王国課税庁（Riksskatteverket）に不服申立てをしていた。この組織は，2004 年以降は地方の課税当局（skattemyndigheter）と統合され，国税庁（Skatteverket）と称する機関に発展している。課税当局内での不服申立てが受理されなかった場合，1971 年から 1979 年までの間，納税義務者は，県税務裁判所（länsskatterätt）[104]に出訴していたが，これは 1979 年に県行政裁判所に統合され，2010 年までは，第一審として県行政裁判所（länsrätten）が存在していた[105]。第一審での判決に納税義務者および課税当局のいずれかに不服がある場合，両当事者ともに第二審の行政高等裁判所（Kammarätten）に控訴ができるようになっていた。また，オンブズマン制度発祥の国だけあり，行政裁判所に民間の裁判官（参審員）の法廷への参加を認めていることもドイツやイタリア，オーストリアの名誉裁判官の制度と類似性が見受けられる点である。なお，第二審の段階では，不動産課税法に関しては特別規定がある[106]。

---

(102)　萩原金美『スウェーデンの司法』（弘文堂）（1986 年）。
(103)　萩原金美『スウェーデン手続諸法集成－集団訴訟法・仲裁法・行政訴訟法・法律扶助法等－』（中央大学出版部）（2011 年）97 頁。
(104)　萩原金美『スウェーデン法律用語辞典』（中央大学出版部）（2007 年）134 頁。
(105)　占部，前掲論文（注 101）161 頁。もっとも，本稿での訳は，萩原金美訳『スウェーデン手続諸法集成－集団訴訟法・仲裁法・行政訴訟法・法律扶助法等－』（中央大学出版部）（2011 年）95 頁の示唆に従う。
(106)　柴由花「スウェーデン地方不動産税の創設」明海大学不動産学部論集第 17 巻（2009 年）82 頁以下。

(2) 司法制度改革後－現状－

さて，司法制度のさらなる改革に伴い，2010年以降，スウェーデンの納税義務者は，課税当局（Skatteverket）の査定に不満がある場合，旧来の県行政裁判所ではなく，新たに創設された地方行政裁判所（Förvaltningsrätten）へ出訴することになった。そして第一審にあたるこの地方行政裁判所の決定に当事者のいずれかが不満がある場合，第二審の高等行政裁判所（Kammarrätten）[107]に控訴されることになる。事実審は他国同様に第二審までとなるが，法律の解釈を巡る争点になると，さらに最終審としてストックホルムにある最高行政裁判所（Högsta Förvaltningsdomstolen）への上告が認められる。スウェーデンには，その他にも，別途，国税に関する特別委員会も存在するが，これは移転価格税制のアドバンス・ルーリングに関する国の特別委員会（Skatterättsnämnden）であって，通常の租税訴訟についての全分野をカヴァーするものではない点に注意が必要である[108]。

その他特筆すべき点として，スウェーデンの場合は，国税である所得税にかかる課税最低限が諸外国に比べて比較的高い（約800万円）ことが挙げられる。したがって，普通のスウェーデン市民は，国税ではなく地方住民税・固定資産税（および社会保険料）のみ納税している。例えば，2014年で社会保障負担と合わせて，全国平均で約32%の租税負担になるという[109]。したがって，地方公共団体での租税事務所の役割も大事であると推測される。同国では，地方政府レベルでの租税係争処理機関として租税委員会が設置されている。委員会は，5名の委員で構成され3名以上の多数決で決定される。ただし，正副委員長に任命されるのは，地方政府の課税庁の職員であり，そ

---

(107)　占部訳では，控訴行政裁判所となっている。

(108)　以上の点については，バーティル・ヴィーマン教授（ウプサラ大学）へ筆者が2016年5月13日にソウル，同年6月2日にミュンヘンにおいて行った口頭でのインタビューに対する回答。

(109)　これは，同国とわが国の物価水準が多少異なる点がある（スウェーデンの方が1.5倍は高い）にせよ，単純比較すればわが国の所得税の実効税率にかなり近い値ではある。以上，上記のヴィーマン教授の2014年11月17日に明治大学で行われた講演会での発言。

のような構成で，実際に，納税者の権利保護を保てるのかやや疑問ではある[110]。

　なお，近年の傾向として，他のEU加盟国と同様に近年同国内の事案でEU租税裁判所（ECJ）へ回付される租税事案が多く見られる。（Skandia America事件他[111]）スウェーデンをはじめ北欧諸国は，特にスカンジナビア諸国の間でも国際租税事案が多い点も特徴として挙げることができよう。

8　欧州レベルでの司法的救済

　最後に汎欧州レベルの司法的救済についても簡単に言及する。近年の欧州内での国際課税（含む域外第三国との）争訟を考える際，しばしば，国内裁判所を超えて超国家的司法組織によっても納税義務者の救済が図られることがあるためである。欧州には現在，同地域を管轄する3つの国際司法機関がある。それらは，1）ルクセンブルクにある欧州司法裁判所（The Court of Justice of European Union，以下ECJ）と2）ストラスブールにある欧州人権裁判所（European Court of Human Rights，以下ECHR），3）リヒテンシュタインにあるEU加盟国以外が加入している欧州自由貿易連合裁判所（Court of Justice of the European Free Trade Association，以下EFTA裁判所）である。欧州国際租税の分野では，欧州司法裁判所が1970年代から判例を出しており，加盟国間の国際（含む経済的）二重課税問題についてリードしてきた感があるが，2000年以降は，欧州人権裁判所が欧州人権憲章（Charter）に基づき，欧州司法裁判所とは異なる視点から決定を出す傾向があり，国際租税の判例も蓄積していることから，最近は，各国の国内裁判所との関係だけでなく，両裁判所間の緊張関係も問題となっている[112]。さらに，英国がEUを離脱することが決まった2016年現在，かつて英国が主導して結成されたEFTA

---

(110)　ただし，スイス同様，都市部と山岳部（過疎地域）では委員会のメンバーによっては結果が偏る可能性もある。

(111)　松原，前掲論文（注28）88頁。

(112)　例えば，欧州各国の職業裁判官同志の「裁判官会議」での交流などがその一例である。

裁判所の出す判例への関心が急速に高まってきているところではある。

9　総括　－日本への含意－

　以上，欧州の租税訴訟の仕組みについて，主要国および国際間での訴訟制度について簡潔に概観してきた。これまでの調査で明らかになった点は，以下のとおりである。1) 欧州の主要各国では21世紀初頭の時点で，相次いで司法制度改革を行い，わが国とは異なり，租税争訟に関しても（フランスの特殊事情を除けば）司法府，とりわけ専門裁判所による解決を目指すようになった。2) それにもかかわらず，課税当局との「裁判前の和解」も依然として好まれている。3) さらに，近年は，EU統合の深化に伴い，国際租税法がらみの事件を国内裁判所で扱うことが増え，相手国の国内裁判所もしくはEU裁判所をはじめとする欧州内の国際裁判所との関係も無視できなくなってきた。現在では，相互の裁判所が類似の互いの判例を参照（もしくは批判）しあうことも多い。また，英国がEU離脱したとしても，EUよりむしろ，かつての英連邦諸国の裁判所との連携関係が強まることも予想される[113]ことから，このような欧州諸国における租税争訟の国際化は，過去20～30年程の間に大きく進展しているのがわかる。そのような裁判実務での国際交流が盛んなのは，わが国ではあまり見られない現象であるといえよう。

　わが国の場合，法継受が，明治期と第二次世界大戦後に，複数の国の異なる時代の法にまたがって複線的に行われてきたこともあり，実は，多くの法系の影響を受けている。ところが，わが国では，一部のメモワール的な著作もしくは最高裁の調査官解説を除き，裁判官が顕名で意見を公表することがきわめてまれであることから（その意味で，かつての欧州の職業裁判官の伝統に非常に忠実であるといえるかもしれない），日本の裁判官がどのような思考回路で租税法規を解釈しているのか，外部からはうかがい知れない部分も多い。

---

(113)　例えば，フリードマン教授の2016年5月18日に明治大学で行った前述の講演での発言。

しかし，租税法規をめぐる争訟の解決には，やはり専門的知識が必須であり，学界とは別に，将来的には租税行政機関と司法機関が相互に連動していくことが，好ましいと考える。

さらに，わが国でも比較的キャリア的には早い時期に，意欲的な若手法曹（含む裁判官）が諸外国で研鑽を積んでいることを鑑みれば，長期的には，それを若手のキャリア形成期のみならず，後年まで維持し，場合によっては，租税に限らず特定分野に強い職業裁判官を養成していくのも一案であろう。

一方で，現行の国税不服審判所に，地方税のうち固定資産税をめぐる不服申立機関である固定資産税不服審査委員会の機能を吸収合併させ，一元化させることも一案である。その上で，裁判所法 3 条 1 項の縛りはあるものの，中長期的には，知財高等裁判所に類似する租税高等裁判所（仮称）の創設を検討することも，将来の司法制度改革としては可能ではないかと考える。合わせて，国税不服審判所の近代化，すなわち，審判官に法曹資格要件を課さないこと，また裁決を無料・原則非公開としてきたことの是非についても再検討する余地があるかもしれない。これらの点については，今後，改めて別稿に記すこととしたい。

〈参考〉（2016 年 9 月 30 日最終閲覧）
各国政府機関の公式 URL
（イギリス）
https://www.gov.uk/browse/business
https://www.gov.uk/courts-tribunals/first-tier-tribunal-tax
https://www.gov.uk/courts-tribunals/upper-tribunal-tax-and-chancery-chamber
（ドイツ）
http://bundesfinanzhof.de/
http://www.fg-muenster.nrw.de/
http://www.fg-koeln.nrw.de/
http://www.finanzgerichte.bayern.de/
（スイス）
http://www.steuerrekurskommission.bs.ch/
http://www.strgzh.ch/entscheide/uebersicht.html

http：//www. justice. be. ch/justice/de/index/verwaltungsgerichtsbarkeit/verwal
tungsgerichtsbarkeit/steuerrekurskommission. html#originRequestUrl=www. be. ch
/strk
（イタリア）
http：//www. giustiziatributaria. it/index. php?option=com_k2&view=itemlist&layout
=category&task=category&id=30&Itemid=342
https：//www. giustiziatributaria. gov. it/gt/commissioni-tributarie
http：//www. agenziaentrate. gov. it/wps/portal/entrate/home
（フランス）
http：//www. conseil-etat. fr/Tribunaux-Cours/La-juridiction-administrative
https：//www. courdecassation. fr/
http：//www. impots. gouv. fr/portal/static/
（スウェーデン）
http：//www. skatteverket. se/privat. 4. 76a43be412206334b89800052864. html
http：//skatterattsnamnden. se/4. 383cc9f31134f01c98a800010842. html
（欧州の国際司法機関）
http：//curia. europa. eu/
http：//www. lu. emb-japan. go. jp/japanese/eu/justice. htm
http：//www. echr. coe. int/Pages/home. aspx?p=home

※本研究は，平成 28 年度科研費基盤⒞15K03121 の研究成果の一部である。

租税手続の整備

第 9 章　ドイツにおける租税確定手続

北海道大学准教授　田中　啓之

　本稿は，ドイツにおける租税確定手続を概観するものである[1]。具体的には，租税通則法[2]第 4 章第 3 節「租税確定手続（Festsetzungs- und Feststellungsverfahren)」[3]およびこれに関する規定を概観する[4]。必要に応じて，

---

(1)　本稿は，ドイツにおける基本書として，*Tipke / Lang*, Steuerrecht, 22. Aufl., Köln 2015, §§ 6 und 21; *Birk/Desens/Tappe*, Steuerrecht, 18. Aufl., München 2015, §§ 3 und 4, コンメンタールとして，*Tipke/Kruse/Seer*, AO, FGO, Loseblatt, Köln; *Klein*, AO, 13. Aufl., München 2016; *Hübschmann / Hepp / Spitaler*, AO und FGO, Loseblatt, Köln; *v. Wedelstädt*, AO und FGO, 21. Aufl., Stuttgart 2015; *Koenig*, AO, 3. Aufl., München 2014 などを参照して，あくまでドイツ法の現状を，日本法との比較において，紹介することに努めたものである。したがって，本稿は，関連する判例・文献の引用も，最小限にとどめている。詳しくは，まず，これら基本書・コンメンタールの該当箇所を参照されたい。

(2)　租税通則法（Abgabenordnung）は，1919 年ライヒ租税通則法を前身とするものであり，1976 年行政手続法の制定と並行して，1977 年全文改正されたものである。これに伴い，1934 年租税調整法は，廃止された。なお，同改正前の租税通則法（基本法）については，中川一郎教授を中心とする一連の研究がある。

(3)　租税通則法において，Festsetzung とは，租税の額を確定することであり，Feststellung とは，その基準となる事実上・法律上の関係（課税基礎）（199 条 1 項参照）を確定することである。しかし，本稿では，いずれについても，端に「確定」という訳語を用いる。

(4)　租税通則法の各規定は，原則として逐語訳をした上で解説するが，技術的な細則（169 条ないし 171 条，178 条，180 条以下）については，抄訳または要約をするにとどめる。

判例および課税実務についても言及する。

　第4章第3節は，第1款「租税確定」（155条ないし178a条），第2款「課税基礎の区分確定・基準税額の確定」（179条ないし184条），第3款「分割・配賦」（185条ないし190条），第4款「責任」（191条・192条）に分かれている[5]。

　第4章「課税の実行（Durchführung der Besteuerung）」は，第3節「租税確定手続」のほか，第1節「納税者[6]の把握」（134条ないし139d条），第2節「協力義務」（140条ないし154条），第4節「税務調査」（193条ないし207条），第5節「犯則調査[7]」（208条），第6節「租税監督」（209条ないし217条）という各節から構成されている。

　第4章は，第1章「総則」（1条ないし32条），第2章「租税債務法（Steuerschuldrecht）」（33条ないし77条），第3章「手続に関する総則」（78条ないし133条）という先行する各章を前提としており，第5章「徴収手続」（218条ないし248条），第6章「執行」（249条ないし346条），第7章「裁判外救済手続」（347条ないし368条），第8章「刑罰・過料」（369条ないし412条）という後行する各章の前提となるものである。特に，租税債務法と租税手続法の区別，および，確定手続と徴収手続の区別は，ドイツ租税通則法の体系を理解する上で，重要である。

---

(5)　本稿は，ドイツ租税通則法の条文は，条数のみで示す。また，ドイツにおける他の（租税）法令は，必要がない限り，端に「所税法」などと略し，ドイツ法であることを示さない。

(6)　本稿は，Steuerpflichtiger の訳語として，「納税者」という言葉を用いる。租税通則法において，Steuerpflichtiger は，租税債務者のほか，責任債務者，源泉徴収納付義務者なども含む概念であるため（33条1項），「納税義務者」という訳語は，誤解を生むからである。

(7)　ただし，ここで「犯則調査」と訳した Steuerfahndung の任務は，租税犯罪・租税行政秩序違反の調査（208条1項1号）という刑事（制裁）法上のもののほか，その課税基礎の認定（2号）・租税事件の発見（3号）という租税法上のものを含むとされている（Doppelfunktion）。これは，犯則調査の過程で得られた資料を，制裁法上の目的以外にも利用できることを明文化したものといえる。Vgl. BT-Drucks. 7/4292, S.36.

第 9 章　ドイツにおける租税確定手続　263

　本稿は，以上の体系を踏まえて，租税通則法における条文の配列に従い，租税確定手続と題された各規定の概要を紹介する（ⅡないしⅤ）。その際，租税確定手続の前提として，租税債務関係に基づく請求権の成立（38条）という概念の意義について，確認する（Ⅰ）。最後に，租税通則法の規定を離れて，実務的かつ理論的にも重要な問題として，給与所得に係る源泉徴収税に関する租税確定手続について，言及する（Ⅵ）。

Ⅰ　租税債務関係に基づく請求権の成立（§38 AO）

　租税債務関係に基づく請求権は，法律が給付義務を結び付けている要件が実現された時に成立する（38条）[8]。当該要件の実現により成立した請求権は，実体法上，その基礎となる法律行為の消滅（41条）または別段の定め（相税法29条など）によるほか，変動せず[9]，さらに相殺（226条）[10]，譲渡・差押え・担保権（46条）[11]の対象となるなど，私債権とほぼ同様の規律に服する[12]。これが，成立という概念の本来的な意義である[13]。

　こうして実体法上成立した請求権に係る租税の額は，租税確定（Steuerfestsetzung）という租税行政行為（118条）により確定される[14]。租税確定は，租税決定（Steuerbescheid）のひとつである。租税決定については，原則

---

(8)　その意義を含め，公法上の金銭債務に関する体系的な検討として，vgl. *Iris Kemmler*, Geldschulden im Öffentlichen Recht, Habil., Tübingen 2015.

(9)　この帰結として，例えば，行政契約による租税債務の減額は許されない。BFH vom 27. 3. 1990 VII R 26 & 89, BStBl. Ⅱ 1990, S. 939. ただし，163条などに留意せよ。

(10)　ただし，相殺は，納税者ばかりか，税務官庁も行うことができる。また，民法上の原則と同じく，相殺は，同種の債権間でのみ行うことができる。

(11)　ただし，本規定の対象は，税務官庁を相手方とする請求権のみである。

(12)　現在では，Insolvenzordnung vom 5. 10. 1994, BGBl. I 1994, S. 2866 の制定により，Konkursordnung vom 10. 2. 1877, RGBl. 1877, S. 351 が廃止され，租税債権に係る一般優先権も否定されている。ただし，Haushaltsbegleitgesetz vom 9. 12. 2010, BGBl. I 2010, S. 1885 による§55 Abs. 4 InsO の新設など，その後の展開を含め，vgl. *Andrea Nachtmann*, Das Fiskusvorrecht im deutschen Insolvenzrecht, Diss., Frankfurt am Main 2014.

として，租税行政行為に係る規定（118条以下）が適用される。ただし，取消しおよび撤回に係る規定に対しては，更正に係る規定が優先する（後述）。

　なお，租税債務関係に基づく請求権とは，租税請求権，還付金（Steuervergütung）請求権，責任請求権，租税付随給付請求権，過誤納金

---

(13)　このように，ドイツでは，成立という概念そのものについては，実定法上，争いがない。ただし，37条2項において過誤納金請求権の消極的成立要件とされている「法律上の原因」（権原）という文言について，税務行政は，実体法上の請求権を超える支払によりこれが否定されるという解釈を示しており（AEAO zu §37 Nr.2），財政裁判所も，相殺適状，BFH vom 10. 11. 1953 I 108/52 S, BStBl. III 1954, S.26，破産財団への帰属，BFH vom 7. 3. 1968 IV R 278/66, BStBl. II 1968, S.496，債権譲渡・差押え，BFH vom 6. 2. 1990 VII R 86/88, BStBl. II 1990, S.523，については，同様の解釈を示している（materielle Rechtsgrundtheorie）。これに対し，1980年代以降，（厳密には傍論であると思われるが）過誤納金請求権の成立は，更正決定を前提とするかのような判断も示されている（formelle Rechtsgrundtheorie）。BFH vom 18. 12. 1986 I R 52/83, BStBl. II 1988, S.521；BFH vom 28. 11. 1990 V R 117/86, BStBl. II 1991, S.281；BFH vom 17. 5. 1995 I B 183/94, BStBl. II 1995, S.781；BFH vom 12. 10. 1995 I R 39/95, BStBl. II 1996, S.87。また，損失繰戻に伴う過誤納金請求権は，損失の生じた査定期間の経過により成立する。BFH vom 6. 6. 2000 VII R 104/98, BStBl. II 2000, S.491。ただし，近時の判例は，再び実体法を成立の基準とすることが多い。相続財産への帰属について，BFH vom 16. 1. 2008 II R 30/06, BStBl. II 2008, S.626。日本の判例として，最判平成22年10月15日民集64巻7号1564頁。

　これに対し，日本では近時，更正の請求との関連において，成立という概念そのものに疑問を呈する見解もある。水野武夫「租税訴訟制度の再検討」税法学568号139頁（2012），岡村忠生「納税義務の成立について」税研28巻3号18頁（2012）。

(14)　BT-Drucks. VI/1982, S.113；受贈者への違法な更正決定により贈与者の連帯債務は復活しないと判断したものとして，BFH vom 29. 2. 2012 I R 19/10, BStBl. II 2012, S.489. 同じく，日本における課税処分の意義を確定と整理する近時の文献として，原田大樹「課税処分と租税債務関係」『行政法学と主要参照領域』41頁（東京大学出版会，2015）。

　これに対し，1919年ライヒ租税通則法において81条という規定が設けられるまでは，租税決定（の通知）により，納税義務そのものと区別される具体的な租税債務が成立する，という見解が判例および通説であった。RFH vom 22. 5. 1919 I A 51/19, RFHE 1, S.115；RFH vom 16.12. 1919 I A 246/19, RFHE 2, S.110；*Otto Meyer*, Deutsches Verwaltungsrecht, Bd. I, 2. Aufl. 1914, S.335. Dazu vgl. *Heinrich Wilhelm Kruse*, Zum Entstehen und Erlöschen von Steueransprüchen, in FS für Tipke, Köln 1995, S.277.

第 9 章　ドイツにおける租税確定手続　265

（Erstattung）請求権[15]（37 条 1 項）である。ただし，納税者による租税法上の選択権の行使に伴い成立する請求権[16]，税務官庁による行政裁量の行使に伴い成立する請求権[17]は，いずれも本規定の射程外である。

II　租税確定（Steuerfestsetzung）（§§ 155 bis 178a AO）

1　総則（Allgemeine Vorschriften）

(1)　租税確定（155 条）

　租税は，別段の定めがない限り，税務官庁（Finanzbehörde）の租税決定により確定される。租税決定とは，122 条 1 項により通知される行政行為である。これは，租税の全部もしくは一部を免除し[18]，または租税確定の申立

---

(15)　過誤納金請求権とは，租税，還付金，責任額，租税付随給付請求権が，法律上の原因なく支払いまたは還付された時に成立する（37 条 2 項 1 文）。すなわち，過誤納金請求権は，税務官庁を相手とすることも（狭義の過誤納金），納税者を相手とすることも（Rückforderungsanspruch）ある。なお，後述のとおり，過誤納金請求権は，給与所得に係る源泉徴収税が違法に納付された場合，被用者において成立する。

(16)　夫婦合算査定の選択に伴い成立する連帯債務が，その例である。ただし，原則として，租税法上の選択権・形成権の行使は，請求権の成否でなく，その額のみに影響する。BFH vom 12. 7. 1989 X R 8/84, BStBl. II 1989, S. 957. また，選択権の行使は，租税決定に係る形式的存続力（不可争力）の発生時まで認められる。BFH vom 10. 12. 2008 XI R 1/08, BStBl. II 2009, S. 1026. 日本の判例は，選択権と租税の成否の関係について，必ずしも明らかでない。最判平成 16 年 12 月 16 日民集 58 巻 9 号 2458 頁。選択権の有効性については，最判平成 21 年 7 月 10 日民集 63 巻 6 号 1092 頁のほか，谷口勢津夫「錯誤に基づく選択権行使の拘束力に関する一考察（1）（2・完）」税法学 491 号 1 頁，492 号 1 頁（1991）も参照せよ。

(17)　各種の加算金（152 条，162 条 4 項）・制裁金（146 条 2b 項，328 条・329 条）に係る請求権が，その例である。これに対し，利子税（Säumniszuschlag）（240 条）・延滞税（Stundungs-und Hinterziehungszinsen）（234 条・235 条）は，行政裁量の行使を俟つことなく，成立する。責任請求権も，実体法上当然に成立し，BFH vom 15. 10. 1996 VII R 86/88, BStBl. II 1990, S. 523, その行使のみ行政裁量に委ねられている（191 条）。

(18)　これは，免除決定（Freistellungsbescheid）と呼ばれる。公益性（Gemeinnützigkeit）を理由として法人税を免除する決定が，その例である。BFH vom 13. 11. 1996 I R 152/93, BStBl. II 1998, S. 711.

てを棄却する[19]場合についても，同様である（1項）。租税決定は，基礎決
定（Grundlagenbescheid）[20]がされていない場合においても，行うことができ
る（2項）[21]。複数の納税者が連帯債務者として租税債務を負う場合には，
当該複数人に対し，租税共同決定をすることができる（3項）[22]。租税確定
に係る規定は，還付金の確定について準用する（4項）。

　このように，ドイツにおいて，租税は，原則として，税務官庁の租税決定
により，確定される[23]。これを以て，ドイツにおける租税確定手続は，基
本的な制度としては，賦課課税方式を採用していると理解することができる。
もっとも，このような理解は，個別租税法において定められている租税届出
（Steueranmeldung）という制度により，ある程度は，相対化されるべきもの
である。租税届出とは，租税申告（Steuererklärung）のうち，納税者本人が
税額を算出して申告すべきものであり（150条1項3文），事後調査を留保し
た租税確定とみなされる（168条1文）。租税届出は，売上税（売税法18条），
給与所得に係る源泉徴収税（所税法41a条），資本所得に係る源泉徴収税（同

---

(19) これは，実務上，非査定処分（Nichtveranlagungs-Verfügung）と呼ばれる形
　　式により行われることが多い。非査定処分の法的性質については，vgl. BFH
　　vom 12. 5. 1989 III R 200/85, BStBl. II 1989, S. 920.
(20) 基礎決定とは，確定決定（Feststellungsbescheid），基準税額決定（Steuer-
　　messbescheid）その他租税の確定について拘束力ある行政行為である（171条
　　10項1文）。
(21) ただし，これにより，例えば，区分確定（179条以下）が不要となることはな
　　く，端に暫定的な租税確定が許容されているにすぎない。BFH vom 26. 7.
　　1993 VIII R 28/79, BStBl. II 1984, S. 290; BFH vom 2. 12. 2003 II B 76/03,
　　BStBl. II 2004, S. 204.
(22) ただし，（黙示の）授権がない限り，全員に対し正本を以て通知しなければな
　　らない。BFH vom 11. 12. 1985 I R 31/84, BStBl. II 1986, S. 474. 連帯債務
　　者とは，合算査定を選択した夫婦（所得税），贈与者・受贈者（贈与税），譲渡
　　人・譲受人（不動産取得税）などである。
(23) 租税決定により租税が確定するという原則は，その限りでなお，国家が私人に
　　対し行政行為により司法判決と同じように法を宣言する（„was Rechtens sein
　　soll“）という，行政の司法形式性（Justizförmigkeit）という観念に影響され
　　ているともいえる。*Otto Meyer*, Deutsches Verwaltungsrecht, Bd. I, 3.
　　Aufl. 1924, S. 93, 318, 321 f.

45a 条）などにおいて採用されている。このうち，給与所得に係る源泉徴収税については，後述する。

また，賦課課税方式についても，課税実務において，事後調査が行われる例は限られており（Nr. 2 Satz 3 AEAO zu（§ 88）；Nr. 2 GNOFÄ），結果として多くの場合，租税申告の内容そのままにより租税が確定されている（Steuerveranlagung laut Steuererklärung)[24]。さらに，租税申告の内容を否定し，納税者に不利益な租税決定を行う場合，納税者には，聴聞の機会が保障されている（91 条）。

租税に係る請求権は，原則として，租税決定による確定を経て，実現（Verwirklichung）に至る（218 条 1 項 1 文）。このように，租税に係る請求権は，原則として，確定により，給付保持力を付与される。これを権原化（Titulierung）ともいう[25]。ここでも租税届出は，租税決定と同視されることが確認されている（218 条 1 項 2 文）。

租税に係る請求権のうち，確定されるべきものは，原則として，確定に係る通知の後，期限が到来する（Fälligkeit）（220 条 2 項 2 文）。これにより，執行も可能となる（254 条 1 項 1 文）。なお，租税法関係において，不服申立て・取消訴訟の提起により，原則として，執行は妨げられない（執行不停止の原則）（361 条 1 項。ただし同 2 項）。これは，ドイツ行政法上の原則（行政裁判所法 80 条 1 項）と異なる。

租税に係る請求権の消滅原因は，納付（224 条・225 条），相殺（226 条），免除（163 条・227 条），時効（169 条ないし 171 条，228 条ないし 232 条）などである（47 条）。

---

(24) Dazu *Roman Seer*, Reform des Veranlagungsverfahrens, StuW 2003, S. 40 ff.; *ders.*, Reform der Steuerveranlagungs, StbJb 2004/05, S. 53 ff.

(25) このように，37 条 2 項にいう「法律上の原因」の解釈にかかわらず，本規定によれば，租税は，実体法上成立していても，租税決定により確定されなければ，実現に至らない。Vgl. BFH vom 7. 3. 1968 IV R 278/66, BStBl. II 1968, S. 496 m. w. N.

(2) 確定不要制度 (156 条)

連邦財務大臣は，行政を簡素なものとするため，法規命令により[26]，租税および租税付随債務のうち，その確定されるべき金額が当該法規命令において定められた金額を超えないと見込まれるものについては，租税確定をしないと定めることができる。当該金額は，10 ユーロを超えることができない。当該法規命令は，自動車税その他所定の租税については，連邦参議院の同意を要しない（1項）。租税および租税付随債務の確定は，徴収の見込みがないことが確実である場合，または徴収および確定の費用がその金額に見合わない場合，これをしなくてもよい（2項）。

(3) 租税決定の形式・内容 (157 条)

租税決定は，別段の定めがない限り，書面により与えられる[27]。書面による租税決定は，確定される租税の税目と金額を記し，当該租税の債務者を示したものでなければならない[28]。また，当該決定書においては，行うことができる法的救済の方法ならびに当該法的救済を行うことができる期間および相手方について，教示しなければならない（1項）。課税基礎の確定は，当該課税基礎が区分して確定されたものでない限り，法的救済により独立して取り消すことができない，租税決定の一部である（2項）。

このように，租税決定とは，租税の金額を確定するものであるため，租税決定における課税基礎の誤りは，それ自体として独立した取消理由ではな

---

(26) Kleinbetragsverordnung, BGBl. I 2000, S. 1790. ただし，適用除外に留意すべきである。また，同制度は，行政の簡素化を目的とするため，納税者の不利益にも作用する。BFH vom 16. 2. 2011 X R 21/10, BStBl. II 2011, S. 671.

(27) これは，119 条 2 項の特則である。ただし，87a 条により，納税者の同意などがあれば，電子的方法によることもできる。Drittes Gesetz zur Änderung verwaltungsverfahrens-rechtlicher Vorschriften vom 21. 8. 2002, BGBl. I 2002, S. 3322.

(28) このように，租税は，税目・金額・債務者などにより特定される租税債務ごとに確定されなければならない。BFH vom 30. 1. 1980 II R 90/75, BStBl. II 1980, S. 316. 特定に欠く租税確定は無効である。BFH vom 21. 10. 1985 GrS 4/84, BStBl. II 1986, S. 230. 追完については，126 条，理由提示については，121 条を参照せよ。

い[29]。ただし，課税基礎の区分確定（後述）は，租税行政行為として，租税決定と同じく，独立した取消しの対象となる。

なお，以下，158条ないし162条は，いわゆる事実上または法律上の推定規定として，租税確定手続との関係では，その前提となる事実認定にのみ関わる規定となる。

(4) 帳簿等の証明力 (158条)

納税者の会計帳簿および記録文書のうち140条ないし148条の規定に従っているものは，個別の事情によりその事実の正確性を疑うべき理由がない場合，課税の基礎となる。

(5) 信託関係の証明 (159条)

自己名義の権利または自己の占有する物を，信託受託者もしくは代理人または担保権者として保有し，または占有していると主張する者は，求めにより，当該権利または当該物が帰属する者を証明しなければならない。証明できない場合，当該権利または当該物は，通常当該主張する者に帰属する。事実を調査する税務官庁の権限は，これにより制限されない。

(6) 債権者・支払受取人の掲名 (160条)

債権者または受取人を正確に掲名するという税務官庁の求めに納税者が従わない場合，債務その他の負担または事業支出，必要経費その他の支出は，課税上，通常考慮されない。事実を調査する税務官庁の権限は，制限されない。

(7) 現況調査における欠損 (161条)

法定または職権による現況調査において，消費課税資産（verbrauchsteuerpflichtige Waren）に欠損があるときは，当該欠損について消費税が成立し，または条件付の消費税が無条件となったものと推定される。ただし，当該欠損が，これと反対の事情に帰することが証明されたときは，この限りでない。疑わしい場合，当該租税は，現況調査の時点で成立し，または無条

---

(29) Vgl. BFH vom 17. 7. 1967 GrS 1/66, BStBl. II. 1968, S.344.

件となったものとみなされる。

(8) 課税基礎の評価（162条）

　税務官庁は，課税基礎を認定または算出できない場合，これを評価しなければならない。この場合，評価について意義のあるすべての事情が考慮されなければならない（1項）。

　評価は，納税者が自己の主張について十分な釈明をできない場合，追加的な情報を提出できない場合もしくは宣誓に代わる保証をできない場合または90条2項による協力義務に違反している場合，特にこれを行うべきである。納税者が租税法律により作成しなければならない会計帳簿または記録文書を提出できない場合，会計帳簿または記録文書が158条により課税の基礎とならない場合，納税者の課税収入または事業財産増加に関する主張が誤りまたは不完全であるという事実上の根拠があり，納税者が93条7項1文5号による同意をしない場合も，同様である。納税者が90条2項3文による協力義務に違反した場合，90条2項3文にいう国または地域において課税所得があり，またはそれが申告所得より多いことが反証できる形で推定される(30)（2項）。

　納税者が記録文書を提出しないことにより90条3項による協力義務に違反した場合，提出された記録文書が重要な部分において評価できない場合，または納税者が90条3項3文にいう記録文書を期限内に作成しなかったことが認められる場合，国内課税所得のうち，90条3項にいう記録文書により認定されるべきものが申告所得より多いことが反証できる形で推定される。このとき，税務官庁が評価を行う場合で，所得が一定の範囲内においてのみ

---

(30)　162条2項3文 は ， Gesetz zur Bekämpfung der Steuerhinterziehung（ Steuerhinterziehungsbekämpfungsgesetz‐StHBekG ） vom 29.7.2009, BGBl. I, S. 2302 により新設されたものであり，関連する他の規定とともに，OECD の基準をみたさない国または地域（いわゆるタックス・ヘイブン）に向けられた対抗措置をなすものである。BT‐Drucks. 16/128562；BR‐Drucks. 681/09. ただし，2010年1月1日時点では，90条2項3文にいう国または地域に該当する例はないと判断されている。BMF-Schreiben vom 5. 1. 2010-IV B 2-S 1315/08/10001-09-（2009/0816912）.

定められる場合は，当該範囲は納税者の負担に帰するものとする。納税者により評価できる記録文書が提出された場合でも，独立当事者間原則（Fremd-vergleichsgrundsatz）によれば所得が記録文書に基づく申告所得より多いという根拠があり，外国における密接な関係にある者（nahe stehende Person）が 90 条 2 項による協力義務または 93 条 1 項による情報申告義務を履行していない場合も，同様である（3 項）。

　納税者が 90 条 3 項にいう記録文書を提出せず，または提出された記録文書が重要な部分において評価できない場合，5 千ユーロの加算金を確定することとする。加算金は，3 項による評価を理由とした修正により生じる所得増額分の 5% ないし 10% の額が 5 千ユーロを超える場合，その額とする。評価できる記録文書が遅れて提出された場合，加算金の額は 100 万ユーロまでとし，期間を経過した日ごとに最低でも 100 ユーロとする。加算金の額について税務官庁に裁量が与えられている場合，納税者による 90 条 3 項にいう記録文書の作成と期間内の提出を促すという目的のほか，特に納税者に有利な事情および遅れて提出された場合はその期間を考慮することとする。90 条 3 項による義務の不履行が免責できるものである場合，または責任が僅少である場合，加算金の確定は免除できる。法定代理人または履行補助者の責任は本人の責任とみなされる。加算金は，通常の場合，税務調査の終結した後に確定される（4 項）。

　155 条 2 項の場合，基礎決定において確定されるべき課税基礎も評価できる（5 項）。

(9)　衡平性を理由とした租税の特別確定（163 条）[31]

　個別の事情により租税の徴収が衡平でない（unbillig）場合，租税は，減額して確定することができる[32]。租税を増額する課税基礎も，租税の確定において考慮しないことができる。所得税については，納税者の同意により，租税を増額する課税基礎は，繰り延べて考慮し，租税を減額する課税基礎は，繰り上げて考慮する。特別確定についての判断は，租税確定とともに行うことができる。

⑽　事後調査を留保した租税確定（164条）

租税は，租税事案に係る調査が終結するまで，全体として，または個別の事案ごとに，事後調査を留保して確定することができる。これは理由を要しない。前納に係る確定は，いかなる場合でも事後調査を留保した租税確定とみなされる（1項）。

留保が有効である限り，租税確定は，取り消しまたは変更することができる(33)。納税者は，いつでも租税確定の取消しまたは変更を申し立てることができる。ただし，申立てに係る判断は，租税事案に係る調査が終結するまで，延期することができる。租税事案に係る調査は，適当な期間内に行わなければならない（2項）。

事後調査の留保は，いつでも取り消すことができる。取消しは，事後調査

---

(31) 同様の根拠により，租税に係る請求権の猶予（222条）・免除（227条）の規定がある。本規定は，1890年，プロイセン国王による印紙税の免除とそれに伴う論争を契機として，1898年，preußisches Staatshaushaltsgesetz von 11. 5. 1898により明文化されたものに由来する。*Josef Isensee*, Das Billigkeits-korrektiv des Steuergesetzes, in FS für Flume, Bd. 2, Köln 1978, S. 129 ff. 日本での紹介として，岩﨑政明「衡平を理由とする納税義務の軽減免除」ジュリスト942号102頁（1989），同「納税義務の軽減免除」日税研論集32号83頁，96頁以下（1995）。

(32) 不衡平性は，人的不衡平性と物的不衡平性とから成り，さらに人的不衡平性は，必要性（Bedürftigkeit）と相当性（Würdigkeit）とから成ると解されている。また，不衡平性という概念は，裁判所による全面審査が行われる不確定法概念でなく，効果裁量と結びついて裁量規定の一部をなすものとされている。BFH vom 10. 10. 1971, BStBl. II 1972, S. 603. その他，本規定については，多数の判例法理が形成されているが，日本法との比較では，納税者の不利益となる判例変更に係る移行措置の根拠として，本規定が援用されることは，特記に値する。BFH vom 26. 9. 2007 V B 8/06, BStBl. II 2008, S. 405 u. s. w. すでに確定された租税については，177条を参照せよ。

(33) 取消・変更決定（後行決定）は，先行決定に代置するものであり，BFH vom 25. 10. 1972 GrS 1/72, BStBl. II 1973, S. 231, 原告の申立てにより，争訟の対象となる（財政裁判所法68条）。これは，減額決定でも同様である。ただし，後行決定の取消しにより，先行決定は復活する。BFH vom 9. 12. 2004 VII R 16/03, BStBl. II 2006, S. 346. 日本法は，増額処分について，最判平成42年9月19日民集21巻7号1828頁（吸収説），減額処分について，最判昭和56年4月24日民集35巻3号672頁（併存説）。

を留保しない租税確定とみなされる[34]。税務調査後において，事後調査を留保した租税確定に係る変更がされなかったときは，留保は取り消されたものとみなされる（3項）。

事後調査の留保は，確定期間が経過した時点で，失効する（4項）。

⑾　暫定的な租税確定・租税確定の停止（165条）

租税の成立要件が生じているか否かについて，不確実性（Ungewissheit）[35]がある場合，租税は暫定的に[36]確定することができる（1項1文）[37]。また，①納税者の利益となる租税条約の適用可能性が不確実である場合，②憲法裁判所により租税法律が違憲と判断された場合，③租税法律より上位の法との抵触が欧州司法裁判所・連邦憲法裁判所・連邦最高裁判所の審判の対象である場合，④租税法律の解釈が連邦財政裁判の審判の対象である場合も，不確実性がある場合となる（1項2文）[38]。

税務官庁が租税を暫定的に確定した場合，当該確定は取り消し，または変更することができる。不確実性が解消された場合，暫定的な租税確定を取り消しもしくは変更することまたは停止された租税確定を追完することが終局的に宣言される（2項1文・2文）。

---

(34)　事後調査の留保は，租税決定の付款（120条1項）であり，BFH vom 1. 6. 1983 III B 40/82, BStBl. II 1983, S. 622, 租税決定とともに取り消されるべきものである。BFH vom 30. 10. 1980 IV R 168/79, BStBl. II 1981, S. 150. したがって，本規定により，留保の取消しは，改めて争訟の対象となるなどという解釈が導かれるわけではない。

(35)　本規定で前提とされている不確実性とは，あくまで暫定的なものである。これに対し，不確実性が暫定的でない場合，課税基礎の評価（162条）または証明責任による事実認定を前提として，終局的な租税決定を行うこととなる。

(36)　暫定性の留保は，事後調査の留保と同じく，租税決定の付款（120条1項）である。BFH vom 9. 10. 1985 II R 74/83, BStBl. II 1986, S. 38.

(37)　これは，いわゆる事実上の不確実性（tatsächliche Ungewissheit）と呼ばれる。ここにいう事実とは，前提的法律関係（vorgreifliches Rechtsverhältnis）（相続税における遺言の有効性など）を含むものであるが，法的評価（rechtliche Würdigung）は含まない。BFH vom 25. 4. 1985 IV R 64/83, BStBl. II 1985, S. 648.

(38)　これは，いわゆる法律上の不確実性（rechtliche Ungewissheit）と呼ばれる。

暫定的な租税確定は事後調査を留保した租税確定とともに行うことができる（3項）。

⑿　租税確定の第三者効（166条）

納税者に対し租税が確定しこれを取り消すことができなくなったとき，一般承継人ならびに納税者に対する決定を代理人もしくは代表者としてまたは固有の権利により取り消すことができた者に対しても，その効力は及ぶ。

⒀　租税届出（167条）

租税が法定義務により申告されなければならない場合（150条1項3文），155条による当該租税の確定は，これにより異なる租税が確定されることになる場合または納税債務者もしくは責任債務者が租税申告を履行していない場合に限り，これを要する[39]。租税が法定義務により租税記号（Steuerzeichen）または租税印章（Steuerstemplern）により支払われなければならない場合も，同様とする。193条2項1号に基づく税務調査が終結した後，租税債務者または責任債務者が自己の支払義務を書面により認諾した場合，当該認諾は，租税申告とみなされる（1項）。租税申告は，期間内に所轄出納官庁（Finanzkasse）に入金が行われた場合も，適時に行われたものとみなされる。ただし，輸出入税および消費税については，この限りでない（2項）[40]。租税記号は，たばこ税などについて，利用されている（たばこ税法17条）。

⒁　租税届出の効果（168条）

租税届出は，事後調査を留保した租税確定とみなされる。ただし，租税届出によれば，納付されるべき租税の減額または還付金が生じる場合，税務署の同意を要する[41]。同意は，形式を問わない[42]。

---

[39]　このような租税は，いわゆる Fälligkeitssteuer と呼ばれる。
[40]　課税官庁と出納官庁は，いくつかの州においては，必ずしも一致しないことを考慮した規定である。BT-Drucks 10/1636, S. 43. 租税の納付地については，224条を参照せよ。
[41]　同意の法的性質は，基本的には，行政行為（118条）であると考えられている。Vgl. BFH vom 28. 2. 1996 XI R 42/94, BStBl. II 1996, S. 660; BFH vom 28. 2. 2002 V R 42/61, BStBl. II 2002, S. 642.
[42]　したがって，租税届出に基づく還付金の支払など黙示的な同意でも足りる。

第9章　ドイツにおける租税確定手続　275

2　確定消滅時効（Festsetzungsverjährung）

　租税確定手続においては，租税確定について，消滅時効が定められている（169条ないし171条）。なお，租税徴収手続においても，租税納付について，消滅時効が定められている（228条ないし232条）[43]。消滅時効は，租税法において，権利阻止の抗弁（Einrede）でなく，権利否定の抗弁（Einwendung）である（47条・232条参照）。そのため，消滅時効についても，税務官庁は，職権により考慮しなければならない（88条2項）。ただし，消滅時効を考慮していない租税決定は，当然無効でなく，取り消すことができるにすぎない。

(1)　確定期間（169条）

　租税確定ならびにその取消しおよび変更は，確定期間が経過した後は，これを行うことができない。明白な誤りを理由とした訂正についても，同様である。確定期間は，その満了前に，租税決定が租税確定に係る所轄税務署の領域を離れた場合，または公示送達において行政通達法10条2項1文により公示がされた場合は，守られたこととなる（1項）。

　確定期間は，消費税[44]およびその還付金について1年，消費税および輸出入税以外の租税およびその還付金について4年である。ただし，租税逋脱の場合は10年であり，単純租税逋脱の場合は5年である（2項）[45]。

(2)　確定期間の開始（170条）

　確定期間は，租税の成立した年または条件付の租税が無条件となった年の

---

(43)　日本では，更正の請求（23条1項）・更正決定等（70条1項）について，（原則）5年の除斥期間が定められており，国税の徴収権（72条1項）・還付金等（74条1項）について，同じく（原則）5年の消滅時効が定められている。

(44)　なお，税務官庁の事物管轄に係る21条と23条の規定に表現されているとおり，租税通則法において，消費税（Verbrauchsteuer）と売上税（Umsatzsteuer）は区別されている。BFH vom 16. 10. 1986 V B 64/86, BStBl. II 1987, S. 95. ここにいう消費税とは，たばこ税，各種酒税，エネルギー税などいわゆる個別消費税を指すと解されている。（個別）消費税に係る例外的な取扱いは，1919年ライヒ租税通則法に由来するものであり，本規定のほか，161条，167条，172条などにも関連する規定がある。

(45)　租税逋脱（Steuerhinterziehung）および単純租税逋脱（leichtfertige Steuerverkürzung）については，後註57）参照。

経過により，開始する（1項）。2項ないし6項において，その例外（An-
laufhemmung）などが定められている。

(3) 停止（171条）

確定期間については，1項ないし15項において，停止理由（Ablaufhem-
mung）が定められている。ただし，中断理由は定められていない。そのた
め，確定消滅時効は，実質的には，除斥期間の性質をもつ。

3 存続力（Bestandskraft）

存続力と題された172条ないし177条の規定は，更正に係る規定（Korrek-
turvorschriften）と呼ばれる。租税決定については，更正に係る規定のみが適
用され，取消しおよび撤回に係る一般的な規定（130条・131条）は適用され
ない[46]。ここで存続力とは，取消不可能性（Unanfechtbarkeit）と拘束力
（Verbindlichkeit）を含む概念である[47]。

租税行政行為（租税決定を含む）は，不服申立期間（355条）・訴訟期間（財
政裁判所法47条）の経過により，無効でない限り，これを争うことができな
くなる（不可争力）。納税者本人による租税届出も，租税行政行為と同じく，
争訟の対象である（355条1項2文参照）。

これに対し，更正に係る規定は，このような争訟手続とは別に，税務官庁
が租税決定を取消し・変更すべき場合について定めている。このうち，172
条ないし175a条の規定は，更正の類型について定めており，176条および
177条の規定は，各類型に共通する事項を定めている。173条ないし175a条
の規定による更正は羈束行為であり，税務官庁の裁量は認められていな

---

(46) Dazu kritisch *Heike Jochum*, Empfiehlt es sich, die Abgabenordnung 1977
vom sogennanten "Korrekturdualismus" zu befreien, StW 2006, S. 91.

(47) 前者は形式的存続力といい，後者は実質的（内容的）存続力ということもある。
一般行政法における存続力に関する整理された議論として，人見剛「行政行為
の公定力の範囲」高柳信一先生古希記念論集『行政法学の現状分析』219頁
（1991），山本隆司「訴訟類型・行政行為・法関係」民商法雑誌130巻4＝5号
640頁（2004）など。

い(48)。

　更正に係る規定は，存続力ある租税決定について適用されるものであり，その際，租税決定の違法性は，もはやそれ自体問題とならない。また，確定期間が経過した場合，更正に係る規定を適用することはできない（169条参照）。

　なお，明白な誤り（129条）(49)，事後調査を留保した租税確定（164条），暫定的な租税確定（165条）については，確定期間が経過するまで，いつでも訂正または修正することができる。個別租税法においても，同様の特例が定められていることがある（所税法10d条1項3文など）。

(1)　租税決定の取消し・変更（172条）

　租税決定は，暫定的にまたは事後調査を留保してされたものでない限り，以下の場合に限り，取り消しまたは変更することができる。①当該租税決定が消費税に関する場合，②当該租税決定が輸出入税または消費税以外の租税に関する場合で，a）納税者が同意した場合または納税者の申立てに適合する場合。ただし，納税者が不服申立期間の経過前に同意もしくは申立てをした場合または税務官庁が不服申立てもしくは訴えに応答する場合は，納税者の有利となる場合に限られる。b）事物管轄のない税務官庁により行われた場合(50)，c）悪意の詐欺・脅迫・贈賄その他の不正の手段により行われた場合(51)，d）その他法律により許されない場合。このとき，130条および131条は適用されない（1項・以下略）。

　前項の規定は，租税決定の発布（erlassen）・取消し・変更を求める申立て

---

(48)　130条以下の規定ぶりと173条以下の規定ぶりを対照せよ。

(49)　明白な誤り（offenbare Unrichtigkeiten）とは，記載上の誤り（Schreibfehler），計算上の誤り（Rechenfehler）その他これに類するものであり，判例によれば，別段の調査を要することなく認識および訂正できるものであって，事実の評価または法律の解釈における誤りはこれに含まれない。BFH vom 24. 7. 1984 VIII R 304/81, BStBl. II 1984, S.785.

(50)　Vgl. §130 Abs. 2 Nr. 1 AO. ただし，多くの場合，そもそも無効である。Vgl. BFH vom 30. 11. 1987 VIII B 3/87, BStBl. II 1988, S.183.

(51)　Vgl. §130 Abs. 2 Nr. 2 AO.

を全部または一部棄却する行政行為についても，適用する（2項）。

　不服申立手続または訴訟手続外で提起された申立てで，欧州司法裁判所・連邦憲法裁判所・連邦財政裁判所により判断される法的問題に関する租税決定の取消し・変更を求めるもののうち，当該裁判所における手続の進行により解決できないものは，一般処分[52]により却下することができる。367条2b項2文ないし6文は準用する（3項）。

　本規定によれば，納税者は，不服申立期間において，更正の請求（Korrekturantrag）をすることができる（1項1文2号a）。この場合，不服申立手続（367条2項）と異なり，納税者の不利益となる租税決定の取消し・変更（reformatio in peius）はできない[53]。更正の請求に理由がない場合，これを棄却する旨の租税行政行為を行う（2項参照）。

(2) 新たな事実・証拠を理由とする租税決定の取消し・変更（173条）

　租税決定は，以下の場合，取り消しまたは変更する[54]。①事後的に租税を増額すべき事実または証拠が判明した場合[55]，②事後的に租税を減額すべき事実または証拠が判明した場合で，納税者に重大な責任（grobes Verschulden）[56]がない場合。当該事実または証拠が①の事実または証拠と直接

---

(52)　一般処分（Allgemeinverfügung）とは，一般的な要素により特定された・特定されうる名宛人に対する行政行為である（118条2項）。

(53)　ただし，納税者にとって，更正の請求と不服申立てのいずれが有利であるかは，必ずしも明らかでない。不服申立手続において納税者に不利益な判断がされるおそれがある場合，申立てを取り下げることもできるからである。この点いずれにせよ，不服申立ての提起により，更正の請求に係る手続上の利益は消滅する。BFH vom 27. 9. 1994 VIII 36/89, BStBl. II 1995, S. 353.

(54)　ただし，連邦憲法裁判所法79条2項と同じく，判例が変更された場合など，税務官庁により異なる判断が示されたであろう，事実上の可能性が認められない場合，本規定は適用されない。BFH vom 23. 11. 1987 GrS 1/86, BStBl. II 1988, S. 180. 納税者は，自らの租税について法的救済の機会を保障されていたからである。Vgl. auch BFH vom 11. 2. 1994 III R 50/92, BStBl. II 1994, S. 389; vom 9. 9. 1994 III R 78/94, BStBl. II 1995, S. 385.

(55)　ただし，納税者の協力義務が尽くされている場合，税務官庁の職務義務（88条参照）が尽くされていることを要する。BFH vom 13. 11. 1985 II R 208/82, BStBl. II 1986, S. 241; vom 13. 7. 1990 VI R 109/86, BStBl. II 1990, S. 1046; vom 28. 6. 2006 XI R 58/05, BStBl. II 2006, S. 835.

または間接に関係する場合，当該責任は考慮しない（1項）。

前項の規定にかかわらず，税務調査に基づいて行われた租税決定は，租税逋脱（Steuerhinterziehung）または単純租税逋脱（leichtfertige Steuerverkürzung）[57]の場合に限り，取り消しまたは変更することができる。202条1項3文による通知がされた場合も，同様である（2項）。

(3) 矛盾する租税確定（174条）

特定の事実関係が，一度のみ考慮されるべきであるにもかかわらず，複数の租税決定において一または複数の納税者の不利益に考慮された場合，当該瑕疵ある租税決定は申立てにより取り消しまたは変更する。当該租税決定に係る確定期間がすでに経過している場合，関連する租税決定のうち最後のものが取り消すことができなくなってから1年が経過するまで，申立てをすることができる。申立てが適時に行われる限り，確定期間の経過により，租税決定の取消しまたは変更は妨げられない（1項）。

前項の規定は，特定の事実関係が両立できない形で重複して，一または複数の納税者の利益に考慮された場合において，準用する。ただし，当該瑕疵ある租税決定は，当該事実関係が当該納税者の申立てまたは申告に基づいて考慮された場合に限り，取り消しまたは変更することができる（2項）。

特定の事実関係が，租税決定において，当該事実関係は他の租税決定において考慮されるべきであるという判断に基づいて，考慮されなかったと認められる場合で，当該判断が誤りであることが明らかとなった場合は，当該事実関係が考慮されていない租税決定は，追完，取り消しまたは変更することができる。当該追完・取消し・変更は，当該他の租税確定に係る確定期間が経過するまでに限り，行うことができる（3項）[58]。

特定の事実関係に係る誤った判断に基づき租税決定が行われた場合で，当

---

(56) 重大な責任とは，故意（Vorsatz）・重過失（grobe Fahrlässigkeit）をいい，軽過失（leichte Fahrlässigkeit）を含まない。

(57) 租税逋脱は犯罪であり（370条），単純租税逋脱は行政秩序違反である（378条）。なお，租税秘匿は消費税および関税に係る租税逋脱の特別の類型である（374条）。

該租税決定が納税者の申立てまたは法的救済に基づき税務官庁により当該納税者の利益に取り消しまたは変更される場合は、租税決定の発布または変更により当該事実関係から事後的に正しい租税上の結果を導くことができる。租税決定が裁判所により取り消しまたは変更される場合も、同様である。当該租税上の結果が、瑕疵ある租税決定が取り消しまたは変更されてから1年以内に導かれる場合、確定期間の経過は考慮しない。取り消しまたは変更されることとなる租税決定が発布された時点ですでに確定期間が経過している場合、前項1文の規定を準用する（4項）。

前項の規定は、瑕疵ある租税決定が取り消しまたは変更される手続に第三者が参加していた場合、当該第三者に対して適用する。当該手続に係る第三者の引込み（Hinzuziehung）または告知（Beiladen）は、これをすることができる（5項）。

(4) その他の場合における租税決定の取消し・変更（175条）

租税決定は、以下の場合、発布、取り消しまたは変更する。①当該租税決定について拘束力ある基礎決定（171条10項）が発布、取り消しまたは変更された場合[59]、②過去について租税上の効力が及ぶ事実（Ereignis）が生じた場合（遡及的事実）[60]。②の場合、確定期間は、当該事実が生じた暦年の経過により開始する（1項）。

租税優遇条件の消失（Wegfall）も、当該条件が特定の時点で存在すること

---

[58] ただし、本規定における「できる（kann/zulässig）」という表現は、税務官庁の裁量を認めるものではない。BFH vom 13. 11. 1985 II R 208/82, BStBl. II 1986, S. 241.

[59] 本規定の目的は、基礎決定の拘束力を貫徹することにあると解されており、そのため、基礎決定が考慮されていない限り、本規定を適用できる。BFH vom 6. 11. 1985 II R 255/83, BStBl. II 1986, S. 168. このとき、129条とは、観念的競合の関係に立つと解されている。BFH vom 16. 7. 2003 X R 37/99, BStBl. II 2003, S. 867.

[60] 事業上の貸倒れは遡及的事実とならないが、事業譲渡に係る代金債権の全部または一部貸倒れは事業所得に係る遡及的事実となる。BFH vom 19.7.1993 GrS 2/92 BStBl. II 1993, S. 897. 貸倒損失について全額の回収不能を求めたものとして、最判平成16年12月24日民集58巻9号2637頁。

第9章　ドイツにおける租税確定手続　281

が法律により求められている場合，または当該条件が租税優遇を与える基礎を形成することが行政行為により確定されている場合，遡及的事実となる。事後的な証明（Bescheinigung）または確認（Bestätigung）の付与または提示は，遡及的事実とならない（2項）[61]。

(5)　相互協議の同意の実施（175a条）

租税決定は，第2条に規定する条約（Vertrag）に基づく相互協議の同意または仲裁判断を実施するため必要である場合，発布，取り消しまたは変更する。この場合，確定期間は，当該相互協議の同意または仲裁判断が効力を生じてから1年を経過するまで，終結しない。

(6)　信頼保護（176条）

租税決定を取り消しまたは変更する場合[62]，以下のことは，納税者の不利益に考慮してはならない。①連邦憲法裁判所により従来の租税決定が基づいてきた法律の無効が確定したこと[63]，②連邦最高裁判所により従来の租税決定が基づいてきた規範（Norm）が違憲であることを理由として適用されなかったこと，③従来の租税決定において税務官庁により適用されてきた連邦最高裁判所の判例が変更されたこと。ただし，③について，従来の判例が租税申告または租税届出において考慮されており，そのことを税務官庁は知り得なかった場合は，税務官庁が当該事情を知っていたとするならば従来の判例を適用したであろうと推測できる場合に限るものとする（1項）。

租税決定を取り消しまたは変更する場合，連邦政府・連邦上級機関・州上

---

(61)　これは，EuGH vom 7. 9. 2004 Rs. C-319/02 *Manninen*, Slg. 2004, I-7499による異なる解釈に対して，外国税額控除など証明・確認それ自体が課税要件事実に組み込まれている場合でも同様であるという趣旨を明確にしたものである。

(62)　本規定は，存続力のある租税決定に対する信頼を保護するためのものであり，不服申立手続の係属中には適用されない。BFH vom 14. 2. 2007 XI R 30/05, BStBl. II 2007, S. 524. その結果，本規定の主たる適用範囲は，164条および165条となる。BFH vom 28. 5. 2002 IX R 86/00, BStBl. II 2002, S. 840. また，本規定は，当然，最初の租税決定には適用されない。BFH vom 24. 1. 2013 V R 34/11, BStBl. II 2013, S. 460.

(63)　Vgl. §79 Abs. 2 Nr. 1 BVerfGG.

級機関による一般行政規則が連邦最高裁判所により現行法に適合しないと判断されたことを，納税者の不利益に考慮してはならない（2項）[64]。

(7) 実体的瑕疵の修正（177条）

租税確定を納税者の不利益に取り消しまたは変更するための要件が充たされているときは，取消しまたは変更の理由とならないような実体的瑕疵を納税者の利益または不利益に修正する（1項）。租税確定を納税者の利益に取り消しまたは変更するための要件が充たされているときも，同様である（2項）。実体的瑕疵とは，法律により成立した租税とは異なる租税の確定に至るすべての瑕疵をいい，129条の規定に定める明白な誤りを含む（3項）。164条2項，165条2項および176条は妨げられない（4項）。

4 費用（Kosten）

租税通則法178条および178a条は，税関または税務官庁において徴収することができる手数料などについて，その範囲と手続などを定めている。例えば，税務官庁は，事前確認手続の手数料として，申立てごとに2万ユーロを徴収することができる（178a条2項）[65]。費用の確定については，消費税に関する規定が準用される（178条4項）。

Ⅲ 課税基礎の区分確定（gesonderte Feststellung von Besteuerungsgrundlagen）・基準税額の確定（Festsetzung von Steuermessbeträgen）（§§ 179 bis 184 AO）

1 区分確定（179条ないし183条）

課税基礎は，税額算定などの基準となる事実上・法律上の関係（199条1

---

(64) Etwa BFH vom 23. 10. 1992 VI R 65/91, BStBl. II 1993, S. 844.

(65) なお，税務官庁は，納税者の申立てにより，拘束力ある事前教示（Vorweg-Auskunft）をすることもできる（89条2項ないし7項）。この場合も，手数料が徴収される。

項）であるが，租税決定において，それ自体として独立した取消理由とされていない（157条2項）。これに対し，租税決定とは区分された租税行政行為により，課税基礎が確定されることもある[66]。これを，区分確定という。

区分確定は，基準税額決定と同じく，基礎決定（Grundlagenbescheid）であり（171条10項1文），後行決定（Folgebescheid）に係る取消争訟において，その違法性を争うことができない（351条2項）。

(1) 課税基礎の確定（179条）

157条2項の規定にかかわらず，課税基礎は，本法または個別租税法において定められている場合，確定決定（Feststellungsbescheid）により区分して確定する（1項）。

確定決定は，確定対象が課税において帰属すべき納税者について行われる。区分確定は，法律により規定されている場合または確定の対象が複数人に帰属する場合，当該複数人に対し統一して（einheitlich）行われる。当該複数人の一人が当該確定の対象につき一の他者との間においてのみ関係する場合は，特別区分確定をすることができる（2項）。

確定決定において必要な確定（notwendige Feststellung）が行われていない場合[67]，当該必要な確定は補充決定（Ergänzungsbescheid）において追完する（3項）。

(2) 課税基礎の区分確定（180条）

区分確定は，主として，①評価法（BewG）の基準による統一価額（1項1号），②共同事業者に帰属する課税所得（2号a）について行われる。統一価額とは，土地税・相続税などにおける統一的な財産評価を確保するためのも

---

(66) 例えば，所得分類，BFH vom 29. 9. 1977 VIII R 67/76, BStBl. II 1978, S. 44, 共同事業関係，BFH vom 9. 5. 1984 I R 25/81, BStBl. II 1984, S. 726, 各種利益，BFH vom 20. 1. 1977 IV R 3/75, BStBl. II 1977, S. 509, などである。ただし，いわゆる Zebragesellschaft については，BFH vom 11. 4. 2005 GrS 2/02, BStBl. II 2005, S. 679.

(67) これは，消極的な確定と区別されるべきものである。BFH vom 17. 12. 2008 IX R 94/07, BStBl. II 2009, S. 444; vom 11. 7. 2006 VIII R 10/05, BStBl. II 2007, S. 96.

のである。また，共同事業者に帰属する課税所得とは，共同事業体の利益
（Gewinn）であり，区分確定という手続は，共同事業者課税に係る実体的な
規律構造と密接に関わるものである[68]。

(3) 区分確定の手続規定・確定期間・申告義務（181条）

区分確定については，課税の実行に関する規定を準用する（1項）。その他，
本条では，区分確定の申告に関する確定期間・申告義務について，技術的な
規定が置かれている。

(4) 区分確定の効果（182条）

確定決定は，まだ取り消すことができる場合でも，他の確定決定，基準税
額決定，租税決定，租税届出（後行決定）を拘束する（1項）。

統一価額に関する確定決定（180条1項1号）は，確定決定の目的物を確定
後に譲り受けた権利承継人に対しても効力が及ぶ。これに対し，権利承継が
確定前に行われた場合，確定決定は，これを知っていた権利承継人に対して
のみ効力が及ぶ。課税基礎の区分確定などについても同様である（2項）。

複数人に対する区分確定が統一して行われた場合において（179条2項2
文），権利承継があったため，確定決定における当事者の表示に誤りが生じ
た場合，これは，権利承継人に対する特別決定により訂正される（3項）。

(5) 統一確定における受領代表者（183条）

本条では，統一確定において，共通の受領代表者が置かれなければならな
いことなどが定められている。

2 基準税額の確定（184条）

個別の租税法により算定される基準税額は，基準税額決定により確定する。
基準税額の確定とともに主観的・客観的納税義務についても判断する。課税
の実行に関する規定は，準用する。182条1項の規定，および，土地税に係

---

(68) そのため，ドイツにおける共同事業者課税という実体法上の理解を前提とでき
ない本稿では，区分確定という手続法上の制度についても，さほど詳細に立ち
入ることはできない。

る基準税額については，182条2項・183条の規定も，準用する（1項）。

　物税に係る基準税額を確定する権限は，連邦政府・州上級税務官庁による一般行政規則において基本通達（Richtlinien）[69]が定められている場合，163条1項による措置に係る権限を含むものとする[70]。163条2項による措置は，所得税の確定の基礎である事業所得に影響を与える場合，事業税に係る基準税額の確定の基礎である事業所得についても効力が及ぶ（2項）。

　税務官庁は，基準税額決定の内容および前項に基づく措置について，租税確定（物税に係る租税決定）の義務を負うゲマインデ（Gemeinde）に対し，通知する（3項）。

　ここで基準税額（Steuermessbetrag）とは，（原則として）[71]ゲマインデにおいて事業税（Gewerbesteuer）[72]および土地税（Grundsteuer）の税額を計算する過程で利用される法技術的な概念である。ゲマインデが定める徴収税率を基準税額に乗じた額が，ゲマインデにおける事業税および土地税の税額となる[73]。

---

(69)　例えば，連邦政府による基本通達とは，連邦参議院の同意を得て制定されるものであり，連邦租税法の適用において，州・ゲマインデの税務官庁も拘束する（基本法107条8項）。所得税基本通達，相続税基本通達，事業税基本通達，法人税基本通達，源泉徴収税基本通達などがある。これに対し，連邦参議院の同意を得ないものは，適用通達（Anwendungserlass）と呼ばれる。売上税適用通達，租税通則法適用通達（AEAO）などがある。

(70)　基本通達がない限り，このような権限は，ゲマインデに留保されたままである。

(71)　土地税の徴収権は，州内にゲマインデが存在しない場合，当該州に帰属する（土地税法1条1項）。また，ゲマインデが存在しない地域の不動産に係る徴収権は，州政府が法規命令によりその帰属を定める（同条2項）。

(72)　Gewerbesteuer は，「営業税」と訳されることも多いが，その課税物件は，商法上の概念でなく，所得税法上の概念に依拠しているため（2条），本稿では，端に「事業税」という訳語を用いることとした。

(73)　事業税について，基準税額は，事業所得に課税係数（Steuermesszahl）（原則3.5％）を乗じた額であり（事業税法11条），徴収税率は，最低でも，200％である（16条）。
　　これに対し，土地税について，基準税額は，土地の統一価額に同じく課税係数を乗じた額であり（土地税法13条），課税係数は，農林業0.6％（14条）であるほか，原則0.35％（15条）である。徴収税率も，農林業とそれ以外について別々に定められる（25条）。

なお，基本法により，ゲマインデの課税権は，①事業税，②土地税および③地域消費税[74]に限られている（106条6項1文）。このうち，事業税および土地税について，徴収税率を確定する権限は，基本法上保障されている（同項2文）[75]。このような税源の保障は，基本法上保障された地方自治の財政的な要請（Finanzautonomie）でもある（28条2項3文）[76]。

Ⅳ　分割・配賦（Zerlegung und Zuteilung）（§§ 185 bis 190 AO）

　184条の規定により確定される基準税額が複数のゲマインデに帰属すべき場合は，以下の規定により基準税額の分割・配賦を行う。これは，例えば，

---

(74)　地域消費税の例として，犬税（Hundesteuer），狩猟税（Jagdsteuer），馬税（Pferdesteuer），遊興税（Vergnügungsteuer），別荘税（Zweitwohnsitzsteuer）などがある。ただし，これらに係る税収自体はわずかであり，そのため，地域消費税は，Bagatellsteuer と呼ばれることもある。日本での紹介として，吉村典久「地方団体の財源確保に向けての地方税財政改革」租税法研究43号1頁（2015）。また，地方税財政を主題とした学会の成果として，*Joachim Wieland*（Hrsg.），Kommunalsteuern und -abgaben, DStJG 35（2012）．

(75)　これは，1969年憲法改正により規定されたものである。BT-Drucks. V/2861. ただし，事業税について，徴収税率の上限は，Gesetz zur Reform des Vermögensteuerrechts und zur Änderung anderer Steuergesetze vom 17.4.1974, BGBl. I, S.949 により，州法に留保され，同じく下限は，Gesetz zur Änderung des Gewerbesteuergesetz vom 23.12.2003, BGBl. I, S.2922 により，200% とされている。後者の立法理由は，事業税にかかるタックス・ヘイブン（Steueroasen）の防止とされている。BT-Drucks. 15/481; BT-Drucks. 15/1517. 同規定による基本法上の権限の制約は，同じく基本法72条2項・105条2項により正当化されると判断されている。BVerfG vom 27.1.2010, 2 BvR 2185/04, BverfGE 125, S.141.

(76)　これは，1994年憲法改正により規定されたものである。Gesetz zur Änderung des Grundgesetzes vom 27.10.1994, BGBl. I, S.3146. 立法理由は，徴収税率を確定する権限のほか，税源それ自体も保障されることを明らかにするためとされている。BT-Drucks. 12/6000. ただし，ゲマインデは，基準税額決定について，原則として訴権をもたず（財政裁判所法40条3項），分割決定についてのみ訴権をもつ（2項）とされていることに留意すべきである。Vgl. BFH vom 30.1.1976 III R 60/74, BStBl. II 1976, S.426.

複数のゲマインデにおいて，事業税に係る事業活動が行われる場合である。

なお，法人税および各種源泉徴収税が複数の州に帰属すべき場合においても，特別法により分割・配賦が行われることとされており，このうち法人税については，租税通則法の規定が準用されている（分割法6条3項）。

(1) 総則との関係（185条）

個別の租税法において規定された基準税額の分割については，次条以下において別段の定めがない限り，基準税額に関する規定が適用される。

具体的には，事業税法28条以下および土地税法22条以下において，基準税額の分割に関する規定が置かれている。

(2) 参加人（186条）

分割手続には，①納税者，②租税債権者のうち，基準税額の割当（Anteil）を配賦されるもの，または，割当を主張するものなどが参加できる。

(3) 文書閲覧（187条）

分割手続に参加する租税債権者は，所轄税務官庁に対し分割基礎に関する情報を求め，担当職員を通じて分割資料を閲覧することができる。

(4) 分割決定（188条）

分割は，文書による決定（分割決定）により行い，関係する参加人に対し通知する（1項）。分割決定は，分割される基準税額の額を記し，租税債権者に配賦される割当を定めたものでなければならない。また，分割基礎も記されなければならない（2項）。

(5) 分割の変更（189条）

基準税額の割当を求める租税債権者の請求が考慮されておらず，かつ棄却されていない場合，分割は職権または申立てにより変更または追完されるものとする。分割手続に参加した租税債権者に対する分割決定が取り消すことができなくなった場合，分割の変更は，当該租税債権者を事後的に考慮することで生じるものに限り，これを行うことができる。分割の変更または追完は，基準税額決定が取り消すことができなくなってから1年が経過したときは，その前に当該租税債権者が分割の変更または追完を申し立てていない限

り，これを行わなくてよい。

(6) 配賦手続（190条）

　基準税額の全額が一の租税債権者に配賦されるべき場合で，基準税額が帰属すべき租税債権者について争いがある場合は，税務官庁は参加人の申立てに基づき，配賦決定によりこれを判断する。分割手続に適用される規定は，これを準用する。

V　責任（Haftung）（§§ 191 und 192 AO）

(1) 責任決定・認容決定（191条）

　租税について法定責任を負う者（責任債務者）に対しては，責任決定（Haftungsbescheid）により，執行について法定受忍義務を負う者に対しては，認容決定（Duldungsbescheid）により，請求することができる。倒産手続外の租税債務関係から生じた請求権に係る詐害行為の取消しは，詐害行為取消法9条による抗弁として主張されるべきものでない限り，認容決定により行う。詐害行為取消法3条および4条による期間の計算については，認容決定の発布は，詐害行為取消法7条1項による裁判上の主張と同様である。決定は，書面により通知される（1項）。

　税務官庁は，弁護士，弁理士，公証人，税理士，納税代理人，公認会計士または宣誓会計士が職務上行った69条に規定する行為を理由として責任決定を行う前に，所轄職業団体に対し当該職業団体の立場から当該判断に関して重要な見解を提示する機会を与えるものとする（2項）。

　確定期間に関する規定は，責任決定の発布について準用する。確定期間は，4年であり，70条の場合は租税逋脱（Steuerhinterziehung）について10年，単純租税逋脱（leichtfertige Steuerverkürzung）について5年，71条の場合は10年とする。確定期間は，法律により責任の根拠とされた要件事実が実現した暦年の経過により開始する。責任を負う租税が確定されていない場合，責任決定に係る確定期間は租税確定に係る確定期間が経過するまで終結せず，

171条10項の規定が準用される。73条および74条の場合，確定期間は，租税債務者について確定された租税が時効消滅（228条）するまで終結しない。

責任が租税法律から生じたものでない場合は，当該責任の請求が準拠法により時効消滅していない場合に限り，責任決定を行うことができる（4項）。

責任決定は，以下の場合にはもはや行うことができない。①租税が租税債務者について確定されないまま確定期間の経過により確定できなくなった場合，②租税債務者について確定された租税が時効消滅した場合または租税が免除された場合。ただし，責任債務者が租税逋脱または租税秘匿（Steuerhehlerei）をしたことにより責任が生じた場合は，この限りでない（5項）。

ここで法定責任には，租税通則法69条ないし77条により責任債務者が負う責任のほか(77)，例えば，商法典25条により商号続用のある営業譲受人が負う責任も含まれる。また，個別租税法でも，給与所得に係る源泉徴収税について被用者が負う責任（所税法42d条）などが定められている。

責任債務者は，租税債務者と連帯債務者の関係にあるため（44条1項），責任請求権は，租税請求権の実現により，消滅する（44条2項1文）。ただし，責任債務者は，原則として，租税決定の存続力を受けないため，責任決定に対する争訟において，租税決定の違法性・租税債務の存否を争うことができる（44条2項3文・166条参照）(78)。

責任債務者は，原則として，租税債務者の動産について執行が行われた後でなければ，支払請求を受けることがない（219条1文）。ただし，給与所得に係る源泉徴収税について被用者が負う責任をはじめ，これには多くの例外がある（219条2文参照）。

なお，課税の実行に関する規定は，確定決定・基準税額決定について，準用されている（181条1項・184条1項）のに対し，本条では，このような準

---

(77) 1977年租税通則法制定前の法状況について，清永敬次「西ドイツ税法における納付責任」法学論叢96巻1号1頁（1974）。

(78) これは，日本法における主たる納税者と第二次納税義務者の関係とは，対照的である。最判昭和50年8月27日民集29巻7号1226頁，最判平成18年1月19日民集60巻1号65頁。

290

用規定は置かれていない。したがって，例えば，更正に係る規定（172条ないし177条），事後調査を留保した租税確定（164条），暫定的な租税確定に係る規定（165条）は，責任決定・認容決定について，適用されないこととなる。これに対し，聴聞（91条）・理由提示（121条）など，租税行政行為に関する一般的な規定は，適用される。

また，責任決定・認容決定は，租税決定などと異なり，羈束行為でなく裁量行為である（191条1項1文）。その他租税手続における裁量行為としては，執行（Vollstreckung）を挙げることができる（249条1項・328条1項）。

(2) 契約上の責任（192条）

契約に基づき他の者の租税を保証する義務を負う者に対しては，民法の規定のみにより，請求することができる。これは，例えば民法765条の規定による保証であり，税務官庁は，責任決定でなく，民事裁判所における訴えを通じて，義務の履行を図ることとなる。

Ⅵ　給与所得に係る源泉徴収税（§§ 38 bis 42g EStG）

最後に，租税通則法の規定を踏まえて，実務的かつ理論的にも重要な問題として，給与所得に係る源泉徴収税に関する租税確定手続について，言及する[79]。なお，資本所得に係る源泉徴収税（所税法43条ないし45e条）については，省略する。

給与所得に係る所得税については，雇用者が給与の支払に際して租税を控除した上で，所轄税務官庁に届け出て，納付する（38条1項・41a条）。これを，給与所得に係る源泉徴収税（Steuerabzug vom Arbeitslohn（Lohnsteuer））という。給与所得に係る源泉徴収税は，雇用者を租税債務者とする独立した租税ではなく，その限りで，徴収の方式にすぎない。ただし，税務官庁は，雇用者による租税届出が誤りである場合，責任決定により責任債務を請求す

---

[79]　Vgl. näher *Hermann / Wagner*, Lohnsteuer, Kommnetar, Loseblatt, München.

第9章　ドイツにおける租税確定手続　291

ることも(80)，租税決定により源泉徴収義務じたいを請求することもできる(81)。なお，雇用者の租税届出は，2005年以降，電子租税申告（elektronische Steuererklärung（ELSTER））によることとされている(82)。

　給与所得に係る源泉徴収税において，租税債務者は，被用者である（38条2項）。給与所得に係る源泉徴収税は，給与が被用者に対し支払われる時に成立する（同項）。これに対し，被用者の給与所得に係る所得税は，暦年の経過により成立する（36条1項・25条1項）。雇用者により納付された源泉徴収税は，被用者の給与所得に係る所得税において，予定納税と同じく，税額控除される（36条2項）(83)。この場合でも，法律上，被用者は租税申告をしなければならない（25条3項）。ただし，多くの場合，税務官庁は査定（Veranlagung）を省略できるとされており（46条2項），これと平仄を合わせるように，行政上，被用者の租税申告も免除されている（施行令56条2号b）。

　雇用者により過大な源泉徴収がされた場合，被用者は，租税決定に係る通知の後，還付金の支払を受ける（所税法36条4項）。還付金に係る争訟は，原則として，被用者に対する租税決定に係る争訟という方法で行われる(84)。これに対し，給与所得に係る源泉徴収税がすべて納付されなかった場合，被用者は，雇用者の責任について，連帯債務者の関係に置かれる。ただし，被用者に対する請求は，例外的な場合に限られている（42d条3項）(85)。

---

(80)　すでに述べたとおり，租税届出は事後調査を留保した租税決定とみなされるが（168条），これは責任決定により変更されることとなる。BFH vom 15. 5. 1992 VI R 106/88, BStBl. II 1993, S.840.

(81)　BFH vom 13. 9. 2000 I R 61/99, BStBl. II 2001, S.67; BFH vom 7. 6. 2004 VI R 171/00, BStBl. II 2004, S.1087. このとき，雇用者に対する租税決定と責任決定の関係については，なお議論の余地が残されている。

(82)　Siehe etwa *Arnold Betzwieser*, Elektronische Übermittlung der Umsatzsteuer-voranmeldungen und Lohnsteueranmeldungen ab 1.1.2005, DStR 2005, S.463.

(83)　税額控除は，租税の確定でなく徴収の手続であるため，延滞税（Säumniszuschlag）に係る240条1項4文の規定は適用されないと判断したものとして，BFH vom 24.3.1992 VII R 39/91, BStBl. II 1992, S.596.

(84) ただし，租税決定の前であれば，被用者は，雇用者の租税届出を，固有の権利により，取り消すこともできる。BFH vom 20. 7. 2005 VI R 165/01, BStBl. Ⅱ 2005, S. 890. すでに傍論として，BFH vom 12. 10. 1995 Ⅰ R 39/95, BStBl. Ⅱ 1996, S. 87; 教会税について，BFH vom 12. 6. 1997 Ⅰ R 44/86, BStBl. 1998, S. 207. 租税届出は，源泉徴収納付義務者との関係では，源泉徴収税の実現に法律上の原因を与えるものであり，過大な源泉徴収について，即時の是正を求めることができないおそれがあるという限りで，租税債務者にも取消しの利益があるからである。このとき，通則法166条との関係では，租税債務者に対する租税決定により，租税届出の第三者効も制限されるという解釈をとることとなる。

　これに対し，制限納税義務者の国内源泉所得に係る源泉徴収税などそもそも租税決定が予定されていない場合，租税債務者は，源泉徴収義務者の租税届出を，固有の権利により，取り消すほかない。BFH vom 27. 7. 1988 Ⅰ R 28/87, BStBl. Ⅱ 1989, S. 449; BFH vom 16. 5. 1990 Ⅰ R 113/87, BStBl. Ⅱ 1990, S. 983.

(85) 以上もまた，日本法における国・納税義務者・源泉徴収納付義務者の三者間の関係とは，対照的である。最判昭和45年12月24日民集24巻13号2243頁，最判平成4年2月18日民集46巻2号77頁。ただし，最判平成22年7月6日民集64巻5号1277頁。

租税手続の整備

日 税 研 論 集　第 71 号　（2017）

平成 29 年 3 月 20 日　発行

定　　価　（本体 3,241 円＋税）

編　　者　公益財団法人　日本税務研究センター

発行者　宮 田 義 見

東 京 都 品 川 区 大 崎 1‐11‐8
日本税理士会館 1 F

発行所　公益財団法人　日本税務研究センター

電話（03）5435-0912（代表）

製　　作　第一法規株式会社